Stephan Marks
Scham – die tabuisierte Emotion

Stephan Marks

Scham – die tabuisierte Emotion

Patmos

Bibliografische Information der Deutschen Nationalbibliothek

Die Deutsche Nationalbibliothek verzeichnet diese Publikation in der Deutschen Nationalbibliografie; detaillierte bibliografische Daten sind im Internet über http://dnb.d-nb.de abrufbar.

© 2007 Patmos Verlag GmbH & Co KG, Düsseldorf
Alle Rechte vorbehalten
Printed in Germany
ISBN 978-3-491-42103-5
www.patmos.de

Inhalt

Dank 9

Einleitung
»Demütigung ist schlimmer als körperlicher Schmerz« 10

Kapitel 1
Wir leben in einer Atmosphäre der Scham 13

Anpassungs-Scham 14
   Scham in Bezug auf die Erwartungen und Normen der Gruppe ... 14
   Körper-Scham 18
   Scham und Beschämung sind kultur- und geschlechtsspezifisch 21
Gruppen-Scham 25
   Empathische Scham 27
   Intimitäts-Scham 27
   Verletzungen der Intimitäts-Scham bis hin zur traumatischen Scham 29
   Gewissens-Scham 33

Kapitel 2
Was ist Scham? 36

Wie Scham erlebt wird 37
Die Entwicklung von Scham 38
   Die Entwicklung von Intimitäts-Scham und traumatischer Scham ... 38
   Die Bedeutung der Gesellschaft 43
   Scham und moralische Entwicklung 51
   Zum Unterschied zwischen Scham und Schuld 59
   Die Bedeutung von Religion bzw. Menschenbild 61
Neurobiologie der Scham 64
   Empathische Scham 64
   Neurobiologie der traumatischen Scham 66
   Kränkungen machen krank 69

Kapitel 3
Hochmut kommt nach dem Fall 71

Verstecken 71
    Maske 71
    Sich einigeln 74
    Emotionale Erstarrung 76
Projektion 78
Angreifen 79
    Beschämen 79
    Verachten 82
    Zynismus 83
    Negativismus 84
    Schamlosigkeit 86
    Arroganz 88
    Groll, Neid, Ressentiment, Trotz 89
    Zorn, Wut, Gewalt 91
    Wiederherstellen der verlorenen Ehre 94
Fliehen 95
    Größenphantasien 95
    Idealisierung 96
    Perfektionismus 97
    Schwerverständlichkeit, Rätselhaftigkeit 98
    Sucht 99
Zusammenfassung 100

Kapitel 4
Scham regiert die Welt 102

Der Teufelskreis von Krieg und Scham 102
    Der Dreißigjährige Krieg 102
    Der Erste Weltkrieg 104
Nationalsozialismus, Holocaust und Zweiter Weltkrieg 106
    Beschämungen 107
    Verachtung 110
    Die Schamlosigkeit der Täter – die Scham der Opfer 112
Scham und ihre Abwehr in der Nachkriegszeit 114
    Projektion 115
    Konformität 116
    Transgenerationale Weitergabe 118
    Die Wiedervereinigung der deutschen Scham 119

Scham und ihre Abwehr in der Bundesrepublik	120
Umgang mit Schwachen	122
Mobbing, Scham und Macht	126
Scham und Beschämung im Umfeld der Pädagogik	129
Die Scham der Armen und die Schamlosigkeit der Reichen	138
Die Scham der Armen	141
Die Schamlosigkeit der Reichen	143
Wenn Kulturen zusammenprallen	145
Die USA	145
Der Nahe Osten	148

Kapitel 5
Konstruktiv mit Scham umgehen 156

Konstruktiv mit der eigenen Scham umgehen	156
Die Scham wahrnehmen	156
Die Scham aushalten und Scham sein lassen	157
Die Scham differenzieren und nutzen	158
Die Scham durcharbeiten	164
Von der Abwehr zum Schutz	167
Von der Selbstbeschämung zur Selbstliebe	168
Selbstachtung	172
Von der Schamlosigkeit zur Schamfreiheit	174
Konstruktiv mit der Scham anderer umgehen	177
Sich schützen, ohne zu beschämen	177
Hinter der Maske die Scham des anderen wahrnehmen	178
Strukturelle Erniedrigungen wahrnehmen und verändern	180
Zwischen verschiedenen Schamformen differenzieren	182
»Räume« schaffen für das Betrauern von Unterschieden	186

Von Scham und Beschämung zur Anerkennung – eine Zusammenfassung 189

Anhang 195

Anmerkungen	195
Literatur	212
Zitatnachweise	227
Bildnachweise	227

Dank

Ich danke der Ertomis Stiftung für die Begleitung und Finanzierung des Lehrerfortbildungs-Projekts *Pädagogik der Anerkennung. Lehren und Lernen ohne Beschämungen*.

Ich danke ganz besonders meiner Frau, Heidi Mönnich-Marks: Ihr verdanke ich wesentliche Einsichten, unzählige klärende Gespräche und die große Unterstützung, ohne die dieses Buch niemals möglich gewesen wäre. Auch für unsere Zusammenarbeit bei gemeinsamen Fortbildungen bin ich dankbar.

Für die gute Zusammenarbeit danke ich auch Hildegard Wenzler-Cremer, Gudrun Winterhalter-Schneider, Thomas Schneider, Erika Arndt und Ilse Schimpf-Herken. Für die Zusammenarbeit bei der Tagung *Scham – Beschämung – Anerkennung* danke ich darüber hinaus Lydia Funk, Gabi und Erich Hauer, Irene Klein, Klaus Kooistra, Josef Rabenbauer und Andrea Wittig.

Für ihre Freundschaft, Unterstützung und Rückmeldungen bei diesem Buchprojekt danke ich ganz besonders Christel und Ludwig Brüggemann, Helmut Wetzel, Werner Geigges und Tilman Evers. Darüber hinaus bedanke ich mich bei Hans Werner Kuhn, Carola Schnurr und Monika Wierlacher-Engelhardt.

Ich danke Christiane Neuen vom Patmos Verlagshaus für ihre Unterstützung und Betreuung dieses Buchprojekts und Thomas Reichert für die kompetente Bearbeitung des Manuskripts.

Stephan Marks
Freiburg, März 2007

Einleitung

»Demütigung ist schlimmer als körperlicher Schmerz«[1]

Endspiel um die Fußball-Weltmeisterschaft 2006 zwischen Frankreich und Italien: Mit zunehmendem Spielverlauf erkämpft sich die französische Mannschaft Vorteile. Ihr Spielmacher Zinedine Zidane – er war im Verlauf des Spiels mehrfach, zum Teil heftig gefoult worden – erhält in der entscheidenden Phase der Verlängerung die rote Karte und muss das Spielfeld verlassen; er hatte seinen Kopf in den Oberkörper seines italienischen Gegenspielers Marco Materazzi gerammt. Der französischen Mannschaft, nun in Unterzahl, gelingt es ohne ihren Ideengeber nicht mehr, ein Tor zu erzielen; sie verliert das anschließende Elfmeterschießen, Italien wird Fußball-Weltmeister.

Zizou, wie Zidane liebevoll von den Franzosen genannt wird, ist einer der besten Fußballer aller Zeiten. Der Sohn algerischer Einwanderer gilt als bescheiden, freundlich und diszipliniert; nach der Weltmeisterschaft wollte er seine außerordentlich erfolgreiche Fußballerkarriere beenden. Wie konnte es geschehen, dass Zidane sich zu einer Tätlichkeit hinreißen ließ, durch die er seine Mannschaft entscheidend schwächte? Wie war es möglich, dass er, zehn Minuten vor dem Ende seiner großen Karriere, deren letztes und wichtigstes Spiel in solch unrühmlicher Weise beendete – vor den Augen von schätzungsweise mehr als einer Milliarde Fernsehzuschauer in aller Welt?

Materazzi gibt einige Tage später zu, Zidane verbal provoziert zu haben. Dieser sagt in einem Fernseh-Interview aus, Materazzi habe »sehr persönliche und harte Worte über meine Mutter und Schwester« gesagt und mehrmals wiederholt. »Man hört das einmal und versucht wegzugehen. Dann hört man das ein zweites Mal und noch ein drittes Mal. Ich entschuldige mich außer bei den Millionen Kindern auch bei den Menschen und Erziehern, die versuchen, die Kinder zu lehren, was gut ist und was schlecht ist. Aber ich kann meine Handlung nicht bedauern. Ich kann nicht, ich kann nicht, ich kann das nicht sagen. Würde ich es sagen, würde das heißen, dass Materazzi Grund hatte, das zu sagen. Aber er hatte kein Recht dazu«, so Zidane. Eine Analyse der Fernsehbilder durch professionelle Lippenleser kommt zum Ergebnis, dass Materazzi Zidanes Mutter und Schwester als Prostituierte bezeichnet hatte.

Diese Worte bewirkten, dass Zidane geradezu ausrastete. Seine ganze Professionalität, Vernunft und Solidarität mit den Teamkameraden sowie der Wunsch, seine Karriere mit dem Weltmeistertitel zu beenden – all dies wurde hinweggefegt durch den Affekt, der durch die verbale Beschämung seiner Familienangehörigen ausgelöst wurde.

Der Vorfall zeigt, dass beschämende Worte mehr weh tun können als körperliche Schmerzen. Materazzis Worte bezeichne ich mit Bedacht nicht als »beleidigend«, sondern als »beschämend«. Denn es war nicht irgendein »Leid«, das er Zidanes Mutter und Schwester antat; vielmehr schrieb er ihnen genau die Verhaltensweise zu, die in wahrscheinlich allen Kulturen als höchst schändlich gilt. Mehr als das Zufügen von körperlichen Schmerzen, die im Männerfußball ja zum Alltag gehören, stellte die Beschämung von Zidanes weiblichen Verwandten als Prostituierte somit die ultimative Provokation dar, da sie eine der schmerzhaftesten und machtvollsten aller menschlichen Emotionen ansprach: Scham.

Der Vorfall verdeutlicht zudem die seltsame Eigenschaft von Scham, über das Persönliche hinauszureichen: Die Worte Materazzis bezogen sich ja nicht auf Zidane selbst, sondern auf seine weiblichen Verwandten. Es ist charakteristisch für Scham, dass sie sich nicht auf die eigene Person beschränken muss, sondern auch andere Menschen umfassen kann, etwa Familienangehörige oder die eigene Nation.

Was ist das für ein Affekt, der so schmerzhaft und machtvoll ist? Alle Menschen und alle Kulturen kennen Scham, sie gehört zum Mensch-Sein. Sie ist geradezu ein Wesensmerkmal des Menschen.[2] Auch im Alten Testament steht sie am Anfang der Menschheitsgeschichte: Von Adam und Eva wird berichtet, dass sie sich schämten, als sie erkannten, dass sie nackt waren. Der Psychologe Michael Lewis glaubt, dass »das artspezifische Gefühl der Scham für unser Leben zentral ist. Scham bestimmt unsere seelische Gestimmtheit mehr als Sex oder Aggression. Scham ist überall.«[3]

Obwohl Scham ein universeller menschlicher Affekt ist, ist sie wenig in unserem Bewusstsein; sie ist so etwas wie das »Aschenputtel« unter den Gefühlen.[4] Denn über Scham redet man nicht; man zeigt sie auch nicht, sondern verbirgt sie, hält sie geheim. Scham ist in der Gegenwart selbst zu etwas geworden, dessen sich viele Menschen schämen.[5] Es gibt nur wenige Darstellungen von ihr und nur eine kleine, in den letzten Jahren allmählich wachsende Zahl von Forschungen und fachwissenschaftlichen Veröffentlichungen. Scham wird häufig mit anderen Gefühlen verwechselt, vorwiegend mit Schuld. Sie verbirgt sich oft hinter anderen Affekten wie Angst, Wut oder Zorn, d. h. sie zeigt sich meistens in verhüllter Form. *Die Maske der Scham* lautet folgerichtig der Titel des Standardwerkes von Léon Wurmser.

Kapitel 1
Wir leben in einer Atmosphäre der Scham

> *Wir schämen uns all dessen, was wirklich an uns ist;*
> *wir schämen uns unseretwegen, unserer Verwandten, unserer Einkommen,*
> *unserer Akzente, unserer Meinungen, unserer Erfahrungen,*
> *gerade so wie wir uns unserer nackten Haut schämen.*
> G. B. Shaw[6]

Schamgefühle können von ganz unterschiedlicher Intensität sein: Sie reichen von Verlegenheit, Gehemmtsein, Schüchternheit oder Peinlichkeitsempfinden bis zu alles umfassenden, quälenden Zweifeln am Selbstwert. Diese Gefühle können kurzzeitig, ausgelöst durch eine bestimmte Situation, auftauchen – oder sie können chronisch sein. Schamgefühle sind, wie alle Gefühle, subjektiv: Der eine mag sich für etwas schämen, womit ein anderer kein Problem hat. Sie können durch eine Vielzahl von Verhaltensweisen oder Eigenschaften ausgelöst werden, von A wie *Armut* und B wie *betteln*, über C wie das Tragen von *C&A-Kleidung* und bis zu Z wie *Zahnspange*. Eine vollständige Liste würde ein ganzes Buch füllen. In den folgenden Abschnitten werden – ohne Anspruch auf Vollständigkeit – beispielhaft einige Auslöser für Scham zusammengestellt, um die Bandbreite schamrelevanter Situationen zu veranschaulichen. Dabei zeigt sich, dass Scham ganz verschiedene Bedeutungen haben kann. Folgende sechs Formen von Scham lassen sich unterscheiden:

- Da sind einmal die Schamgefühle, die dadurch ausgelöst werden, dass man den herrschenden Erwartungen und Normen nicht entspricht. Dies kann sich auf den eigenen Körper beziehen (etwa wenn man sich für sein Aussehen schämt) oder auf persönliche Eigenschaften oder Fähigkeiten (etwa wenn man sich dafür schämt, Analphabet zu sein). Diese Form von Scham bezeichne ich als *Anpassungs-Scham*; sie bezieht sich auf die eigene Person.
- Im Unterschied dazu bezieht sich *Gruppen-Scham* auf andere Personen, etwa wenn man sich für ein psychisch krankes Familienmitglied schämt.
- Auch die mitgefühlte oder *empathische Scham* bezieht sich auf

andere Personen: Wir fühlen mit, wenn wir Zeuge der Beschämung eines Mitmenschen sind.
- Eine weitere Ausprägung ist die Schamhaftigkeit oder *Intimitäts-Scham*. Sie hat die Aufgabe, die eigene Privatsphäre gegenüber anderen zu schützen (z. B. indem wir persönliche Gefühle nicht in der Öffentlichkeit hinausposaunen).
- Wenn die Privatsphäre in traumatischer Weise durch andere Menschen verletzt wurde (etwa durch Missbrauch oder Vergewaltigung), bleibt bei den Opfern charakteristischerweise *traumatische Scham* zurück.
- Diese Schamgefühle sind verschieden von den Gefühlen eines Täters, der sich für sein Handeln schämt; diese nenne ich *Gewissens-Scham*.

Anpassungs-Scham

Scham in Bezug auf die Erwartungen und Normen der Gruppe

In jeder Kultur gibt es – geschriebene wie ungeschriebene – Regeln über die Formen, wie die Menschen miteinander umgehen, einander begrüßen, sich bekleiden, essen usw.[7] Diese Regeln über Höflichkeit, Manieren, »Schicklichkeit«, Sitte und »das, was sich gehört«, werden im Verlauf der Sozialisation gelernt und verinnerlicht; einige von ihnen haben, vor allem seit der 1968er Studentenbewegung, an Verbindlichkeit verloren.[8]

Die Verletzung dieser Regeln kann das Empfinden von Peinlichkeit auslösen. Die Angst davor, sich zu blamieren oder lächerlich zu erscheinen, kann im Extremfall zu einer Phobie werden. Darunter leiden zwei bis fünf Prozent der Deutschen; damit ist die *soziale Phobie* die dritthäufigste psychische Störung. Die Betroffenen ziehen sich häufig zurück, wodurch ihr Selbstvertrauen erst recht leidet, und sind in der Gefahr, depressiv oder alkoholabhängig zu werden. Viele schämen sich so sehr, dass sie nicht in Behandlung gehen.[9] Eine Unterform dieser Angst ist die *Erythrophobie* (griechisch, wörtlich: die Angst vor dem Roten), die Angst vor dem Erröten.[10] Die Betroffenen fühlen sich beobachtet und bewertet; das Erröten wird ja häufig als

Zeichen für ein schlechtes Gewissen interpretiert, obwohl es allein durch die Öffentlichkeit einer Situation oder die Angst vor dem Erröten ausgelöst werden kann.

Scham oder Beschämungen können auch bewirkt werden, wenn ein Mensch die Leistungserwartungen seiner Mitmenschen nicht erfüllt. Beispielsweise durch das Versagen bei Prüfungen: Im Frühjahr 2006 nahmen sich vier junge Ägypterinnen aus Angst vor der Abiturprüfung das Leben; weitere 180 Prüflinge konnten gerade noch davon abgehalten werden, es ihnen gleichzutun. Der ägyptische Psychiater Ahmed Okascha erklärt dies mit den hohen Erwartungen der Eltern, die ihre Kinder als ihre Alterabsicherung betrachten und unbarmherzig auf das Abschlusszeugnis abrichten. Versager »werden verachtet, von Familie und Gesellschaft isoliert. Die Angst davor ist bei vielen größer als die Furcht vor dem Tod.«[11]

Viele Menschen schämen sich ihrer Arbeitslosigkeit und werden deshalb beschämt. Als 2003 bei Siemens 900 Mitarbeiter gehen sollten, kühlte sofort das Klima ab: Die Kollegen plauderten nicht mehr auf dem Flur, sondern arbeiteten verbissen vor sich hin, um ihren eigenen Job zu retten – während die Gekündigten aus Scham, Angst und Hilflosigkeit gemieden wurden.[12]

Der Verlust des Arbeitsplatzes bedeutet für die Betroffenen nicht nur finanzielle Einschränkungen, sondern verstärkt oft auch psychische oder soziale Schwierigkeiten.[13] Häufig schränken Arbeitslose ihre sozialen Kontakte ein, um die Arbeitslosigkeit nicht zugeben zu müssen. Denn gesellschaftlich gilt immer noch arbeiten als anständig und Arbeitslosigkeit als minderwertig. Es gibt viele Menschen, die sich ihrer Arbeitslosigkeit so sehr schämen, dass sie diese vor ihren Nachbarn, selbst vor ihrer Familie verheimlichen: Sie verlassen allmorgendlich mit der Aktentasche unter dem Arm das Haus, wie wenn alles normal wäre.

Der 54-jährige Zimmermann Ernst W. verlor nach einem Arbeitsunfall seine Stelle. Eine medizinische Untersuchung, einen Monat nach Eintritt der Arbeitslosigkeit, verlief dramatisch: Er zog eine Reihe erfolgloser Bewerbungsschreiben aus der Tasche, brach weinend zusammen und war unfähig weiterzusprechen. Nach Auskunft seiner Frau traten solche Reaktionen nach der Ankündigung seiner Entlassung häufig auf. Ernst rauche jetzt sehr viel mehr als während seiner Berufstätigkeit und sei zeitweilig recht aggressiv und gewalttätig. Die Untersuchung führte zur Diagnose *reaktive Depression*, ausgelöst durch die Arbeitslosigkeit. Ernst W. fand auch weiterhin keine neue Anstellung. Nachdem bei ihm eine Krebserkrankung festgestellt wurde, wurde er vorzeitig verrentet. Als er bei einer späteren Untersuchung gebeten wurde, seine Situation während der Arbeitslosigkeit mit der Situation nach der Krebsdiagnose zu vergleichen, betonte Ernst, er sei nach dem Arbeitsplatzverlust sehr verzweifelt und am Ende gewesen, während er mit seiner jetzigen Situation recht zufrieden sei.[14]

Ernst W. ist lieber todkrank als arbeitslos: Offenbar empfindet er seine lebensbedrohliche Krebserkrankung, verglichen mit seinem Status als Arbeitsloser, als entlastend, denn jetzt hat er ja einen guten Grund, nicht zur Arbeit zu gehen. Deswegen fällt es auch vielen Arbeitslosen leichter, an Wochenenden unter Menschen zu gehen.

Beschämungen und Scham werden auch durch psychische Probleme ausgelöst: Obwohl viele Menschen im Laufe ihres Lebens solche Probleme erleben, sucht nur die Hälfte ärztliche oder psychotherapeutische Hilfe. Eine psychische Krise wie z.B. Depression oder Sucht wird als persönliche Niederlage und Makel empfunden, der schamvoll vor den Mitmenschen versteckt werden muss. Bleibt eine Depression aber unbehandelt, verstärkt sich die Gefahr, dass sie in einen Suizid mündet. Die Suizidrate bei Depressionen beträgt 10-20 Prozent. Im Jahr 2005 nahmen sich in Deutschland mehr als 10 000 Menschen das Leben, umgerechnet alle 47 Minuten einer. Dadurch starben mehr Menschen durch Suizid als an Unfällen, Gewalttaten, Aids und Drogen zusammen. Unter Jugendlichen ist Suizid die zweithäufigste Todesursache.[15]

Norman Sartorius, wissenschaftlicher Direktor des Weltprogramms gegen Stigma und Diskriminierung der World Psychiatric Association, sagt, dass viele Kinder unter dem Mobbing von Mitschülern leiden, etwa wenn diese mitbekommen, dass das Kind oder jemand aus der Familie psychische Probleme hat oder in Behandlung ist.[16] Das Stigma psychischer Krankheiten kann oft Generationen überdauern. Dies hat zur Folge, »dass viele aus Scham über ihre psychische Erkrankung nur im Verborgenen oder überhaupt nicht behandelt werden. Krankenhausaufenthalte werden vor Kollegen, den Verwandten oder vor der Schulklasse geheim gehalten. Kranke Menschen, die diskriminiert werden, verlieren ihr Selbstwertgefühl und ziehen sich zurück.«[17] Die Stigmatisierung geschieht durch Nachbarn, Angehörige, aber auch Ärzte und Medien. »Oft ist es die Art, wie man über Kranke spricht – etwa wenn man das Wort ›Irrenanstalt‹ anstelle von Krankenhaus benutzt. Oft werden Witze über psychisch Kranke gemacht.«[18] Dieses Stigma schadet auch der Ärzteschaft: Psychiatern, Psychotherapeuten oder Mitarbeitern von psychiatrischen Krankenhäusern wird vielfach Spott oder Desinteresse entgegengebracht. Die »P-Fächer« gelten als Fächer, in denen nur geredet wird. Die Diskriminierung derjenigen, die mit diesen Kranken »zweiter Klasse« arbeiten, drückt sich auch in geringerer Bezahlung aus.

Das *Deutsche Ärzteblatt* schreibt über die Bevölkerungsgruppe mit der höchsten Suizidrate – Ärzte und vor allem Ärztinnen –, die häufigsten Ursachen für die Selbstmorde seien affektive Störungen, Suchtkrankheiten und Probleme in der Partnerschaft. Diese würden von den Betroffenen oft aus Scham und Angst vor Ausgrenzung versteckt, aus einem falschen Rollenverständnis sowie aus Angst vor juristischen Konsequenzen. »Nur wenige Ärzte, die bei sich eine Depression vermuten, suchen fachkompetente Hilfe, unter anderem aus Angst, stigmatisiert zu werden.«[19] Bei den Hilfsangeboten für Ärzte und deren Vernetzung liegt Deutschland weit hinter den Angeboten anderer Länder zurück. Als wesentlicher Schritt zur Suizidprävention gilt das Herabsetzen der bestehenden »Barriere aus Scham und Schuld«.[20]

> Anpassungs-Scham ist nach »außen« gerichtet, sie orientiert sich an den Blicken, den erwarteten Bewertungen durch die Mitmenschen. Sie wird etwa ausgelöst, wenn man die herrschenden Normen und Erwartungen der Gruppe oder Gesellschaft nicht erfüllt, z. B.:
> - durch Verletzung der Höflichkeitsregeln, z.B. durch »unschickliches«, flegelhaftes, nachlässiges, vulgäres, respektloses, schamloses, geschmackloses, ordinäres, unangemessenes, unfaires oder unsportliches Verhalten. Etwa, wenn man zu spät kommt oder wenn der Reißverschluß der Hose versehentlich nicht geschlossen ist;
> - durch Mangel an Bildung (der tatsächliche oder scheinbare Mangel an Bildung zeigt sich etwa im Sprechen eines Dialekts, durch Sprachfehler, eine Lese-Rechtschreibstörung [Legasthenie] oder Rechenschwäche [Dyskalkulie]), durch Versagen,[21] schlechte Noten, Fehler, Nichteinhalten eines Versprechens, Verlieren oder Inkonsequenz (»Wer A sagt, muss auch B sagen«). Durch psychische Probleme,

umso mehr dann, wenn diese öffentlich sichtbar werden könnten; durch unsicheres Auftreten, Erröten oder wenn Gefühle (z.B. Schamgefühle) sichtbar zu werden drohen;
- durch soziale Schwäche wie geringen beruflichen Status (z.B. körperliche gegenüber geistiger Arbeit), Arbeitslosigkeit, Armut, das Annehmen von Almosen, Abhängigkeit, Ohnmacht, Hilfsbedürftigkeit, Schulden, Nachgeben oder Verlieren. Unter Jugendlichen zeigt sich diese Scham etwa daran, dass Mitschüler gemobbt werden, die bestimmte »coole« Statussymbole (Handy, Kleidung oder Turnschuhe bestimmter Hersteller) nicht besitzen;
- durch nicht-konforme Gefühle (etwa Abhängigkeit) oder Wünsche (z.b. alter Menschen nach Zärtlichkeit, homosexuelle Phantasien oder Sehnsüchte nach einer friedlichen, gerechten und ökologisch ausgewogenen Welt);
- oder durch die Zugehörigkeit zu einer diskriminierten Gruppe, Ethnie oder Religionsgemeinschaft.

Körper-Scham

Häufig ist der eigene Körper ein Auslöser für Schamgefühle. Obwohl jeder Mensch seine individuelle Konstitution hat, halten sich die meisten Deutschen für zu dick, auch wenn sie es gar nicht sind. Übergewichtige Menschen werden oft abgewertet, sie gelten etwa als undiszipliniert. Nach Meinung der Frauenzeitschrift *Brigitte* haben die Deutschen eine »fortschreitende, kollektive Gewichtsneurose [...]. Wir sind eine Nation von essgestörten, figurfixierten Deppen.«[22] Viele streben einen Body-Mass-Index (BMI)[23] an, wie er von Models auf Laufstegen, in Zeitschriften und der Werbung vorgeführt wird. Der BMI von Models ist in den vergangenen vier Jahrzehnten von 20 auf 17,5 gesunken – medizinisch betrachtet ein Wert, der für eine Einweisung in eine Klinik für Essgestörte qualifiziert. Mehr als 600 000 Frauen und zunehmend auch Männer stehen unter dem Zwang, sich nach dem Essen zu erbrechen (Bulimie), Tausende hungern sich regelrecht zu Tode.[24]

Scham und Beschämungen können auch durch öffentlich sichtbare Hautkrankheiten wie das sogenannte *Feuermal* ausgelöst werden. Dabei handelt es sich um eine Hautveränderung von rötlicher

Farbe, häufig im Kopfbereich und von verschiedener Größe. Einer der bekanntesten Menschen mit einem Feuermal ist Michail Gorbatschow. Das Feuermal ist auch eines der Symptome des Sturge-Weber-Syndroms (SWS), einer Behinderungsart, die etwa eines von 250 000 Kindern trifft. SWS beinhaltet anatomische Gefäßfehlbildungen an der Haut, eben das Feuermal, und an den Hirnhäuten, die oft zu Epilepsie, Lähmungen, geistiger Behinderung und weiteren Symptomen führen.

Als ob diese Krankheit für die Betroffenen und ihre Familienangehörigen nicht schon leidvoll genug wäre, wird ihre Not durch Schamgefühle und durch die Reaktionen ihrer Mitmenschen häufig noch verstärkt. Weil das Feuermal je nach Größe mehr oder weniger offen sichtbar ist, kostet es viele Eltern große Überwindung, mit ihrem Kind auf die Straße zu gehen, denn sie schämen sich, wenn sie angestarrt werden. Elisabeth Tutas befragte Eltern von SWS-kranken Kindern. Ein Vater berichtete: »Meine Frau und ich wollten nur noch sterben. Ich hatte Probleme, es hinzunehmen, und schämte mich dafür.« Andere Eltern schrieben: »Ich habe Schuldgefühle, weil ich mich immer schämte, Philip in der Öffentlichkeit zu zeigen, weil er nicht perfekt war.«[25]

Die Mutter eines betroffenen Mädchens hörte folgenden Kommentar in ihrer Nachbarschaft: »Schau mal, das ist doch ›die Eine‹ mit diesem Kind. Stell dir vor, sie geht mit ihrer kranken Tochter draußen spazieren und schämt sich nicht einmal!« Das Mädchen leidet sehr unter den Reaktionen seiner Mitmenschen. Seine psychischen Probleme häufen sich, je älter es wird: »K. macht gerade die Pubertätsphase durch, in der es besonders wichtig ist, gut auszusehen und von anderen Jugendlichen akzeptiert zu werden. Sie geht sehr kritisch mit sich selbst um, und alles, was sie tut, kann nicht gut genug sein.« K. bemüht sich, ihre Schwächen vor den anderen zu verbergen, und nimmt daher auch nicht gerne Hilfe an. Sie tut sich sehr schwer, Kontakte zu knüpfen, oft sitzt sie an Wochenenden allein zu Hause. Zwei Freundinnen, die in früheren Jahren immer mit ihr gespielt haben, besuchen sie nicht mehr, weil sie sich für K. vor den anderen schämen. Sie gehört einfach nicht mehr dazu. Dies bringt sie zunehmend in depressive Stimmungen, die wiederum dazu führen, dass sie von ihrer Umgebung als schlecht gelaunt abgestempelt wird. Auch in der Familie führt dies zu Spannungen und Konflikten. Wie

Elisabeth Tutas zusammenfasst, ist diese Situation auch für die Eltern schwer zu ertragen: »Wer nicht genug Selbstbewusstsein hat, dem Unverständnis und der Brutalität der Umwelt entgegenzutreten, verkriecht sich mit seinem behinderten Kind.«[26]

Scham und Beschämung können sich auch an einer Krankheit wie Krebs festmachen. Ein Beispiel: Als Christiane R., 53 Jahre, von der Diagnose Krebs erfuhr, empfand sie heftige Todesängste und Schamgefühle. Diese traten verstärkt nach Gesprächen mit esoterisch orientierten Freundinnen auf: Versteckt hinter psychologisierenden Ratschlägen, wurde der Kranken unterstellt, sie habe vermutlich ihr »Unbewusstes nicht genügend aufgearbeitet« oder sei nicht liebevoll genug mit sich umgegangen.[27] Zusätzlich schämte sie sich für ihre Glatzköpfigkeit in Folge der Chemotherapie, die Verstümmelung ihres Körpers und die herablassende Behandlung durch einige Ärzte.

Auch an neurologischen Erkrankungen können sich Schamgefühle entzünden, etwa am Parkinson-Syndrom. Dieses tritt verstärkt ab einem Alter von etwa 60 Jahren auf; an ihm leiden etwa ein bis zwei Prozent der 60- bzw. 70-Jährigen. Die Symptome sind etwa Zittern, Muskelsteifheit, Gleichgewichtsstörungen und die Unfähigkeit, Bewegungen auszuführen. Häufig reagiert die Umwelt negativ: Verstärkter Speichelfluss oder verlangsamte Reaktionen werden oft als Anzeichen von Unzurechnungsfähigkeit gedeutet. Das Zittern der Hände wird nicht selten als Symptom von Alkoholsucht fehlinterpretiert. Die Patienten nehmen die Reaktionen ihrer Mitmenschen durchaus wahr und empfinden Scham, die oft zum Rückzug von den Mitmenschen führt.

Scham und Beschämung können auch durch das Älterwerden ausgelöst werden. Anders als etwa in indianischen Kulturen, in denen alte Menschen aufgrund ihrer Lebenserfahrung wertgeschätzt werden, wird das Altern in unserer Gesellschaft weitgehend negativ bewertet. Es ist unvermeidlich mit verminderter Leistungsfähigkeit, nachlassender Kontrolle über den Körper, Hilflosigkeit und Abhängigkeit verbunden, mit anderen Worten: mit Erfahrungen von Schwäche. Dies ist für viele Alte mit Schamgefühlen verbunden. Ein Beispiel: Heinrich F., 83 Jahre, Handwerker im Ruhestand, ist nach vier Herzinfarkten, einem Schlaganfall und einem Gehirnschlag in einem labilen Gesundheitszustand. Aber das soll keiner merken, denn er erlebt die Beeinträchtigung seiner körperlichen Leistungsfähigkeit als Anschlag auf seine Männlichkeit, als beschämende Schwäche. Daher lehnt er es ab, öffentlich »die Binde«, das gelb-schwarze Behindertenabzeichen, zu tragen.[28]

> Scham oder Beschämungen in Bezug auf den Körper können ausgelöst werden:
> - durch Krankheiten wie Krebs, Aids, Geschlechtskrankheiten oder sichtbare Hautkrankheiten. Durch körperliche Merkmale wie z. B. Körpergeruch, abstehende Ohren, auffallende Körpergröße oder durch Deformationen, vor allem wenn diese öffentlich sichtbar sind, wie bei Buckel, Behinderungen oder hervorstehenden Zähnen;
> - wenn jemand dem herrschenden Leistungsideal nicht entspricht, etwa durch schmächtigen Körperbau (»Schwächling«) oder bei schlechten Leistungen im Sport. Oder durch Übergewicht (»Fettsack«), Alter, Gebrechlichkeit oder verminderte Leistungsfähigkeit.
> - wenn jemand das Gefühl hat, dem herrschenden Schönheitsideal nicht zu entsprechen, etwa übergewichtig zu sein oder einen zu kleinen Penis bzw. zu kleine, zu große oder hängende Brüste zu haben und dergleichen. Besonders schwierig ist diesbezüglich die Pubertät mit ihren raschen körperlichen Veränderungen, mit Pickeln und Selbstwertproblemen.
> - wenn jemand in einer rassistischen Gesellschaft die »falsche« Hautfarbe hat.
> - durch kurzfristigen Verlust von Kontrolle über den Körper etwa bei Erröten, Stolpern, Stürzen, Ungeschicklichkeiten, Fehlleistungen oder -griffen, Rülpsen, Blähungen oder wenn man schmutzig oder mit Essensresten bekleckert ist. Oder durch Kontrollverlust in der Sexualität, z. B. eine Erektion zum unpässlichen Zeitpunkt.
> - durch langfristigen Kontrollverlust über den Körper, etwa durch Impotenz, Frigidität, Inkontinenz oder neurologische Erkrankungen.

Scham und Beschämung sind kultur- und geschlechtsspezifisch

Wofür Menschen sich jeweils schämen oder weshalb sie beschämt werden, hängt stark von den Werten und Normen der jeweiligen Kultur bzw. Subkultur ab. So könnte ein bekanntes Sprichwort wie folgt abgewandelt werden: »Sag mir, wofür du dich schämst, und ich sage dir, in welcher Kultur du lebst.« Aufgrund der bisher aufgelisteten Beispiele lassen sich die herrschenden Normen unserer Gesellschaft wie folgt zusammenfassen: Sei gesund, groß, stark, sportlich, schlank, jung, leistungsfähig, schön, gut gelaunt, selbstständig, fehlerlos, körperbeherrscht, potent, angepasst, berufstätig, fleißig, gebildet, erfolgreich, konsequent, wohlhabend und unabhängig. Kurz: sei perfekt. Wer dies nicht ist, der soll sich schämen und muss damit rechnen, von seinen Mitmenschen beschämt zu werden.

Unterschiedlich ist auch, wofür Männer und Frauen sich jeweils schämen bzw. weshalb sie beschämt werden. Mikael Niemi schildert dies in seinem Roman *Populärmusik aus Vittula* am Beispiel einer kleinen Stadt im nordöstlichen Schweden:

Das Wort *knapsu* »ist tornedalfinnisch und bedeutet weibisch, also etwas, was nur die Frauen machen. Man kann sagen, dass die männliche Rolle in Tornedalen in erster Linie darauf beruht, nicht *knapsu* zu sein. Das klingt einfach und selbstverständlich, wird aber durch verschiedene Spielregeln komplizierter, die zu lernen man oft Jahrzehnte braucht. [...]
Gewisse Beschäftigungen sind von Grund auf *knapsu* und sollten deshalb von Männern vermieden werden. Dazu gehören Gardinenaufhängen, Stricken, Teppiche weben, mit der Hand melken, Blumengießen und Ähnliches. Andere Tätigkeiten sind ebenso klar als männlich definiert, wie Holzfällen, die Elchjagd, mit Baumstämmen zimmern, flößen und sich auf dem Tanzboden prügeln. Seit alten Zeiten ist die Welt zweigeteilt, und alle wussten immer schon, was wie einzuschätzen ist.
Aber dann kam der Wohlstand. Und mit ihm Hunderte neuer Tätigkeiten, die den Begriff verwässerten. Nachdem der *Knapsu*-Begriff sich in jahrhundertelangen, unbewußten Prozessen in der Volksseele entwickelt hatte, griffen jetzt plötzlich die Definitionen nicht mehr. [...] Motoren sind beispielsweise männlich. Und kraftstoffbetriebene Motoren sind männlicher als elektrische. Autos, Schneescooter und Motorsägen sind also nicht *knapsu*.
Aber darf ein Mann mit einer elektrischen Nähmaschine nähen? Sahne mit einem elektrischen Mixer schlagen? [...] Kann ein richtiger Mann sein Auto staubsaugen, ohne dabei seine Ehre aufs Spiel zu setzen? [...] Ist es beispielsweise *knapsu*, Halbfettmargarine zu essen? Eine Standheizung im Auto zu haben? [...] Mit Schwimmbrille zu schwimmen? Pflaster zu benutzen? [...] Außerdem wechseln die Regeln von Ort zu Ort. Hasse Alatalo aus der Gegend von Tärendö erzählte mir, dass es in seiner Heimatstadt aus irgendeinem Grund als *knapsu* angesehen wird, den Rand der Gummistiefel umzukrempeln.

Von diesen Dingen ausgehend können wir die Männer in drei Kategorien einteilen. Zunächst einmal haben wir da den richtigen Macho. Oft ein Typ irgendwo vom Lande, mürrisch, schweigsam und verkniffen, das Messer im Gürtel und Grobsalz in der Tasche. Sein Gegensatz ist genauso einfach zu erkennen, der weibische Mann. Der ist ganz offensichtlich *knapsu*, verhätschelt von den großen Schwestern und untauglich sowohl fürs Holzfällen als auch für die Jagd. [...]
Die dritte Gruppe von Männern ist das große Mittelfeld. [...] In ihm wird der *Knapsu*-Grad von den eigenen Taten bestimmt. Es kann eine so unverfängliche Sache wie das Tragen einer roten Mütze sein. Dafür kann man dann noch wochenlang gehänselt werden, ist gezwungen zurückzuschlagen, sich zu rächen und todesverachtende Rituale auszuführen, bis man sich endlich wieder aus dem *Knapsu*-Sumpf herausgezogen hat.«[29]

Auch für Frauen gelten – wiederum kulturspezifisch – Kataloge von »schicklichen«, »ehrbaren« Verhaltensweisen, für deren Einhaltung die Gesellschaft durch Sanktionen sorgt: Diese reichen von abwertenden Blicken, Beschimpfungen, Schande und sozialer Ächtung bis hin zu Säureattentaten, Steinigung oder anderen Formen von sogenanntem »Ehrenmord«. So gilt in manchen archaisch-patriarchalischen Kulturen die Ehre des Mannes und »seiner« Familie als verletzt, wenn etwa eine weibliche Familienangehörige vorehelichen Geschlechtsverkehr hatte, selbst wenn sie vergewaltigt wurde.

In Deutschland galten traditionellerweise die Eigenschaften oder Verhaltensweisen als beschämend, die als Schwäche oder soziale Schwäche interpretiert wurden, z.B. Mangel an Mut, Furcht vor Aggression, homosexuelle Wünsche, Armut, Arbeitslosigkeit, Abhängigkeit oder Verlieren. Léon Wurmser schreibt: »In vielen Kulturen und Subkulturen, besonders in jenen, die vorwiegend germanischen Ursprungs sind, führt die bloße Äußerung von Gefühlen, besonders von Gefühlen der Zärtlichkeit und von Gemütsbewegungen, wie das Weinen, zu Demütigung und Scham. Es wird als besonders unmännlich und unpassend erachtet, Weichheit und Güte zu zeigen.«[30]

In den vergangenen Jahrzehnten gibt es durchaus Anzeichen für einen Wertewandel in der bundesrepublikanischen Gesellschaft, ausgelöst etwa durch die Frauenbewegung, eine Entkriminalisierung von Homosexualität und Bemühungen zur Veränderung der Geschlechter-Rollen.[31] Inwieweit sich dadurch der Katalog »traditionell deutscher«

beschämender Eigenschaften auf Dauer gewandelt hat und inwieweit unser Umgang mit Scham auf lange Sicht humaner werden kann, wird vor allem davon abhängen, ob und in welchem Maße in unserer Gesellschaft das Bewusstsein für Scham und die Achtsamkeit im Umgang mit ihr wachsen kann. Diese Entwicklung wird dadurch verkompliziert, dass zur deutschen Gesellschaft ja auch Subkulturen zählen, deren Normen durch einen archaisch-patriarchalischen Ehre-Schande-Kodex und Ehrenmorde bestimmt werden.

> Scham und Beschämungen können in patriarchalischen Kulturen oder Subkulturen ausgelöst werden, z. B.:
> - wenn ein Junge oder ein Mann Eigenschaften hat oder Verhaltensweisen zeigt, die als »unmännlich« oder »weibisch« gelten. Etwa wenn er nicht genügend aggressiv oder dominant auftritt. Wenn er schüchtern ist (»Warmduscher«) oder wenn es ihm an Mut fehlt (»Feigheit«). Wenn er Mitgefühl, Weichheit (»Weichei«), Zärtlichkeit, Liebe, Güte, Nachdenklichkeit, Kompromissbereitschaft oder Trauer zeigt (»Männer weinen nicht!«). Oder wenn er seine »Ehre« (bzw. die Ehre »seiner« Familie) nicht wahrt oder es versäumt, eine verlorene Ehre (etwa durch einen Ehrenmord) wiederherzustellen.
> - wenn ein Mädchen oder eine Frau sich »unehrenhaft«, nicht den gängigen Normen entsprechend verhält, z. B. wenn sie mit einem fremden Mann spricht, ihn anlächelt, sich mit ihm trifft, flirtet oder »unkeusche« Kleidung trägt. Wenn sie ihre Jungfernschaft durch vorehelichen Geschlechtsverkehr oder durch eine Vergewaltigung verloren hat. Wenn sie außerehelichen Geschlechtsverkehr hatte (»Hure«) oder auch nur im Ruf steht, ein »Verhältnis« zu haben. Wenn sie den Mann, der von der Familie für sie bestimmt wurde, nicht heiraten oder wenn sie sich scheiden lassen möchte. Oder wenn sie allein lebt (»hat keinen Mann abgekriegt«), nicht an einer Beziehung zu einem Mann interessiert ist (»alte Jungfer«) oder mit einer Frau zusammenwohnt (»Lesbe«).

Gruppen-Scham

Scham muss sich nicht auf die eigene Person beschränken, sondern kann auf andere Menschen ausgedehnt werden, etwa Familienangehörige, die eigene ethnische Gruppe oder Nation. Als *Gruppen-Scham* bezeichne ich die Schamgefühle in Bezug auf andere Personen, die von den herrschenden Normen, Werten oder Verhaltensweisen abweichen: Man schämt sich »für« sie. Beispielsweise wurde oben von dem SWS-kranken Mädchen berichtet, deren Freundinnen, die früher immer mit ihr gespielt haben, nicht mehr zu ihr kommen: Sie schämen sich für die Kranke vor ihren anderen Freundinnen.

Für Heranwachsende kann es wichtig sein, sich z. B. von prügelnden oder übergriffigen Eltern zu distanzieren, indem man sich ihrer schämt und sich trotzig von ihnen abwendet. Im Roman *Was läuft schief mit Amerika* schildert Scott Bradfield die zunehmende Scham einer Tochter für ihre Mutter:

»Nun neigte sie zu langem, peinlichem Schweigen, wenn sie mit ihrer Mutter zusammen war. Manchmal betrachtete sie ihre Mutter schweigend mit bösen Blicken voller Verachtung und schlechter Schwingungen, obwohl ihre Mutter nichts weiter machen wollte, als ihr ihre Sandwiches und Plätzchen zurechtzumachen [...]. Ihre Mutter hatte etwas, dessentwegen Cassandra sich furchtbar schämte.«

Ihre Mutter wurde von ihrem Ehemann und ihrem Sohn verächtlich behandelt; deshalb betrachtete Cassandra ihre Mutter »mit immer weniger Liebe und immer mehr Überdruss«:

»›Warum lässt du dir das von denen gefallen?‹, fragte sie ihre Mutter später am Abend in der Küche. Cassandra hatte schon eine ziemliche Wut auf ihre Mutter im Bauch und war den Tränen nahe. ›Merkst du denn gar nicht, dass sie dich wie Dreck behandeln? Du bist doch kein blöder Esel, Mam. Du schuldest denen nichts. Merkst du denn nicht, dass du denen scheißegal bist? Für die bist du nur ein Arbeitstier. Nur ein Küchengerät.‹ [...].
Und ihre Mutter schämte sich so sehr, und es war ihr peinlich! Sie konnte einfach nicht eingestehen (nicht einmal sich selbst), dass ihre Tochter vollkommen recht hatte.
›Dein Vater und dein Bruder meinen es doch nicht böse‹, sagte sie zu ihrer Tochter. [...] Doch jedes Mal, wenn ihre Mutter sich entschuldigte oder so tun

wollte, als sei alles in Ordnung, wurde ihre Tochter nur noch ärgerlicher. Am Ende hörte Cassandra auf, sich über ihre Mutter zu ärgern. Sie sprach nun kaum noch mit ihr.« [32]

Wenn wir in der Öffentlichkeit an der Seite etwa eines nicht-konformen Menschen sichtbar werden, befürchten wir vielleicht, in den Augen unserer Mitmenschen mit diesem identifiziert zu werden und etwas von deren Abwertung abzubekommen (in »Sippenhaft« genommen zu werden). Wir sind, ob wir dies wollen oder nicht, zu einer Stellungnahme herausgefordert: uns für ihn zu schämen und von ihm zu distanzieren – oder uns zu unserem Mitmenschen zu bekennen. Es kann Situationen geben, in denen dies viel Zivilcourage erfordert, etwa im Nationalsozialismus, wenn es darum ging, die Solidarität mit jüdischen Freunden aufrechtzuerhalten.

> Gruppen-Scham (»fremdschämen«) kann ausgelöst werden:
> - durch die Nähe oder Zugehörigkeit zu einer Person oder Familie, vor allem wenn diese »mit Schande behaftet« ist. So schämt man sich vielleicht für ein uneheliches, behindertes, »unerzogenes«, »schwieriges« oder »missratenes« Kind; für die mangelnde Bildung der Eltern; für die exzentrische, »verrückte« oder geschiedene Tante oder für das »schwarze Schaf«, den Versager, Kommunisten, Nazi, Straftäter oder »Selbstmörder« in der Familie;
> - durch die Zugehörigkeit zu einer Gruppe, Ethnie oder Nation, die mit Schande behaftet ist. So schämen sich viele Deutsche für das Verhalten deutscher Urlauber im Ausland oder für die Gewalt von Neo-Nazis.
>
> Scham kann sich auch auf die kollektive Vergangenheit beziehen, die Dutzende oder Hunderte von Jahren zurückliegt, etwa Gewalttaten, die von früheren Generationen verübt oder erlitten wurden. Beispielsweise schämen sich viele deutsche Jugendliche für die Nazi-Verbrechen, die von ihren Vorfahren zwei Generationen zuvor verübt wurden. Viele Lateinamerikaner empfinden Scham für ihre indianischen Vorfahren und über deren Unterwerfung und Vergewaltigung durch die spanischen Eroberer.

Empathische Scham

Auch die *mitgefühlte* oder *empathische Scham* bezieht sich auf andere Menschen. So berichtet Primo Levi von den russischen Soldaten, die das mit Leichen und Sterbenden überfüllte Konzentrationslager Auschwitz befreiten:

»Sie grüßten nicht, lächelten nicht; sie schienen befangen, nicht so sehr aus Mitleid, als aus einer unbestimmten Hemmung heraus, die ihnen den Mund verschloss und ihre Augen an das düstere Schauspiel gefesselt hielt. Es war die gleiche wohlbekannte Scham, die uns nach den Selektionen und immer dann überkam, wenn wir Zeuge einer Misshandlung sein oder sie selber erdulden mussten: jene Scham, die die Deutschen nicht kannten [...].«[33]

Die Schamgefühle eines erniedrigten Menschen teilen sich – wie durch eine Art psychische Ansteckung – dem Zeugen mit. Diese Fähigkeit des Menschen, empathisch das mitzufühlen, was andere fühlen, wurde in den letzten Jahren neurobiologisch erforscht; dies wird auf Seite 64 ff. ausgeführt.

> Empathische Scham ist die Scham, die wir mit-fühlen, wenn wir Zeuge der Scham eines Mitmenschen sind, etwa wenn dieser erniedrigt wird.

Empathische Scham ist bedeutend für das Zusammenleben einer Gruppe oder Gesellschaft: Sie befähigt uns zu Mitgefühl, Solidarität und Freundschaft. Sie treibt uns an, Schwachen beizustehen, sie zu schützen oder zu verteidigen.

Intimitäts-Scham

Das Wort Scham geht zurück auf das indogermanische *kam/kem* = »zudecken, verschleiern, verbergen«. Am deutlichsten wird die hier angesprochene schützende Funktion bei der *Intimitäts-Scham* oder *Schamhaftigkeit*: Sie wahrt die eigene Privatsphäre gegenüber anderen. Sie warnt z.B. davor, allzu persönliche Gedanken oder Gefühle ungeschützt in die Öffentlichkeit zu tragen. Oder davor, intime Körperteile vor den Blicken anderer zu enthüllen. In der westlichen Welt sind dies gegenwärtig die Geschlechts- und Ausscheidungsorgane, in islamischen Kulturen die Kopfhaare der Frau bis zu deren ganzem Körper.[34] Die Definition dessen, was als intim gilt, die Grenze zwischen privat und öffentlich, ist kulturspezifisch und historisch veränderbar.[35] Der Schutz kann bis in die Sprache hineinwirken, etwa wenn diese Körperregionen sprachlich tabuisiert werden (»da unten«, »unten rum«).

Intimitäts-Scham steht vermutlich am Anfang der Menschwerdung; auch im Alten Testament beginnt die Geschichte der Menschheit mit der Paradiesszene: Adam und Eva »waren beide nackt und schämten sich nicht« (Gen 2,25). Erst nachdem sie die Frucht vom Baum der Erkenntnis aßen, »gingen den beiden die Augen auf; und sie erkannten, dass sie nackt waren« (Gen 3,7). Léon Wurmser bezeichnet die Scham als »eine unentbehrliche Wächterin der Privatheit und der Innerlichkeit, eine Wächterin, die den Kern unserer Persönlichkeit schützt – unsere intensivsten Gefühle, unseren Sinn der Identität und Integrität und v. a. unsere sexuellen Wünsche, Erlebnisse und Körperteile. Ohne diese Hülle der Scham fühlt man sich der Würde beraubt [...].«[36] Die Intimitäts-Scham hat zwei Ausrichtungen:
- Passiv: Wir schützen Teile unserer Persönlichkeit davor, von anderen enthüllt zu werden. Die Botschaft lautet: »Ich möchte gesehen werden, aber nicht alles von mir. Diese oder jene Eigenschaft von mir möchte ich vor den Blicken anderer verbergen.«
- Aktiv: Wir müssen stets regulieren, inwieweit wir uns »aus dem Fenster lehnen«. Die Botschaft ist: »Ich möchte mich anderen Menschen zeigen, aber nicht alles. Ich möchte anderen mehr als bisher von mir zeigen, aber achte darauf, inwieweit ich dies tun kann, ohne beschämt zu werden.«[37]

> Intimitäts-Scham oder Schamhaftigkeit hat die Aufgabe, die körperlichen und seelischen Grenzen und die Identität des Menschen zu wahren. Dies geschieht durch Bedeckung von intimen Körperregionen oder durch Kontrolle dessen, was wir über uns preisgeben. Wir schützen unsere Eigenart, unsere persönlichen Gedanken, Gefühle oder Phantasien, unser Anders-Sein, »halten uns bedeckt«.
> Zu viel von dieser Scham kann auch kontraproduktiv sein, etwa körperlich: Wenn z. B. eine Untersuchung zur Früherkennung von Darmkrebs aus Scham hinausgezögert wird.[38] Oder seelisch: Wenn wir uns

so sehr »bedeckt« halten, dass keine Begegnung mit anderen Menschen mehr möglich ist.

Verletzungen der Intimitäts-Scham bis hin zur traumatischen Scham

Die Intimitäts-Scham wird uns oft erst dann bewusst, wenn eine Grenze verletzt wurde, etwa bei einer medizinischen Untersuchung. Da kranke und gebrechliche Menschen darauf angewiesen sind, gepflegt zu werden, ist es für das Personal eine besondere Herausforderung, die Intimsphäre – die Würde – ihrer Patienten zu wahren.

In einer ethnologischen Studie über Pflegeheime beobachtete Ursula Koch-Straube einen Ausflug: »Auf dem Weg zum Café muss Frau Senefeld ›pinkeln‹. Der Kleinbus wird in einem Feldweg zwischen Obstbaumfeldern angehalten. Frau Senefeld wird von zwei MitarbeiterInnen direkt am Straßenrand ›abgehalten‹, vor den Augen aller Mitfahrerinnen (der Busfahrer und ein Bewohner sind auch dabei) und der vorbeifahrenden Autofahrer. Frau Bayer kommentiert: ›Jetzt sieht man den ganzen Popo.‹ Kein Baum, obwohl reichlich vorhanden, bietet wenigstens minimalen Sichtschutz.«[39]

Bedingt durch die Pflegesituation werden die Betroffenen tagtäglich entblößt: beim An- und Ausziehen, Waschen, Pflegen oder beim Entleeren von Blase und Darm. Koch-Straube schreibt dazu: »Manche der Körper liegen vor den MitarbeiterInnen da, ›wie eine offene Landschaft‹, kein Winkel ihres Körpers bleibt ihren prüfenden Augen verborgen. Wenn keine andere Arbeit zwischendurch ansteht, entleeren die BewohnerInnen auch Blase und Darm in Anwesenheit der MitarbeiterInnen.«[40]

Schon die Körperpflege kann mit großen Ängsten vor Bloßstellung und Grenzverletzung verbunden sein. Ein Beispiel: Die geistig rege 86-jährige Helene B. bittet den Heimleiter mehrfach, bei der täglichen Wäsche im Intimbereich von einer weiblichen Pflegekraft versorgt zu werden. Obwohl in der Abteilung mehr weibliche als männliche Pflegekräfte arbeiten, wird ihre Bitte abgelehnt, mit der Begründung, der Dienstplan sei nicht anders einzurichten.[41]

Intimitäts-Scham wird verletzt:
- wenn die Intimitäts-Grenzen nicht respektiert werden, z. B. durch

- das unfreiwillige Entblößen von Körperteilen, etwa bei der Musterung, medizinischen Untersuchungen, Pflege oder verbal durch Anzüglichkeiten;
- wenn etwas von uns öffentlich wird, das wir für uns behalten wollten, etwa ein intimer Gedanke oder ein Gefühl; wenn wir uns »durchschaut« fühlen. Oder wenn wir zu viel von uns preisgegeben haben, körperlich (Nacktheit) oder verbal;
- wenn unsere Würde verletzt wird, z.B. durch den Missbrauch von Macht, narzisstischen oder spirituellen Missbrauch – etwa durch öffentliche Bloßstellung, Anprangerung, Mobbing, Geringschätzung, Kritik »unter der Gürtellinie«, Erniedrigung, Beschämung, Verachtung, Gewalt oder Respektlosigkeit. Oder wenn wir ausgeschlossen oder wie Luft behandelt, stigmatisiert, angestarrt, ungewollt exponiert, verspottet, blamiert oder lächerlich gemacht werden. Wenn wir zu einem Objekt oder zu einer Zahl gemacht werden. Die Angst, aufgrund eines Versagens beschämt zu werden, kann auch in der Vorstellung vorweggenommen werden, etwa als Lampenfieber, Prüfungsangst oder in Bezug auf sexuelles Versagen.

Verletzungen der Würde können individuelle Erfahrungen sein, können aber auch kollektiv einer Gruppe von Menschen widerfahren, wenn diese strukturell erniedrigt werden (vgl. Kap. 2), aufgrund ihrer Zugehörigkeit etwa zu einer bestimmten Gruppe, Ethnie, Religion, Nation oder einem Geschlecht. In manchen Kulturen oder Subkulturen gehört die Erniedrigung junger Menschen zur üblichen Sozialisationspraxis, etwa bei Initiationsriten oder in militaristischen Organisationen durch Entwürdigung während der Grundausbildung. Ein symbolisches Überbleibsel davon ist die angedeutete Ohrfeige im katholischen Ritual der Firmung.

Intensive oder wiederholte Verletzungen der Intimitäts-Grenzen können zu pathologischer und im Extrem zu traumatischer Scham führen. Die Betonung liegt auf *können*, denn dies ist kein Automatismus. Es gibt individuelle Unterschiede in der Art und Weise, wie Verletzungen verarbeitet und verkraftet werden. Ob also Grenzverletzungen zu traumatischer Scham werden, dies hängt auch von Risikofaktoren oder günstigen sogenannten Resilienz-Faktoren ab (z. B. biologische Vitalität, Einstellung zu Problemen oder soziales Umfeld).

Die Scham-Problematik im letztgenannten Beispiel, der Pflege von Helene B., würde noch potenziert, wenn die alte Dame zu den Frauen gehörte, die bei Kriegsende von alliierten Soldaten vergewaltigt wurden, ein Geschehen, worüber sie aus Scham zeitlebens nicht sprechen konnten.[42] Die Historikerinnen Helke Sander und Barbara Johr schätzen, dass im Zusammenhang mit dem Zweiten Weltkrieg allein auf deutschem Territorium mindestens zwei Millionen Frauen und Mädchen vergewaltigt wurden.[43] Viele dieser sexuell traumatisierten Frauen sind heute auf Pflege angewiesen – dies erfordert auf Seiten der Pflegenden besondere Sensibilität und Rücksichtnahme.

Traumatische Scham ist eine charakteristische Nachwirkung von traumatischen Grenzverletzungen wie Missbrauch, Vergewaltigung oder Folter.[44] Das Behandlungszentrum für Folteropfer in Ulm schreibt: »Frauen, die Folter, sexuelle Gewalt oder andere Übergriffe erleiden mussten, benötigen einen besonderen Schutz- und Schonraum.«[45] Denn Traumatisierte können sich nirgends mehr, auch nicht in ihrem eigenen Körper, zu Hause fühlen. Sie sind erniedrigt und sich selbst entfremdet. Durch die erfahrene Traumatisierung wurde ihr Selbstgefühl zerstört und ihr Identitätsgefühl fragmentiert: »Die einstige Sicherheit, ihr eigenständiges Selbst-Ich in Beziehung zu anderen Menschen bewahren zu können, ist zerbrochen. Besonders sexuelle Gewalt – auch in verbaler Form – erschüttert und beschädigt das Urvertrauen. Scham- und Schuldgefühle, zwanghafte Gedanken, ›falsch‹ zu sein, beherrschen vergewaltigte, traumatisierte Frauen.«[46]

Besonders kritisch ist die Situation von Flüchtlingsfrauen aus Kulturen mit einem archaisch-patriarchalischen Schande-Ehre-Kodex, in denen es undenkbar ist, dass eine Frau mit ihrem Mann oder ihrer Familie über die erfahrene Intimitätsverletzung spricht. Eine Frau gilt dann als Schande für die Familie und wird zusätzlich von ihrer Familie ausgegrenzt, im Extremfall getötet (»Ehrenmord«).[47] Darauf – auf die Zerstörung des sozialen Zusammenhalts – zielten die Massenvergewaltigungen ja auch ab, wie sie z.B. im jugoslawischen Bürgerkrieg gezielt eingesetzt wurden.

Auch in westlichen Ländern schweigen die meisten Opfer aus Scham über die erfahrene Misshandlung oder Vergewaltigung,[48] oft auch aus Angst vor weiteren Erniedrigungen durch befragende Polizisten oder die Öffentlichkeit – etwa durch gehässige Unterstellungen (»Sie war aber auch aufreizend angezogen!«) oder Hohn (gegenüber vergewaltigten Männern).[49] Ein Beispiel: Am 26. Oktober 1965 wurde in Indianapolis, USA, die Leiche der 16-jährigen Sylvia Likens gefunden; ihr Körper war mit Wunden übersät und auf ihrem Bauch waren die Worte eingeritzt: »Ich bin eine Prostituierte und stolz darauf.« Sylvia hatte die letzten Wochen ihres Lebens als Gefangene in einem Kellerraum zugebracht, sie war über Monate von ihrer Pflegemutter und deren Kindern sowie zwei Nachbarskindern erniedrigt, misshandelt, verbrüht, getreten und zu Tode gefoltert worden.

In ihrem Buch *Im Basement* versucht die Frauenrechtlerin Kate Millett, auf der Grundlage von Gerichtsakten und der Berichterstattung, nachzuvollziehen, wie die Folterer in die Seele der Gefolterten eindringen und wie die erfahrene Demütigung schließlich von ihr übernommen wird: »den Augenblick, in dem wir so sehr verachtet werden, dass wir uns selbst verachten«.[50] In der Folge ist die gedemütigte junge Frau »jetzt von ihrer eigenen Wertlosigkeit überzeugt, der Leib nur deshalb geschändet, weil der Geist zuerst dran war«.[51] Vielleicht hatte Sylvia zuvor nie gelernt, sich verbal auszudrücken und zu wehren; und später, angesichts der wochenlangen Entbehrungen, Misshandlungen und Angst – hatte Sylvia da »noch die Fähigkeit, ihre eigenen Gedankengänge zu steuern?«[52] Könnte dies – das Fehlen dieser Fähigkeit – erklären, warum sie nicht vor ihren Peinigern davonlief, solange dies noch möglich gewesen wäre? – Millet schreibt:

»Zugegeben, während der letzten Wochen ihres Lebens war sie in einem Basement gefesselt und hatte die unaussprechlichsten Qualen hinter sich. Aber hier steht, dass sie vorher noch frei war, zwar psychischem Druck und Einschüchterungen ausgesetzt, aber dennoch frei, zu kommen und zu gehen. Zumindest zur Schule, solange sie sie noch besuchen durfte. Und da gab es einen Pastor, an den sie sich wenden konnte, Verwandte, Nachbarn, Sozialarbeiter. Die ganze Bürokratie der Helfenden, wie immer skeptisch sie ihnen gegenüber eingestellt gewesen sein mochte, wie immer skeptisch sie angesichts der erstaunlichen Dinge gewesen sein mochten, die sie ihnen erzählen müsste. Und sie sagte nichts. Und sie lief nicht davon, oder vielmehr sie versuchte so lange nicht davonzulaufen, bis es zu spät war [...]. Es muss nicht nur der Körper gewesen sein, der gebrochen wurde, sondern der Geist. Und das ist die volle Bedeutung von Scham.«[53]

> Traumatische Scham entsteht, wenn die Intimitäts-Grenzen oder Würde eines Menschen in traumatischer oder kumulativ-traumatischer Weise durch seelischen oder körperlichen Missbrauch, Vergewaltigung oder Folter verletzt wurden.

Gewissens-Scham

In den 1980er Jahren hielt ich in Missoula, einer kleinen Universitätsstadt in den Rocky Mountains, einen Vortrag über Gewaltfreiheit. Nachdem die Zuhörer sich verstreut hatten, trat ein mehr als zwei Meter großer, breitschultriger Mann mit strahlendem Lächeln auf mich zu und begrüßte mich mit einer herzlichen Umarmung. Dies war der Beginn einer wunderbaren Freundschaft mit Jeff K., der mir am selben Abend noch seine Lebensgeschichte erzählte:

Er wird 1949 geboren und wächst auf einer kleinen Farm im Mittleren Westen der USA auf. Ende der 60er Jahre meldet er sich freiwillig für den Kriegsdienst in Vietnam, wie es sich (seiner damaligen Meinung nach) für einen anständigen US-amerikanischen Jungen gehört; alles andere wäre ihm wie schändliche Feigheit vorgekommen. In Vietnam wird er zum Mörder an Kindern und Frauen. Nach seiner Rückkehr in die USA quälen ihn Schuld- und Schamgefühle, die er mit Alkohol zu betäuben versucht; er wird zunehmend einsam und verzweifelt.

Im Unterschied zu vielen anderen Vietnam-Veteranen hat Jeff diese Verzweiflung überlebt; vom Suizid hält ihn im allerletzten Moment nur, wie er sagt, »ein Moment der Gnade« ab. Statt vom Dach zu springen, geht er »das Wagnis« einer Psychotherapie ein. Dort lernt Jeff in jahrelanger schmerzhafter Auseinandersetzung, seine Geschichte als Täter anzunehmen. Er absolviert ein Studium der Sozialarbeit und arbeitet heute als Bewährungshelfer.

Regelmäßig trifft er sich mit anderen Vietnam-Veteranen zu Selbsterfahrungs-Wochenenden in der Wildnis, die mit dem indianischen Ritual der Schwitzhütte eingeleitet werden. Jedes Mal, wenn Jeff seine Geschichte erzählt, laufen ihm Tränen über das Gesicht, wird er von Scham und Schuldgefühlen überwältigt: Schuldgefühle wegen dem, was er unschuldigen Menschen in Vietnam angetan hat. Und Scham über die Verletzung seiner Gewissensnormen.

Ein Mal pro Jahr wird Jeff von einem Lehrer der örtlichen Highschool eingeladen, vor den Teilnehmern des Kurses *Tod und Sterben* seine Geschichte zu erzählen. Einige Male konnte ich dies miterleben und war beeindruckt: von der Aufmerksamkeit, mit der die jungen Menschen zuhörten. von ihrem Erstaunen darüber, dass ein so großer und erwachsener Mann in der Öffentlichkeit weint. Und von der Verwunderung der jungen US-Amerikaner über diesen Kriegsveteranen, der sich ganz offenkundig nicht »feige gedrückt« hatte und doch so überzeugend das herrschende Denkmuster in Frage stellt, wonach Krieg ehrenhaft und Verweigerung schändlich sei.

Es ist die Aufgabe von Gewissens-Scham, die eigene Integrität zu schützen. Wenn wir einen anderen Menschen geschädigt haben, entstehen Schuld und Reue darüber, was wir dem anderen angetan haben. Zusätzlich aber schämen wir uns für unser Handeln, denn wir haben in gewisser Weise auch uns selbst verletzt: Wir haben gegen unser Gewissen und gegen unser Ich-Ideal gehandelt. Wie der Psychotherapeut Klaus-Jürgen Bruder schreibt, entspricht diese Scham »einem Konflikt zwischen Über-Ich und Ich«.[54] Sie entspringt der Spannung zwischen dem, was wir sein wollen, und dem, was wir sind.

Gewissens-Scham ist nach Mario Jacoby ein »Verbündeter unserer inneren Echtheit und tiefen Überzeugungen«.[55] Sie hütet unsere Integrität und Würde, möchte uns vor Selbst-Verrat bewahren. Sie sorgt nach Léon Wurmser für eine Haltung von Ehrfurcht und Respekt gegenüber uns selbst und gegenüber anderen. Sie beschützt uns vor sündhaftem Tun.[56] Gewissens-Scham ist dafür verantwortlich, dass auch die Täter aus einer Gewalterfahrung beschädigt hervorgehen. Jeder Krieg lässt die Überlebenden mit massiven Schamgefühlen zurück: traumatische Scham bei den Opfern, Gewissens-Scham bei den Tätern. Dies hat massive Folgewirkungen für die betroffenen Nachkriegs-Gesellschaften und deren Nachkommen (vgl. Kap. 4).

> Gewissens- oder moralische Scham[57] meldet sich, wenn wir nicht in Übereinstimmung mit unserem Gewissen, mit Ehrfurcht und Respekt gehandelt haben. Gefühle von Gewissens-Scham treten auf:
> - wenn wir gegen unser Ich-Ideal oder unser Gewissen (Über-Ich) gehandelt haben; wenn wir unsere eigenen Werte, Ideale oder unsere Würde verletzt haben. Wenn wir unsere Menschlichkeit auf-

gegeben haben. Wenn wir uns materiell, politisch oder seelisch haben korrumpieren lassen (z.B. ein entwürdigendes Arbeitsverhältnis aufrechterhalten haben). Wenn wir unseren Lebenssinn verfehlen. Wenn wir einem Mitmenschen die Hilfe verweigern oder nicht mit Zivilcourage gehandelt haben.
- Gewissens-Scham erinnert uns an unversöhnte Schuld. Wenn wir z. B. einen Menschen geschädigt haben, genügt es nicht, uns dafür zu schämen. Notwendig ist es auch, uns bei ihm zu entschuldigen und die Schuld wiedergutzumachen.

Kapitel 2
Was ist Scham?

Salman Rushdie schreibt in seinem Roman *Scham und Schande:*

»Stellen Sie sich Scham als eine Flüssigkeit vor, sagen wir ein süßes, schäumendes, Karies verursachendes Getränk, das aus Automaten gezogen wird. Sie drücken den richtigen Knopf, und ein Becher plumpst unter einen pissenden Strahl der Flüssigkeit. Wie man den Knopf drückt? Nichts leichter als das. Lügen Sie, schlafen Sie mit einem weißen Jungen, werden Sie mit dem falschen Geschlecht geboren. Schon fließt das sprudelnde Gefühl, und Sie trinken Ihren Teil davon... aber wie viele Menschen weigern sich, diesen einfachen Vorgaben zu folgen! Schmachvolle Dinge geschehen: Lügen, liederlicher Lebenswandel, Respektlosigkeit gegenüber Älteren, mangelnde Liebe zur eigenen Nationalflagge, unkorrektes Abstimmen bei Wahlen, Fresssucht, außerehelicher Geschlechtsverkehr, autobiographische Romane, Schummeln beim Kartenspiel, Misshandlung von Frauen, Versagen bei Prüfungen, Schmuggeln, Verpfuschen eines Länderspiels an der entscheidenden Stelle: und sie werden ohne Scham vollbracht. Und was geschieht dann mit all dieser nicht empfundenen Scham? Was ist mit den nicht geleerten Bechern Kribbelwasser? Denken Sie an den Automaten zurück. Der Knopf wird gedrückt; doch dann kommt eine schamlose Hand, die den Becher fortstößt! Der Knopfdrücker trinkt das Bestellte nicht, und die Flüssigkeit der Scham wird verschüttet, breitet sich in einem schaumigen See auf dem Boden aus.
Aber wir sprechen über einen abstrakten, einen völlig ätherischen Automaten; folglich entweicht die nicht empfundene Scham der ganzen Welt in den Äther, und der wird dann – so stelle ich anheim – von jenen Unglücklichen ausgehebert, die die Hausmeister des Unsichtbaren sind, deren Seelen die Eimer sind, in die aus Wischgummis das-was-verschüttet-wurde tropft. Solche Eimer bewahren wir in besonderen Schränken auf, und wir haben keine sehr hohe Meinung von ihnen, obwohl sie unser Schmutzwasser aufnehmen.« [58]

Wie Scham erlebt wird

Wenn wir uns schämen, fühlen wir uns »wie überfallen« oder überrascht. Wir verlieren – zumindest vorübergehend – unsere Geistesgegenwart und Selbstkontrolle; wir fühlen uns geistig wie gelähmt oder verwirrt. Wir empfinden uns als unfähig, unzulänglich, minderwertig, hilflos, schwach, machtlos, wertlos, lächerlich, gedemütigt oder gekränkt. Die Beziehung zu Mitmenschen wird schlagartig abgebrochen; unsere Aufmerksamkeit und Wahrnehmung richtet sich stark auf uns selbst. Wenn wir erröten, kann zusätzlich noch die Scham über das Erröten hinzukommen. Diese Gefühle und Gedanken münden in eine der folgenden Reaktionen:

- »Einfrierende« Reaktionen und Versteck-Impulse: Wir erstarren und verharren im Schmerz. Wir fühlen uns deprimiert, traurig, sind enttäuscht über uns selbst und haben eine geringe Wertschätzung für uns selbst. Wir wollen im Boden versinken, uns verbergen oder verstecken;
- Flucht-Impulse: Wir verlassen fluchtartig die Scham auslösende Situation, laufen weg;
- Kampf-Reaktionen: Wir ärgern uns über uns selbst, werden wütend, aggressiv oder überheblich. Wir haben den Impuls, die Person, die uns beschämt hat, zu beschämen oder anderweitig zu bestrafen.

Der menschliche Körper reagiert auf Scham häufig mit Schwitzen oder Erröten, vor allem im Gesicht, an Ohren, Hals und oberer Brust. Diese Körperreaktionen werden durch eine Beschleunigung der Herzfrequenz, die Ausdehnung von Blutgefäßen und Zunahme des Blutvolumens sowie eine erhöhte Temperatur verursacht. Charles Darwins Behauptung, Frauen würden häufiger erröten als Männer, konnte in Experimentalstudien nicht bestätigt werden. Es zeigt sich jedoch, dass Frauen eher bereit sind, ein Erröten zuzugeben.

Wenn wir uns schämen, verändern sich auch unsere Körperhaltung, Mimik, Gestik und Sprache in charakteristischer Weise: Die körperlichen Reaktionen sind, wie erwähnt, mit dem plötzlichen Abbruch der Beziehung zur Umwelt und einer radikalen Rückwendung zur eigenen Person verbunden – die sonst aufrechte Körperhaltung ändert sich, der Körper sackt zusammen, wir machen uns klein. Wir »igeln« uns ein, ziehen uns zurück, verstecken uns oder laufen weg. Wir bedecken oder verbergen unser Gesicht, senken den Kopf oder wenden ihn ab. Wir kneifen die Augen zusammen oder drehen sie weg. Wir schlagen die Augenlider nieder oder senken den Blick, blinzeln schnell mit den Augen; oder wir vermeiden den Blickkontakt, der Blick wird unstet. Wir rollen die Lippen ein, beißen auf die Lippen oder nehmen die Unterlippe zwischen die Zähne. Die Mundwinkel hängen herab oder zucken. Oder unsere Gesichtszüge »erfrieren«, wir setzen eine Maske auf. Je nach Situation kann diese Mimik durch den Ausdruck von Ärger, Furcht, Trauer oder Niedergeschlagenheit überlagert werden. Typischerweise bekommen wir kein Wort oder nur unangebrachte Bemerkungen heraus, wenn wir uns schämen. Wir stottern, lachen verlegen oder beginnen einen Redefluss, um die Peinlichkeit zu überdecken.[59]

Die Entwicklung von Scham

Die Entwicklung von Intimitäts-Scham und traumatischer Scham

*Es gibt dich,
weil Augen dich wollen,
dich ansehen und sagen,
dass es dich gibt.*
Hilde Domin[60]

Die Vorläufer von Intimitäts- bzw. traumatischer Scham entwickeln sich bereits in den ersten Lebensmonaten des Neugeborenen. In diesem Alter kommunizieren Kind und Eltern vorwiegend über Blick- und Körperkontakt, das Kind kann Sprache ja noch nicht verstehen. Kleine Kinder haben ganz offene, suchende Augen. Wenn wir sie anlächeln, reagieren sie mit intensiver Freude: Ihre Augen strahlen, sie strampeln mit Armen und Beinchen und jauchzen vor Vergnügen. Kleine Kinder verlangen danach, zu sehen und gesehen zu werden, zu bewundern und bewundert zu werden, zu faszinieren und fasziniert zu werden, wie Léon Wurmser schreibt.[61] Sie suchen nach dem liebevoll spiegelnden Glanz im Auge der Eltern, so Heinz Kohut. Bei dieser frühen Eltern-Kind-Kommunikation ist es besonders wichtig:

- dass die Bezugsperson *verlässlich* präsent ist, so dass das Kind eine positive Bindung und das Vertrauen darin entwickeln kann, dass jemand da ist und es existenziell versorgt;
- dass das Kind *liebevoll* angeschaut wird, so dass es das Vertrauen darin entwickeln kann, dass es geliebt wird und liebenswert ist – gerade dann, wenn es sich so zeigt, wie es ist. Auch dann, wenn es negative Gefühle wie z. B. Trauer oder Ärger ausdrückt;
- und dass dabei die *Grenzen* des Kindes gewahrt werden.

Nach der auf John Bowlby zurückgehenden Bindungstheorie erfährt der Säugling durch die Bindung an die Eltern Schutz und Zuwendung. Eine sichere Bindung wird durch feinfühliges Elternverhalten erreicht. »Eine feinfühlige Mutter ist aufmerksam und bemerkt die Signale des Kindes, sie interpretiert diese richtig und reagiert prompt und angemessen auf die Bedürfnisse des Kindes.«[62] Sicher gebundene Kinder können Vertrauen in die Zuverlässigkeit der Eltern entwickeln, auch dann, wenn sie negative Gefühle zeigen. Diese Kinder können ein Bild ihrer selbst entwickeln, wonach sie kompetent und liebenswert sind.[63] »Eltern, die aufgeschlossen und einfühlsam auf die affektiven Signale des Kindes reagieren, vermitteln die Erfahrung, dass der Ausdruck von Affekten – insbesondere auch der Ausdruck negativer Affekte – ein sinnvolles und wirksames Signal ist, um Unterstützung zu erlangen.«[64]

Im Unterschied dazu entwickeln Kinder unsichere Bindungen, wenn sie die Erfahrung machen, dass sie zurückgewiesen werden, wenn sie die Bezugsperson brauchen oder wenn sie negative Gefühle zeigen. Wenn das Ausdrücken »von Emotionen, die besonders die Zuwendung der Bindungsperson veranlassen sollen (beispielsweise Äußerungen von Angst und Wut), immer wieder zu Zurückweisung führt, entwickelt sich ein Stil des Affektverhaltens, der mit einer Minimierung des affektiven Ausdrucks und einer Maskierung vor allem von negativen Emotionen verbunden ist«.[65] Diese Kinder lernen, dass sie so, wie sie sind, nicht liebenswert sind, und fühlen sich existenziell bedroht. Um die überlebensnotwendige Zuwendung zu erhalten, lernen sie, sich an die Erwartungen ihrer Umwelt anzupassen.

Wie in der Säuglingsforschung beobachtet wurde, wenden schon zwei bis drei Monate alte Kinder ihren Blick ab, wenn jemand zudringlich ist oder wenn die Bezugsperson unberechenbar einmal nahe, einmal fern ist. Diese Reaktionen zeigen, dass schon Säuglinge ein Gefühl für ihre Grenzen und ihre Bedürfnisse haben, auch wenn ihre Möglichkeiten, aktiv für ihre Grenzen einzutreten, noch eingeschränkt sind. Außer durch das Abwenden des Blicks signalisieren sie ihre Grenzen vor allem durch Abwenden von Kopf oder Körper sowie durch Schreien.

Die Mutter eines Kleinkindes erzählte mir einmal, wie sehr sie den Duft und die weiche Haut ihres Neugeborenen mochte und den Hautkontakt mit ihm suchte. Durch sein abwehrendes Strampeln wurde sie darauf aufmerksam, dass das Kind – jedenfalls in diesem Moment – kein Bedürfnis nach Hautkontakt mit seiner Mutter hatte. Sie verstand, dass das Bedürfnis des Kindes von ihrem eigenen verschieden war. So wurde die Mutter auf ihre eigene Bedürftigkeit nach Körperkontakt zurückgeworfen, für dessen Befriedigung nicht ihr Kind zuständig ist. Das Beispiel illustriert, dass die Grenze zwischen Eltern und Kind eine sehr sensible Zone ist, die nur dann respektiert werden kann, wenn die Bezugspersonen ihre eigenen Bedürfnisse kennen und dafür sorgen können – anstatt das Kind dafür zu benutzen.

Wenn die frühe Eltern-Kind-Kommunikation gelingt und die Grenzen des Kindes gewahrt werden, kann es ein gesundes Selbstwertgefühl entwickeln sowie eine *gesunde* Intimitäts-Scham: das Bewusstsein, wertvoll und liebenswert zu sein, sowie die Fähigkeit, seine Grenzen zu wahren. Wenn jedoch dieser frühe Austausch gestört ist, dann kann das Selbstwertgefühl des Kindes tief beeinträchtigt werden und die Vorläufer von pathologischer bis *traumatischer* Scham können sich entwickeln. Dies ist etwa der Fall, wenn die Eltern ihr Kind ablehnen: weil es existiert oder weil es nicht so ist, wie die Eltern es sich erwünscht haben. Ein Kind wird mit Scham erfüllt, wenn es sich gezeigt hat und als nicht liebenswert zurückgewiesen wurde; oder wenn es nicht liebevoll gespiegelt, sondern abwertend, verächtlich, missgünstig oder kalt gemustert wird. Denn es wird nicht nur das Gefühl haben, wie John Bowlby schreibt, »von seinen Eltern nicht erwünscht zu sein, sondern auch glauben, dass es an sich nicht wünschenswert sein kann«.[66] Dieselbe Auswirkung hat Liebesentzug: Das Kind kann kein Vertrauen darin entwickeln, geliebt zu werden und liebenswert zu sein. Es bleibt mit dem Gefühl zurück, wertlos, nichtig zu sein. Léon Wurmser nennt dies den »Abgrund« und die

»Urscham des Ungeliebtseins«.[67] Ohrfeigen, Schläge und verbale Gewalttätigkeiten stellen Verletzungen dar; sie sind, so Robert Bly, »Schläge, die die Selbstachtung zersetzen, unser Gefühl für die eigene Würde aushöhlen, unsere Begeisterung dämpfen, unser Selbstvertrauen vergiften und zerstören, blaue Flecken auf der Seele hinterlassen und das Gefühl für den eigenen Körper unterminieren und herabwürdigen«.[68]

Die frühe Eltern-Kind-Kommunikation ist auch gestört, wenn die Eltern zudringlich oder übergriffig sind, d. h. wenn sie die Grenzen des Kindes nicht respektieren, sondern es für die Befriedigung ihrer eigenen sexuellen bzw. emotionalen Bedürftigkeit missbrauchen. Dies wird als sexueller bzw. emotionaler (oder narzisstischer) Missbrauch bezeichnet. Letzterer bedeutet, dass das Kind zu einem Objekt gemacht wird, das die Aufgabe hat, das »Loch« im Selbstwertgefühl der Eltern zu stopfen wie eine »Plombe«.[69] Solche Erfahrungen lassen das Kind mit dem Gefühl zurück, nur ein Objekt zu sein. Dieses Gefühl kann im weiteren Verlauf des Lebens immer dann aktiviert werden, wenn wir uns schämen.

Der frühe Austausch zwischen Eltern und Kind ist auch gestört, wenn die Eltern depressiv oder suchtkrank sind und deshalb die Bedürfnisse des Kindes nach Anerkennung, Liebe, Wärme, Nähe und Zuneigung nur unzuverlässig erfüllen können. Das nach liebevoller Spiegelung suchende Kind blickt in die stumpfen Augen der innerlich abwesenden, depressiv zurückgezogenen Bezugsperson. André Green bezeichnet dies als das Symptom der »toten Mutter«.[70] Über die Wirkungen des »toten« Blickes wurden mit Säuglingen Experimente durchgeführt, die in der Fachliteratur als »still face procedures« bezeichnet werden.[71] Dabei schauten die Bezugspersonen das Kind absichtlich mit einer völlig regungslosen Miene an – worauf dieses sich impulsiv abwendete.[72] Für das Kind ist ein starres oder abweisendes Gesicht mit Unlust verbunden, da es sich noch nicht gegenüber seinen Eltern und deren Ablehnung abgrenzen kann. Es kann noch nicht unterscheiden (aus Sicht des Kindes formuliert): »Meine Eltern können mich nicht liebevoll spiegeln, weil sie depressiv oder süchtig sind – dennoch bin ich liebenswert.«[73]

Léon Wurmser spricht von der »Seelenblindheit«, d. h. der Blindheit der Eltern für die Seele des Kindes: Dies ist die »Erfahrung, dass man in seinen wesentlichsten Gefühlen, Wünschen und […] Konflikten vom wichtigsten Anderen, namentlich der Mutter und dem Vater, später auch den Freunden und Lehrern, nicht wahrgenommen – nicht anerkannt – wurde. Die Folge davon ist, dass die ganze Innenwelt, vor allem alle Affekte, als etwas völlig Unannehmbares erlebt und in globaler Affektabwehr durch Verleugnung ausgeblendet werden müssen.«[74] Das Kind kann kein Gefühl für seinen Wert entwickeln: kein Selbstwert-Gefühl. Diese Unsicherheit kann zeitlebens mit dem Erleben von Scham verbunden bleiben: Wenn man sich schämt, fühlt man sich wie ein Nichts, unwert.

Der frühe Austausch zwischen Kind und Eltern ist auch gestört, wenn die Eltern einmal nah, einmal fern sind, so dass das Kind kein Urvertrauen darin entwickeln kann, dass jemand verlässlich präsent ist, um es zu nähren, zu pflegen, zu wärmen und zu schützen. Mit *Präsenz* ist nicht nur körperliche Anwesenheit gemeint (etwa wenn der Vater, gemäß dem traditionellen Rollenverständnis, in der Ecke sitzt und mit der Zeitung raschelt), sondern auch *emotionales Dasein*. Wenn aber die Bezugspersonen nicht verlässlich präsent sind, fühlt sich das Kind existenziell bedroht – weil es ja tatsächlich noch vollkommen abhängig davon ist, nicht nur versorgt, sondern auch geliebt zu werden.

Zusammenfassend: Bisher wurden die Vorläufer von zwei Grundformen der Scham beschrieben: einerseits das Vertrauen, dass jemand verlässlich da ist und dass das Kind gesehen, versorgt und geliebt wird. Daraus kann sich eine *gesunde* Intimitäts-Scham entwickeln sowie ein Bewusstsein für den eigenen Selbstwert, die eigene Würde. Dies umfasst die Fähigkeit, seine körperlichen und psychischen Grenzen zu schützen; dies bezeichne ich als Schamhaftigkeit oder *Intimitäts-Scham*.

Andererseits ging es um die *traumatische* Scham. Sie ist mit dem wohl schmerzhaftesten aller Gefühle verbunden: dem Gefühl, unwert zu sein, ein Objekt, ein Nichts, liebes-unwert, nichtig, wertlos und existenziell bedroht. Nach Peer Hultberg ist diese Scham »mit einer viel tieferen Angst als derjenigen vor Strafe verbunden, nämlich mit der Angst, aus der menschlichen Gesellschaft ausgestoßen zu werden. Scham bedeutet Angst vor totaler Verlassenheit, [...] vor psychischer Vernichtung.«[75]

Aus den genannten frühen Erfahrungen des Kindes kann sich traumatische Scham entwickeln, und zwar umso eher dann, wenn im weite-

ren Verlauf des Lebens zusätzliche Erfahrungen von Ohnmacht, Zurückweisung, Erniedrigung, Missbrauch, Folter oder andere traumatische Erfahrungen hinzukommen. Traumatische Scham kann entstehen:
- durch eine *einzelne*, extrem schmerzhafte und intensive Erfahrung, durch ein Trauma;
- oder durch eine Vielzahl von erniedrigenden Erfahrungen, die sich zu einem *kumulativ*-traumatischen Beziehungsmuster aufaddieren.

Die erfahrene Beschämung wird in sich selbst aufgenommen und zur Selbst-Beschämung – der abwertende Blick der anderen wird in sich selbst aufgenommen und wird zum abwertenden Blick auf sich selbst. Dabei können Verstärkungsprozesse mitwirken: Ein schüchternes Kind zeigt weniger Neugier als ein selbstbewusstes Kind; es hat weniger Mut, etwas auszuprobieren und sich damit vor anderen zu zeigen. Dafür erfährt es weniger Erfolgserlebnisse, weniger positive Rückmeldungen und wird so in seinem geringen Selbstwert bestätigt.[76]

Die Bedeutung der Gesellschaft

> *Scham, Scham, Scham, das ist die Geschichte der Menschen.*
> Friedrich Nietzsche

Die bisherigen Ausführungen mögen den Eindruck erweckt haben, dass die Entwicklung eines gesunden Selbstwertgefühls allein durch das individuelle Versagen von Eltern blockiert wird. Häufig stehen jedoch hinter dem Verhalten von Eltern soziale, ökonomische oder historische Faktoren oder Schicksale.

Ein solcher Faktor ist die Entfremdung in Folge von Arbeitsteilung und kapitalistischer Produktion. Entfremdete Arbeit bewirkt, dass der Mensch von seinen Arbeitsprodukten, aber auch von sich selbst und von seinen Mitmenschen entfremdet wird – und damit auch von seinen Familienangehörigen: Wer tagtäglich acht oder mehr Stunden entfremdet »malochen« muss, der ist abends vielleicht zu kaputt, um seine Kinder noch liebevoll spiegeln zu können. Berufstätige, deren Arbeitsplatz weit vom Wohnort der Familie entfernt liegt, können nur wenig Zeit zu Hause verbringen und daher kaum eine verlässliche

Bindung zu ihrem Kind aufbauen. Robert Bly schreibt, bezugnehmend auf Alexander Mitscherlichs These von der vaterlosen Gesellschaft: »Wenn man als Kind seinen Vater nie zu Gesicht bekommt, nie mit ihm zusammen ist, wenn man einen distanzierten Vater hat, einen abwesenden Vater, einen arbeitssüchtigen Vater, dann ist das eine Verletzung. [...] Wie viele Männer haben nicht schon zu mir gesagt: ›Ich habe zwei Tage am Sterbebett meines Vaters gesessen und mir gewünscht, dass er mir sagt, dass er mich liebt.‹ Und was geschah? ›Er hat es nicht gesagt.‹«[77]

Ähnliche Auswirkungen haben schwere Erkrankungen oder traumatische Erfahrungen der Eltern. Wie die Psychotherapeutin Miriam Spiegel aufgrund ihrer Arbeit mit Kindern von Traumatisierten beobachtet, stehen Letztere in Gefahr, unbewusst ihre Kinder zu traumatisieren.[78]

In all diesen Fällen ist das kleine Kind noch nicht in der Lage, zwischen den Erfahrungen seiner Eltern und deren Auswirkungen auf sich selbst zu unterscheiden. Es ist noch nicht fähig, sich klarzumachen (wieder formuliert aus der Kind-Perspektive): »Meine Eltern können mich zwar nicht liebevoll spiegeln, weil dies durch Entfremdung, Krankheit oder Trauma blockiert wird – dennoch bin ich liebenswert.« Vielmehr wird das Kind sich ungeliebt fühlen und Scham empfinden. Diese Erfahrung wird in unserer Kultur traditionell eher durch die Väter vermittelt – bedingt durch die Rollenverteilung im Patriarchat und ihre berufs- und entfremdungsbedingte körperliche und seelische Abwesenheit.

Die frühe Eltern-Kind-Kommunikation kann auch dadurch gestört werden, dass die Eltern – aufgrund ihrer eigenen Werte-Sozialisation – selbst so übervoll mit Schamgefühlen sind, dass sie diese durch Ablehnung an ihre Kinder weitergeben. So beschreibt Salman Rushdie in seinem Roman *Scham und Schande*, wie die Seele eines Kindes mit der unaufgearbeiteten Scham der Eltern erfüllt wird. Der Autor schildert eine Geburt in einer schamerfüllten Kultur, in der Frauen als minderwertig gelten: »Es war der Tag, an dem der einzige Sohn des zukünftigen Generals Raza Hyder geboren werden sollte.« Aber das Neugeborene war – nur ein Mädchen: »Im Kreißsaal strömte Schweigen aus den Poren der erschöpften Mutter; im Vorraum schwieg auch Raza. Schweigen: die uralte Sprache der Niederlage.« Nur ein Mädchen! Der Vater, Patriarch und Militarist, reagiert mit Zorn auf diese Nachricht und unterstellt zunächst, ein Fehler sei passiert, ein schreckliches Versehen, durch das die Genitalien seines Sohnes verdeckt gewesen seien. Als die Eltern endlich einsehen mussten, dass ihr Neugeborenes tatsächlich ein Mädchen war, »in diesem Augenblick wurde das ganz neue und schläfrige Wesen in Razas Armen – es ist wahr! – rot. O errötende Sufiya Zinobia!« Schon bei seiner Geburt errötete das Baby. »Damals, selbst damals schon, schämte sie sich zu leicht.«[79]

Auch in Deutschland wünschten sich bis vor wenigen Jahrzehnten viele Eltern als erstes Kind einen Jungen. Diese patriarchalische Haltung dürfte sich in den vergangenen Jahrzehnten ein wenig liberalisiert haben; dennoch gibt es bis heute Eltern mit einer Vorliebe für eine bestimmte Geschlechtszugehörigkeit ihres Kindes – so wie es viele Kinder gibt, die nicht erwünscht sind. Sie werden, gerade entbunden, mit enttäuschten, ablehnenden Augen begrüßt.

Strukturelle Erniedrigungen

Zurückweisung, Verachtung oder Missbrauch zu erfahren ist nicht immer ein *individuelles*, mehr oder weniger zufälliges Schicksal einzelner Menschen. Es kann dabei auch um *kollektive* Erfahrungen von *struktureller Erniedrigung* gehen, die Menschen allein dadurch erfahren, dass sie einem bestimmten Geschlecht oder einer bestimmten Ethnie, Klasse, Schicht oder Kaste angehört. Der Begriff der strukturellen Erniedrigung ist an Johan Galtungs Begriff der strukturellen Gewalt angelehnt. Der Friedensforscher versteht darunter die vermeidbare Beeinträchtigung grundlegender Bedürfnisse des Menschen. Strukturelle Gewalt »liegt dann vor, wenn Menschen so beeinflusst werden, dass ihre aktuelle somatische und geistige Verwirklichung geringer ist als ihre potentielle Verwirklichung«.[80] Dies umfasst alle Formen von Gewalt, durch die ein Individuum daran gehindert wird, seine Anlagen und Möglichkeiten voll zu entfalten, wie: Diskriminierung, Behinderung von Emanzipation oder ungleiche Verteilung (etwa zwischen »Erster« und »Dritter Welt«) von Bildungschancen, Wohlstand und Lebenserwartung, z. B. durch Umweltverschmutzung. Gesellschaften, aber auch Subkulturen, Firmen oder andere Organisationen können strukturell erniedrigend sein.

Dieser erweiterte Gewaltbegriff geht über die direkte, sichtbare Gewalt zwischen konkreten Personen (etwa zwischen Folterer und

Opfer) hinaus und umfasst die Gewalt, die – oft unsichtbar – auf Strukturen, Institutionen, Werten, Normen und Diskursen basiert. Strukturelle Gewalt wird von den Opfern oft gar nicht mehr wahrgenommen, weil sie die einschränkenden Normen verinnerlicht haben: Das ist die Bedeutung von Scham. Mit Blick auf die psychischen Auswirkungen von struktureller Gewalt für die Opfer bevorzuge ich hier den Begriff der *strukturellen Erniedrigung*.

Ein Beispiel für strukturelle Erniedrigung ist die Ausgrenzung der Unberührbaren, der Parias (oder Dalits, »Unterdrückte«, wie sie sich selber nennen) im indischen Kastensystem. Diese Menschen, deren Schatten teilweise sogar gemieden werden, sind diejenigen, die Arbeiten verrichten, die als »unrein« betrachtet werden (da sie z. B. mit Blut in Verbindung kommen) – etwa Schlachter, Hebammen, Wäscher oder Straßenfeger. Eine ähnliche Bevölkerungsgruppe gibt es in Japan, die Burakumin (»Bewohner der Sonderweiler«), die historisch als *eta* (»viel Schmutz«) bezeichnet wurden. Dieser Bevölkerungsgruppe gehörten die Ausübenden aller Berufe an, die mit Toten oder mit Tierfleisch oder -fellen zu tun hatten (etwa Schlachter, Gerber, Totengräber). Sie mussten in bestimmten Ortschaften leben und durften nur ärmliches Land bebauen. Sie durften die Häuser der »normalen« Bürger nicht betreten und kein Essen annehmen. Ihre Kinder durften nicht die normalen Schulen besuchen. Diese Bevölkerungsgruppen werden in Indien bzw. Japan bis in die Gegenwart zum Teil massiv diskriminiert.

Strukturell erniedrigt wurden auch die Schwarzen in den USA bis mindestens in die 1960er Jahre. Wie in der Bürgerrechtsbewegung sichtbar wurde, hatte ihre rechtliche Unterprivilegierung lähmende Schamgefühle bewirkt: Die jahrhundertelang erfahrene Verachtung war von ihnen in sich selbst aufgenommen und zur Selbst-Verachtung geworden, zur Scham. Im Westen werden oft die psychischen Auswirkungen übersehen, die die Geschichte von Sklaverei, Kolonialismus und Rassismus auf die Unterdrückten hatte: Traumatisierung und Scham. Diese Unterdrückung ist etwa im abwertenden Begriff »Neger« enthalten, der traditionell von den Weißen benutzt wurde, um ihre Herrschaft durchzusetzen, indem die Schwarzen unterworfen, gedemütigt, als minderwertig gekennzeichnet, ausgegrenzt und degradiert wurden.[81] In den USA eröffnete erst der aktive Protest und Widerstand in der Bürgerrechtsbewegung den Schwarzen die Chance, die Selbstachtung wiederzugewinnen.[82] Wie Martin Luther King schrieb, war es nun »keine Schande mehr, sondern eine ehrenvolle Auszeichnung, ins Gefängnis zu gehen«.[83] Die Bürgerrechtsbewegung kämpfte nicht nur gegen die äußeren Ursachen der Diskriminierung, sondern zeigte dem Unterdrückten »auch sein wahres Ich. Er war jemand, und er hatte die Überzeugung, jemand zu sein.«[84]

Oft nehmen wir strukturelle Erniedrigungen gar nicht mehr bewusst wahr, weil sie zu einem selbstverständlichen Bestandteil unserer Kultur geworden sind. Dazu möchte ich ein Beispiel geben – die Tradition struktureller Erniedrigungen des Kindes in der deutschen Erziehung – und damit auf die frühe Eltern-Kind-Kommunikation zurückkommen.

Strukturelle Erniedrigung in der Erziehung

Diese Kommunikation wurde in Deutschland stark durch eine Pädagogik beeinflusst, wie sie etwa in Johanna Haarers Erziehungsbuch *Die deutsche Mutter und ihr erstes Kind*, zuerst veröffentlicht 1934, beschrieben wird. Die Autorin rät »unbedingt« dazu, das Kind »von der Mutter getrennt unterzubringen und es ihr nur zum Stillen zu reichen«.[85] Sie beschreibt die Säuglingspflege als eine Pflicht und Technik, mit der das Kind nach einem festen Zeitplan körperlich zu versorgen ist. »Deutsche Mutter, wenn du stillst, tust du nicht nur deine Schuldigkeit deinem Kinde gegenüber, sondern erfüllst auch eine rassische Pflicht.«[86] Alle Tage solle zu denselben Zeiten gestillt werden, wie die Autorin im Kommandoton schreibt: »um 6, 10, 14, 18 und 22 Uhr. Regelmäßige 4stündige Pausen. Nachtruhe 8 Stunden. [...] Bedenke immer: Mit deinem richtigen Verhalten in dieser ganz entscheidenden Frage steht und fällt die richtige Pflege und Aufzucht deines Kindes! Die regelmäßig eingehaltenen, täglich gleich pünktlichen Mahlzeiten sind der entscheidende Beginn in der Erziehung deines Kindes.«[87] Nicht feinfühlige Kommunikation, sondern Pünktlichkeit ist nach Haarer entscheidend.

An anderer Stelle schreibt die Autorin: »Das Kind wird gefüttert, gebadet und trockengelegt, im übrigen aber vollkommen in Ruhe gelassen. Am besten ist das Kind in einem eigenen Zimmer untergebracht, in dem es auch allein bleibt [...]. Von vornherein mache sich die ganze Familie zum Grundsatz, sich nie ohne Anlaß mit dem

Kinde abzugeben.«[88] Abwertend warnt Haarer davor, dem Kind »allzu laut und heftig« liebevolle Gefühle zu zeigen.[89]

Wenn das Kind handwerklich korrekt versorgt ist und dennoch schreit, bekommt es einen Schnuller. »Versagt auch der Schnuller, dann, liebe Mutter, werde hart! Fange nur ja nicht an, das Kind aus dem Bett herauszunehmen, es zu tragen, zu wiegen oder auf dem Schoß zu halten. [...] Das Kind wird nach Möglichkeit an einen stillen Ort abgeschoben, wo es allein bleibt, und erst zur nächsten Mahlzeit wieder vorgenommen. Häufig kommt es nur auf einige wenige Kraftproben zwischen Mutter und Kind an - es sind die ersten! - und das Problem ist gelöst!«[90] Offenkundig kann sich bei solchen Praktiken ein verlässliches, liebevolles Spiegeln im Auge der Mutter nicht ereignen. Negative Emotionen zu zeigen, etwa zu schreien, wird durch Zurückweisung und Isolation bestraft.

Johanna Haarers Erziehungsratgeber wurde nach Kriegsende mehrfach modernisiert und mit leicht verändertem Titel (das Wort »deutsche« wurde entfernt) bis 1987 und in Auflagen von mehr als 1,2 Millionen Exemplaren verlegt. Gewiss hat sich in Deutschland in Bezug auf die frühkindliche Erziehung in den vergangenen Jahrzehnten vieles zum Positiven verändert. Auch Haarer schlägt in der letzten Auflage ihres Buches etwa vor, beim Stillen auch die Bedürfnisse des Kindes zu beachten: »Richten Sie sich dabei [...] nicht streng nach der Uhr, sondern nach dem Rhythmus, den das Baby ganz von selbst findet.«[91] Trotz dieser begrüßenswerten Veränderung wirkt die NS-Pädagogik bis in die Gegenwart nach und ist keineswegs Vergangenheit. Dies konnte ich vergangenes Jahr auf einer griechischen Insel beobachten:

In einem Restaurant, mehrere Tische entfernt, saß ein junges deutsches Touristenpaar einander gegenüber, und daneben, auf einem Kinderstuhl, ein etwa 2-jähriges Kind. Als das Kind zu schreien begann, setzten seine Eltern scheinbar ungerührt ihr Gespräch fort, wie wenn ihr Kind nicht existierte. Daraufhin schrie das Kind noch mehr und immer lauter; alle Gäste des Lokals wurden unruhig, während die Eltern weiterhin ihr Kind wie Luft behandelten. Die Wand aus Eis, die die Eltern gegenüber ihrem Kind errichteten, war durch das ganze Restaurant zu spüren. Endlich trat ein Kellner zu dem schreienden Kind, ging in die Hocke, lächelte es an und hielt ihm eine bunte Blume hin. Das Kind hörte sofort auf zu schreien und strahlte den Griechen an.

Ich habe dieses Beispiel mehrfach in Seminaren in Deutschland erzählt und erntete zu meiner Überraschung wiederholt die Frage: »Ja, was hätten die Eltern denn sonst tun sollen?« Diese Reaktion unterstellt, dass die Verhaltensweise der Eltern – das Kind emotional kaltzustellen – in irgendeiner Weise sinnvoll gewesen sei. Insbesondere wird das Handeln der Eltern als nützlich gepriesen, gegenüber dem »Verwöhnen« des Kindes, als Alternative zur »Affenliebe«, zum »Verzärteln« oder »Verschweinzen« (wie man im Saarland sagt) des Kindes.

In diesen Reaktionen zeigt sich ein Denken, wonach es nur diese beiden Alternativen gibt: Entweder das grenzverletzende »Verzärteln« des Kindes – oder dessen emotionales Kaltstellen. Tatsächlich sind aber beide Erziehungsstile – der eine zu nah, der andere zu distanziert – für die Entwicklung des Kindes nicht förderlich; beide beeinträchtigen das Selbstwertgefühl und können die Grundlage für pathologische oder traumatische Scham legen. Bei beiden Erziehungsstilen sind es allein die Erwachsenen, die beanspruchen, zu wissen, was gut für das Kind ist. Dabei spürt das Kind selbst sehr wohl, wie viel Nähe und wie viel Distanz es jeweils braucht. Auch wenn es diese Bedürfnisse noch nicht zu verbalisieren vermag, so zeigt es sie doch deutlich sichtbar: etwa durch Schreien oder indem es Augen, Kopf oder Körper abwendet. Diese Signale feinfühlig wahrzunehmen und respektvoll darauf zu reagieren ist ein wesentlicher Beitrag zur Entwicklung von gesunder Scham.

Transgenerationale Weitergabe

Das Beispiel illustriert, wie hartnäckig sich bestimmte Erziehungspraktiken über lange Zeit behaupten können. In verschiedenen Untersuchungen konnte nachgewiesen werden, dass die Qualität der Bindung, die ein Mensch in seiner Kindheit erlebt hat, in hohem Maße darüber bestimmt, wie er später die Bindung zu seinen eigenen Kindern gestaltet.[92] Dies lässt sich nach Manfred Spitzer aus neurobiologischer Sicht wie folgt begründen: Häufige und besonders eindrückliche Erfahrungen werden im Gehirn in besonders intensiver Weise gespeichert, indem bestimmte Verknüpfungen (Synapsen) von Nervenzellen verstärkt werden. Das kann man sich wie Fußspuren in einem verschneiten Park vorstellen, die sich immer mehr zu bestimmten, tiefen Bahnen verdichten. So »verführt« die vorgespurte Bahn dazu, dass künftige Spaziergänger bevorzugt diese Bahn benutzen, wodurch sie nochmals tiefer wird.[93] Darum werden, wenn ein Kind viel Scham und Beschämungen erlebt, ganz spezifische Nervenzell-Netzwerke aufgebaut, die sein künftiges Erleben und Handeln in gewissem Maße »vor-bahnen«.[94] Auf diese Weise nehmen Kinder erfahrene Beschämungen in sich auf und stehen – wenn diese nicht bewusstgemacht werden und das eigene Verhalten verändert wird – später als Eltern in Gefahr, diese Erfahrung an den eigenen Kindern zu wiederholen.

Beschämungen und Scham wirken wie ein transgenerationaler Teufelskreis; sie werden von Generation zu Generation weitergegeben. Die Weitergabe von Scham ist besonders wirksam, weil sie durch die *frühe* Eltern-Kind-Kommunikation, beginnend mit den ersten Lebensmonaten, geschieht: so früh, dass Kinder sich noch nicht kognitiv mit diesem emotionalen Erbe auseinandersetzen können. Daher kann die Weitergabe von Scham auch über mehr als drei oder vier Generationen erfolgen – im Unterschied zu einer vielzitierten Aussage im Alten Testament (Ex 20,5), wonach »die Missetat der Väter« die Kinder bis »ins dritte und vierte Glied« heimsucht.

Die Tatsache, dass Gewalterfahrungen der einen Generation an die folgenden Generationen weitergegeben werden können, wurde in der psychotherapeutischen Forschung vielfach beobachtet und mit Fachbegriffen wie Externalisierung, Delegation, Transposition, Implantation, Zuschreibung u. a. benannt.[95] Ein wesentliches Medium der Weitergabe von Gewalterfahrungen ist die Scham. Dies zeigte sich eindrücklich etwa in einem Seminar mit lateinamerikanischen Hochschullehrern. Wie die Teilnehmenden in berührender Weise berichteten, ist die Unterwerfung, Erniedrigung und Vergewaltigung der südamerikanischen Ureinwohner durch die spanischen Eroberer bis heute erstaunlich gegenwärtig – in Form intensiver, fast überwältigender Schamgefühle: Scham über ihre indianischen Vorfahren, Scham über ihre kulturellen Wurzeln, Scham aufgrund der Eroberung ihrer Länder durch die Spanier, Scham wegen ihrer Zugehörigkeit zur »hinterwäldlerischen«, zurückgebliebenen, armen »Dritten Welt«, Scham wegen ihres Mitwirkens in ihren korrupten und gewalttätigen Ländern und vieles mehr.

Scham und moralische Entwicklung

Objektive Selbsterkenntnis und das Wissen um Gut und Böse

Die Fähigkeit, Scham zu erleben, setzt einen Entwicklungsschritt voraus, den Kinder erst ab der Mitte des zweiten Lebensjahres vollziehen: Sie werden zu objektiver Selbsterkenntnis fähig. Diese Fähigkeit ist ein menschliches Charakteristikum; sie fehlt bei Tieren. Nur der Mensch kann sich nicht nur zur Welt und zu Mitgliedern seiner Gattung, sondern auch zu sich selbst verhalten.

Eine metaphorische Umschreibung über das Auftauchen der objektiven Selbsterkenntnis ist die alttestamentliche Erzählung vom Baum der Erkenntnis:[96] Adam und Eva waren zunächst »beide nackt, der Mensch und seine Frau, und schämten sich nicht« (Gen 2,25). Erst durch das Essen der Frucht »wurden ihnen beiden die Augen aufgetan, und sie wurden gewahr, dass sie nackt waren, und flochten Feigenblätter zusammen und machten sich Schurze« (Gen 3,7). Von nun an haben Menschen die Fähigkeit, auf sich selbst zu schauen. Wie Michael Lewis in einer Reihe von Untersuchungen feststellen konnte, entwickeln Kinder ab einem Alter von etwa 15 bis 18 Monaten objektive Selbsterkenntnis und können dann auch Verlegenheit zeigen. Kinder, die noch über keine objektive Selbsterkenntnis verfügen, zeigen auch keine Verlegenheit.

In der alttestamentlichen Erzählung ist noch ein weiterer Entwicklungsschritt beschrieben, der Voraussetzung für das Erleben von Scham ist: der Erwerb von kognitiven Fähigkeiten. Dieser Erwerb ist im Mythos mit dem Essen der Frucht verbunden, die vom »Baum der Erkenntnis« stammt. Nach Jean Piaget hängt moralisches Verhalten von kognitiven Fähigkeiten ab, die sich ab ca. zweieinhalb Jahren entwickeln; erst ab diesem Zeitpunkt kann es auch zu Erröten als Reaktion auf Normverletzungen kommen. Von nun an weiß der Mensch, »was gut und böse ist«.

Mit diesen beiden Entwicklungsschritten vermag das Kind in einer gegebenen Situation zu erkennen: »Ich habe nicht so gehandelt, wie ich handeln sollte«, und daraufhin Scham zu erleben. Dazu ein Beispiel: Einige Spielkameraden haben sich einen gemeinschaftlichen Schatz an Süßigkeiten angelegt. Eines der Kinder, nennen wir es Paul, hat ihn heimlich an sich gebracht und versteckt, um ab und zu ungesehen davon zu naschen. Eines Tages, als der Dieb sich zum Naschen zurückzieht, wird er entdeckt. Sogleich schlägt Paul die Hände vor das Gesicht.[97]

Wahrscheinlich wird sich Paul ein Leben lang voller Scham an dieses Erlebnis erinnern (denn Schamerlebnisse werden besonders intensiv erinnert, *weil* sie besonders schmerzhaft sind), das wie ein schmerzhafter Stachel in seinem Fleisch sitzt. Und vielleicht wird ihn diese Erinnerung ein Leben lang zu Ehrlichkeit anstacheln. Insofern ist diese Scham konstruktiv (unabhängig davon, ob Paul von seinen enttäuschten Kameraden beschämt wurde), denn sie kann sinnvolle Lernprozesse in Gang setzen. Für die moralische Entwicklung des Menschen sind solche Schamerlebnisse unvermeidbar und notwendig.

Dies ist jedoch nicht mit Beschämungen zu verwechseln; der Unterschied wird auch in der Paradiesszene deutlich: Adam und Eva schämen sich, nachdem sie die von Gott gesetzte Norm verletzt haben. Diese Schamgefühle sind jedoch ihre *eigene* Leistung, sie sind nicht die Folge einer Beschämung. Im Alten Testament heißt es: »[...] sie wurden gewahr, dass sie nackt waren, und flochten Feigenblätter zusammen und machten sich Schurze. [...] Und Adam versteckte sich mit seiner Frau vor dem Angesicht Gottes des Herrn unter den Bäumen im Garten. Und Gott der Herr rief Adam und sprach zu ihm: Wo bist du? Und er sprach: Ich hörte dich im Garten und fürchtete mich; denn ich bin nackt, darum versteckte ich mich.« (Gen 3,7-10)

Schamgefühle, die infolge einer Normverletzung auftreten, sind natürlich. Sie sind eine eigenständige Leistung desjenigen, der gefehlt hat. Mario Jacoby bezeichnet sie als »angeborenen Affekt«.[98] Diese Gefühle gilt es in der Erziehung des Kindes zu fördern und zu begleiten, aus ihnen entwickelt sich die Gewissens-Scham.

Festzuhalten ist, dass Adam und Eva sich schämen, aber nicht beschämt werden. Erst später tritt Gott als strafende Instanz auf: »Da sprach Gott der Herr zu der Schlange: Weil du das getan hast, seist du verflucht, verstoßen aus allem Vieh und allen Tieren auf dem Felde. Auf deinem Bauche sollst du kriechen und Erde fressen dein Leben lang. [...] Und zur Frau sprach er: Ich will dir viel Mühsal schaffen, wenn du schwanger wirst; unter Mühen sollst du Kinder gebären. [...] Und zum Mann sprach er: Weil du [...] gegessen von dem Baum [...] Im Schweiße deines Angesichts sollst du dein Brot essen [...]. Und Gott der Herr machte Adam und seiner Frau Röcke von

Fellen und zog sie ihnen an. [...] Da wies ihn Gott der Herr aus dem Garten Eden [...]« (Gen 3,14–23).

Diese Szene lässt sich so interpretieren, dass die natürlichen Schamgefühle nicht durch Beschämungen durch Außenstehende noch vertieft werden müssen. Zwar *straft* Gott Eva und Adam in der zitierten Stelle, indem er ihnen »Mühsal« auferlegt, aber er *beschämt* sie nicht. Nicht Adam und Eva werden von Gott verflucht, sondern die Schlange: Sie wird »verstoßen« und soll »auf dem Bauche kriechen«; dies könnte als Beschämung interpretiert werden.

Gott stellt Adam und Eva nicht bloß, sondern bedeckt ihre Scham:[99] Sie bekommen Röcke aus Fell und somit die Fähigkeiten, sich zu schützen und abzugrenzen.[100] So ist ihre Bestrafung durch Gott mit »Wärme« verbunden. Die Strafe ist Folge des Fehlers, den sie *gemacht* haben, aber Gott hält die Beziehung zu ihnen und die grundsätzliche Wertschätzung (»Wärme«) für sie aufrecht. Im Unterschied dazu würde Beschämung (bzw. Verfluchung) bedeuten, dass der ganze Mensch verworfen und ausgeschlossen, die Beziehung beendet wird (»Kälte«): Du *bist* ein Fehler.

Wir sind damit bei einer Kernfrage angelangt: Müssen Kinder beschämt werden, damit »anständige Menschen« aus ihnen werden? Ich verneine diese Frage: Kinder müssen und dürfen nicht beschämt werden. Für eine gelingende Entwicklung sind andere Weisen des Erziehungsverhaltens wichtig: Wärme, Zuneigung und eine sichere Bindung. Wichtig ist, so Marion Sonnenmoser,[101] dass die Eltern auf ihr Kind zugehen, aber auch Regeln aufstellen, Ziele stecken und bestimmte Erwartungen formulieren. Bei einer gelingenden Erziehung gelingt es den Eltern, »ihren Kindern das richtige Maß an Liebe, Orientierung und Herausforderung zu geben, was eine stabile Bildung zwischen den Familienmitgliedern fördert«.[102]

Anpassungs-Scham
Von seiner Geburt an erlebt das Kind die Erwartungen, Normen und Werte seiner Eltern, Familie und der Gesellschaft. Indem es am Leben teilnimmt, beobachtet und Erfahrungen macht, lernt der Heranwachsende die »Regeln« der Wirklichkeit. Wobei mit *Lernen* hier nicht nur bewusstes, kognitives Verstehen, sondern auch unbewusstes Wissen gemeint ist, etwa: wie man aufrecht geht; unbefestigte Gegenstände fallen nach unten; Menschen bekleiden sich; wie man miteinander

umgeht, und vieles mehr. Neurologisch betrachtet: Indem das Kind die Regeln seiner Umwelt erlebt, werden diese in Form von Nervenzell-Netzwerken gespeichert.[103] Ab einem Alter von zweieinhalb Jahren beginnt das Kind zu wissen, »was gut und böse ist«, und vermag zu erkennen, wenn es gefehlt hat. Diese Abweichung zwischen dem, »wie ich sein sollte«, und dem, wie ich gehandelt habe, löst natürliche Schamgefühle aus, die für die weitere moralische Entwicklung des Kindes fruchtbar werden können. Wenn jedoch Abweichungen von der Norm mit Beschämungen geahndet werden, lernt das Kind, Fehler mit Schamgefühlen und Beschämungen zu verknüpfen.

Ein erstes Beispiel von Salman Rushdie wurde bereits erwähnt: Ein Vater blickt – bedingt durch seine eigene patriarchalische Erziehung – voller Ablehnung auf sein neugeborenes Mädchen, das er auf diese Weise mit Scham erfüllt. Wobei hier der »Fehler« des Kindes darin bestand, dass es ein Mädchen war. So lernt die Heranwachsende, sich ihrer Weiblichkeit zu schämen. Ein zweites Beispiel sind Eltern, die verächtlich etwa auf ihren Sohn blicken, wenn dieser ihren Erwartungen nicht entspricht, indem er vielleicht nicht »männlich« genug ist. Diese Form von Verachtung dürfte insbesondere während des »Dritten Reiches« verbreitet gewesen sein, als »verweichlichte«, »nicht-arische« oder behinderte Kinder als minderwertig oder lebensunwert galten.[104]

Eine ähnliche Auswirkung hat der Gesichtsausdruck des Ekels. Michael Lewis beobachtete häufig Eltern, »die das Ekelgesicht aufsetzen, wenn das Kind etwas tut, das die Eltern nicht billigen. Mütter sagen: ›Fass das nicht an!‹, ziehen Nasenflügel und Oberlippe hoch und zeigen kurz ein Ekelgesicht. Auch wenn dieser Ausdruck nur kurz erscheint, nehmen die Kinder ihn wahr. Wenn sie ein Ekelgesicht sehen, drehen sie sich abrupt weg und scheinen einen Augenblick gehemmt. Wahrscheinlich spiegelt dieses Verhalten Scham. Das Ekelgesicht ist bei der Sozialisation wirksam, weil es beim Kind Scham auslöst und ihm mitteilt, so etwas nicht wieder zu tun.«[105]

Der Gesichtsausdruck des Ekels ähnelt dem von Zorn, Wut oder Verachtung. Er wird häufig im Zusammenhang mit verbalen Verboten eingesetzt, oft ohne dass dies den Eltern bewusst ist. Diese Erziehungsmethode ist so wirksam, weil sie in den Kindern das schmerzhafteste aller möglichen Gefühle hervorruft: das Gefühl, liebesunwert und, im Extremfall, existenziell bedroht zu sein: Sie werden mit pathologischer Scham erfüllt. Beispielsweise wenn für die Eltern Sexualität mit pathologischer Scham oder Ekel verbunden ist. Wenn das Kind mit seinen Geschlechtsteilen spielt, ruft die Erziehende »Hör auf damit!«, und zeigt einen Gesichtsausdruck des Abscheus. Der Blick und die entsetzte Stimme drücken aus: »Du widerst mich an!«[106] Das Kind kann in diesem Alter noch nicht zwischen einer Botschaft unterscheiden, die eine spezifische Handlung bewertet, und einer Botschaft über seine ganze Person. Das Kind kann sich noch nicht intellektuell mit der Situation auseinandersetzen und sich sagen: »Meine Eltern haben offenbar eine rigide Sexualerziehung erlitten – aber ich bin trotzdem liebenswert.« Das Kind fühlt sich vielmehr existenziell bedroht und schämt sich. Damit wird eine intensive Verknüpfung zwischen Geschlechtsteilen und Schamgefühlen hergestellt. Um dieses bedrohliche Gefühl zu vermeiden, wird das Kind künftig darauf verzichten, sich »da unten« zu berühren. Das Ekel-Gesicht der Erwachsenen wird zum Ekel des Kindes vor sich selbst und seiner Sexualität.

Ähnliche Auswirkungen haben Erziehungsstile, die oft mit Liebesentzug (»Ich hab dich nicht mehr lieb, weil du böse bist«), Beschämungen (»Schäm dich!«), Ausgrenzungen (»Stell dich in die Ecke!«, »verschwinde!«) oder Vorwürfen vorgehen. Desgleichen Erziehungsstile, in denen die Kinder häufig »Du-bist«-Botschaften zu hören bekommen (»globale Attribuierungen«), auch wenn diese positiv sind. Etwa, wenn ein Fehler des Kindes kommentiert wird mit Sätzen wie: »Du bist ein Versager!« oder »Du bist eine Niete!« Dies kann im späteren Leben dazu führen, dass einen Fehler gemacht zu haben als »ein Fehler sein« erlebt wird.

Robert Bly beschreibt die entwürdigenden Folgen von Schlägen, abwertenden Aussagen (»Wer glaubst du eigentlich, wer du bist?«) und Mäkeleien. Denn es gibt immer Gründe, etwas am Kind auszusetzen: »Der eine Junge fühlt sich zu dünn oder zu klein oder zu hager, ein anderer stottert oder hinkt. Einer ist zu schüchtern; ein anderer ist ›unsportlich‹ oder kann nicht tanzen, oder er hat Pickel. Ein anderer hat große Ohren oder ein Muttermal, oder er ist ›blöd‹, trifft den Ball nicht und so weiter.«[107] Tiefe Wunden entstehen auch, wenn junge Menschen von ihren Eltern angelogen werden,[108] wie dies z. B. viele Angehörige der ersten Nachkriegsgeneration in Deutschland erlebten.

Die Sozialpsychologin June Tangney untersuchte in einer Längsschnittstudie die Folgen verschiedener familiärer Erziehungsstile. Sie verglich Familien, in denen Verfehlungen der Kinder mit Beschämungen geahndet wurden (»Du bist ein Versager, du machst uns Schande«), mit solchen, in denen diese mit Schuldzuweisungen geahndet wurden (»Du hast das kaputtgemacht, sorge für Ersatz«). Dabei zeigte sich: Das Bildungsniveau beschämter Kinder war deutlich niedriger, sie griffen eher zu Drogen, zeigten mehr suizidale Tendenzen und ihr Selbstwertgefühl war nachhaltig beschädigt.[109]

Eine positive Alternative dazu sind sogenannte »spezifische Attribuierungen«, d. h. Botschaften, mit denen Kinder konkrete Rückmeldungen auf spezifische Handlungen bekommen. Etwa wenn ein Kind als Reaktion auf einen Fehler vermittelt bekommt: »Wir lieben dich, und du hast diesen spezifischen Fehler gemacht«. Auf dem Boden einer solchen grundlegenden Wertschätzung (»Wärme«) und Auseinandersetzung mit spezifischen Fehlern kann sich die Fähigkeit zu einem gesunden Umgang mit Fehlern – einem Lernen *aus* Fehlern – entwickeln.

Zwischenresümee: Jede Familie, Gruppe oder Gesellschaft ist darauf angewiesen, dass ihre Normen von seinen Mitgliedern mitgetragen werden. Das Erlernen dieser Normen ist mit natürlichen Anpassungs-Schamgefühlen verbunden.

Durch beschämende Erziehungspraktiken werden die Erwartungen und Normen der Umwelt mit pathologischen Schamgefühlen verknüpft und dadurch in besonders intensiver Weise in der Gefühlswelt des Heranwachsenden verankert. Dies mag erstrebenswert sein, wenn man Konformität als höchstes Erziehungsziel betrachtet. Ich sehe dabei die Gefahr, dass Menschen zwanghaft angepasst werden. Im Extremfall: dass sie zu allem, auch zur Selbstaufgabe bereit sind, nur um gemocht zu werden. Dass sie nicht mündige Bürger, sondern Mitläufer werden, für die Konformität zum Selbstzweck geworden ist: »Nur nicht auffallen! Nur nicht gesehen werden! Was sollen die Leute denken wenn ich ... tue.« Man wird beherrscht von der Angst, gleich als ganzer Mensch (»global«) verworfen zu werden, wenn man eine eigene Meinung vertritt. Oder wenn man nicht den herrschenden Erwartungen entspricht, gesund, erfolgreich usw. zu sein. Die Gefahr ist die, dass sich das Ich zu einem angepassten »man« reduziert.

Wer von klein auf gelernt hat, die gesellschaftlichen Erwartungen und Normen mit Scham und Beschämungen zu verknüpfen, steht in Gefahr, dies im weiteren Verlauf seines Lebens zu wiederholen: durch eine beschämende Erziehung gegenüber den eigenen Kindern sowie durch Beschämungen und Gruppen-Scham gegen unangepasste Mitmenschen.

Gewissens-Scham

Ein weiterer Entwicklungsschritt geht über die Anpassung – an die von *außen* (Eltern, Gruppe, Gesellschaft) vorgegebenen Erwartungen und Normen – hinaus und führt zum individuierten Ich mit *verinnerlichten* ethischen Prinzipien, dem Gewissen. Dieser Schritt erfordert eine Trennung von den elterlichen Erwartungen und Normen, die mit Schuld- und Schamgefühlen verbunden sein kann; dies wurde auf Seite 25 f. mit Ausschnitten aus Scott Bradfields Roman *Was läuft schief mit Amerika* illustriert: Die heranwachsende Cassandra fühlt sich abhängig von ihrer Mutter und schämt sich dafür. Sie schafft die Ich-Werdung und Loslösung von ihrer Mutter nur dadurch, dass sie sich ihrer schämt und schließlich die Beziehung trotzig abbricht.[110]

Mit der Entwicklung von Ich und Gewissen orientiert sich der Mensch nicht mehr primär an den Erwartungen und Blicken der anderen, sondern trifft selbstverantwortliche Entscheidungen durch sein Gewissen, im Einklang mit ethischen Prinzipien. Wir schämen uns dann nicht mehr primär vor anderen, sondern zuallererst vor uns selbst; Gewissens-Schamgefühle erinnern uns daran, dass wir unsere Ideale und ethischen Werte verletzt haben. Das begangene Unrecht bewirkt eine innere Entzweiung – das Bedürfnis nach Integrität (nach Achtung vor sich selbst) motiviert dazu, die ethischen Prinzipien zu befolgen.

Die Entwicklung des Gewissens (der höchsten Stufen moralischer Entwicklung im Sinne Lawrence Kohlbergs) wird weder durch Strafe noch durch Liebesentzug gefördert. Für eine gelingende Entwicklung ist der wichtigste Faktor vielmehr »in der Entwicklung bewusster innerer Maßstäbe des Urteils und der Fähigkeit zur Empathie und zur Rollenübernahme zu suchen«.[111] Auch Martin Hoffman betont die Bedeutung von Empathie für die Gewissensbildung. Sie kann durch Familie, Schule und Gleichaltrige gefördert werden, vor allem dadurch, dass der Heranwachsende erfährt, dass er anerkannt wird, dass seine Gefühle und Bedürfnisse geachtet und berücksichtigt werden und dass Erwartungen und Konflikte verhandelt werden können.[112]

Zwischen Anpassung und Gewissen können heftige Konflikte entstehen; ein Beispiel: In den USA der 1960er Jahre appellierten die Befürworter des Vietnamkriegs typischerweise an die Anpassungs-Scham, um den Krieg und die Verluste von Menschenleben zu rechtfertigen. Kriegsgegner wurden mundtot gemacht, indem sie als Feiglinge beschämt wurden. Wie Léon Wurmser beobachtete, betonten mehrere Mitglieder der Regierung, unter ihnen auch Präsident Johnson, »die Ehre des Festhaltens an dem ›Versprechen‹ der USA, des Erfüllens ihres Auftrags, ein Regime zu unterstützen, das durch eine terroristische Organisation bedroht sei; sie unterstellten, dass es schändlich sei, dieses Versprechen zu brechen und dass gerade dies dem ›amerikanischen Traum‹ Gewalt antäte. Sie sprachen mit Hohn von den ›nervösen Schwächlingen‹ (nervous nellies), die nur ›den Schwanz einziehen und weglaufen‹ wollten und denen es an Ausdauer und Kraft fehle, der ›Aggression zu trotzen‹.«[113] Häufig argumentierten die Kriegsbefürworter auch mit dem drohenden Gesichtsverlust: Man dürfe nicht aufgeben, was man angefangen habe; Inkonsequenz, Versagen und Niederlage seien schändlich.[114]

In diesem gesellschaftlich vorherrschenden Meinungsklima meldeten sich viele junge Männer freiwillig für den Krieg oder widersetzten sich nicht ihrer Einberufung, weil ihnen Verweigerung (die zudem sehr hart bestraft wurde) als schändliche Feigheit vorgekommen wäre. So wurden sie Mitwirkende in einem völkerrechtswidrigen Krieg. Zusätzlich wurden nicht wenige dieser jungen Männer in Kriegsverbrechen verwickelt. Häufig spielte dabei wieder die Anpassungs-Scham eine zentrale Rolle, etwa wenn es darum ging, die Kameraden zum Mitmachen zu bewegen. So berichtet William Mahedy von der Vergewaltigung einer Vietnamesin durch US-Soldaten: Am Vorabend hatte der Sergeant seinen Männern gesagt, dass sie sich ein Mädchen nehmen würden, um etwas »fun« zu haben; dies sei gut für die Moral der Truppe. Am nächsten Morgen entführte die Einheit eine junge Frau. Nach einem Tagesmarsch richteten sich die Männer für die Nacht ein und vier der Männer vergewaltigten die Frau. Nur Sven, ein gläubiger Lutheraner, weigerte sich mitzumachen, obwohl der Sergeant seine Männlichkeit in Zweifel zog und ihn beschuldigte, mit seiner Weigerung seine Kumpel zu verraten. Am nächsten Tag geriet die Gruppe in einen Feuerwechsel mit Guerillas, worauf der Sergeant dem Korporal die Erlaubnis gab, die Frau zu töten.[115] Svens Weigerung, sich an der Vergewaltigung zu beteiligen, ist ein Beispiel für die Kraft des Gewissens, die dazu befähigt, sich dem Erwartungsdruck seiner Kameraden zu widersetzen.

Nach Kriegsende wurden viele zehntausend Vietnam-Veteranen in die USA zurückgekarrt. Dort war die öffentliche Meinung mittlerweile gekippt, der Krieg galt inzwischen als unpopulär. Die Heimkehrer wurden als Baby-Mörder beschimpft. Die jungen Männer waren nun ganz allein ihrer Gewissens-Scham für die begangenen Gewalttaten ausgesetzt. Dies führte zu massiven psychischen und sozialen Problemen der Veteranen. Seit Ende des Vietnamkrieges nahmen sich mehr US-amerikanische Kriegsveteranen das Leben, als im Krieg selbst gefallen waren; hinzu kommen zahllose versteckte Suizide durch den verbreiteten Drogenmissbrauch und »Unfälle«.

Wie sich in Interviews mit Nazi-Mitläufern und -tätern zeigte, wurden viele von ihnen durch Anpassungs-Scham dazu motiviert, sich für Hitler und den Zweiten Weltkrieg zu engagieren: »Man« wollte nicht abseits stehen und als »Feigling« beschämt werden.[116] Ein aktuelles Beispiel sind die Totenschändungen durch Bundeswehrsoldaten in Afghanistan im Jahr 2006. Ein Augenzeuge wurde gefragt, ob bei der Schändung Gruppenzwang ausgeübt worden sei. Der Mann antwortete: »Zwang würde ich nicht sagen. Aber es war schon so: Wenn man das nicht mitmacht, heißt es: Du Weichei, was stellst du dich so an.«[117]

Zum Unterschied zwischen Scham und Schuld

Scham und Schuld werden häufig verwechselt.[118] Obwohl beide keine absoluten Gegensätze sind, gibt es doch Unterschiede; die wichtigsten sind folgende:
- Zuallererst ist Scham ein *Gefühl*, während Schuld eine *Tatsache* bezeichnet, die allerdings mit Gefühlen verbunden sein kann: mit Reue und Gewissens-Scham. Häufig liegt der Scham gar keine Schuld zugrunde, etwa wenn Menschen sich dafür schämen, dass

sie krank oder arbeitslos sind oder wenn sie gemobbt, vergewaltigt oder erniedrigt wurden: Diese Menschen sind nicht schuldig.
- Zweitens ist Scham entwicklungspsychologisch ein sehr *frühes* Gefühl. Ihre Vorläufer entwickeln sich, wie gezeigt, bereits in den ersten Lebensmonaten. Dagegen ist Schuld – besser gesagt: die Fähigkeit, Schuld anzuerkennen und zu verarbeiten – entwicklungspsychologisch eine *späte* Errungenschaft. Sie setzt, wie erwähnt, eine ganze Reihe von Entwicklungsschritten voraus: objektive Selbsterkenntnis (ab dem 2. Lebensjahr), kognitive Fähigkeiten (ab zweieinhalb Jahren), ein reifes Ich sowie die Internalisierung von Werten im Gewissen (erst nach der Adoleszenz).
- Dritter Unterschied: Die Kontrollinstanz liegt bei der Scham eher *außen*, sie ist der Blick der anderen; ihr Sinnesorgan ist das Auge. Scham ist vor allem um die Wirkung nach außen, das »Image«, besorgt, nach dem Motto: »Wenn das die Leute sehen« oder: »Was werden meine Kameraden von mir denken, wenn ich bei ... nicht mitmache«. Bei der Schuld-Verarbeitung dagegen ist die Kontrollinstanz *innen*, im Gewissen; das ihr entsprechende Sinnesorgan ist das Ohr, mit dem wir auf die »Stimme« des Gewissens oder Gottes hören.
- Viertens besteht die Sanktion bei Scham in *Schamgefühlen*, die von Seiten der Mitmenschen bzw. der Gesellschaft durch *Beschämung* (öffentliche Anprangerung, Ehrverlust oder Ächtung) verstärkt werden können. Eine solche Schande ist ein bleibender Makel, der nur durch ein Ritual, Selbstmord oder eine grandiose Aktion zur Wiederherstellung der Ehre getilgt werden kann. Bei der Schuld dagegen besteht die Sanktion in *Gewissensbissen*, die von Seiten der Mitmenschen bzw. der Gesellschaft durch *Bestrafung* (etwa Schmerzen, Freiheitsverlust oder Geld) verstärkt werden können. Durch Wiedergutmachung kann die Schuld gewissermaßen abgetragen werden, wie eine finanzielle Verschuldung.
- Fünftens: Wo die Schuld sagt: »Ich habe diesen spezifischen Fehler *gemacht*«, da sagt die Scham: »Ich *bin* ein Fehler« – ein umfassendes, global auf die ganze Person bezogenes Urteil, das umso vernichtender ist, je pathologischer die Scham ist. Demgegenüber ist Schuld immer spezifisch, auf eine bestimmte Tat bezogen.
- Sechstens ist Scham *monologisch* – Schuld (bzw. das Gewissen) dagegen ist *dialogisch*. Scham ist in verschiedener Hinsicht ein

narzisstischer Affekt; Léon Wurmser nennt sie die »verhüllte Begleiterin des Narzissmus«.[119] Wer sich schämt, ist zunächst ganz auf sich selbst bezogen, dies bringt auch die Sprache zum Ausdruck, wenn wir sagen: »Ich schäme *mich*«. Auch körpersprachlich wird der Blickkontakt zum Du unterbrochen.

- Dies erschwert, siebtens, die Klärung eines Konflikts, es gibt auch keine »Ent-schämung«. Im Unterschied dazu ist Schuld dialogisch auf den Geschädigten bezogen; daher kann sie auch abgearbeitet und ent-schuld-igt werden. Die Verarbeitung von Schuld beginnt idealtypisch mit Schuld-Einsicht. Dazu kommen Reue und Gewissens-Scham: Ich schäme mich vor mir selbst (vor meinem Gewissen) für das, was ich getan habe. Diese persönliche, schmerzhafte Auseinandersetzung verändert mich – daher werde ich mich in einer ähnlichen Situation in der Zukunft anders, humaner, verhalten. Insofern ist Gewissens-Scham gesund.
- Die Aufarbeitung von Schuld bleibt jedoch achtens nicht bei der Gewissens-Scham stehen (dem Geschädigten ist noch wenig damit geholfen, dass der Täter sich schämt), sondern geht damit weiter, dass ich dialogisch dem Geschädigten gegenüber meine Schuld bekenne, ihn um Ent-Schuld-igung bitte und Wiedergutmachung anbiete. Wenn mir der Geschädigte dies gewährt, können wir unsere Beziehung wieder aufnehmen, verändert und versöhnt.

Die Bedeutung von Religion bzw. Menschenbild

Oben wurde der Paradiesmythos dahingehend interpretiert, dass Adam und Eva für ihre Normverletzung von Gott zwar bestraft, aber nicht beschämt werden. Nach dieser Lesart ist Gott grundsätzlich den Menschen in Liebe zugetan. Wie der Theologe Matthew Fox herausarbeitet, gibt es eine jahrtausendealte Traditionslinie, in der das Alte und Neue Testament in einem solchen Sinne interpretiert werden.[120] Die Wertschätzung des Menschen durch Gott wird etwa in 1. Joh. 4,16 formuliert: »Gott ist Liebe, und wer in der Liebe bleibt, der bleibt in Gott, und Gott bleibt in ihr.« Ein anderes Beispiel ist das Verhalten Jesu, dem es wichtig war, den Menschen – etwa den verachteten Zöllnern und Prostituierten – ihre Würde wiederzugeben. Ein weiteres Beispiel findet sich in Psalm 113, 5-9: »Den Geringen hebt er empor aus dem Staub, aus dem Schmutz erhebt er den Armen. Er verleiht ihm Sitz bei den Fürsten, bei den Edelsten seines Volkes.« Schon in Genesis 1, 26 wird die Gott-Ebenbildlichkeit des Menschen beschrieben.

Eine Vertreterin dieser Tradition war die Einsiedlerin Juliana von Norwich (1342-1416), die eine Metaphysik der Güte entwickelte: Gott ist Güte. Sie sieht Gottes Mitwirken noch in den einfachsten Körperfunktionen wie etwa der Ausscheidung:

»Ein Mensch geht aufrecht, und die Nahrung in seinem Körper ist wie in einem gut gemachten Beutel eingeschlossen. Wenn es dann nötig wird, öffnet sich der Beutel und schließt sich dann wieder auf die passendste Weise. Und all das wirkt Gott, wie es gezeigt wird, wenn er sagt, er käme zu uns in unseren geringsten Nöten. Denn Gott verachtet nicht, was er geschaffen hat, und er verschmäht auch nicht, uns in den einfachsten natürlichen Funktionen unseres Körpers zu helfen. Dies tut er aus Liebe zur Seele, die er nach seinem Bilde geschaffen hat. Denn wie der Körper in Kleider gekleidet ist, das Fleisch in der Haut, und die Knochen in Fleisch, und das Herz in der Brust, so sind wir, Seele und Körper, gekleidet und geborgen in der Güte Gottes.«[121]

Es gibt eine große Zahl von Theologen, die die Bibel in einem solchen grundsätzlich wertschätzenden Sinne interpretieren. Der »Stammbaum« dieser Tradition reicht weit zurück, einige ihrer wichtigsten Vertreter sind Irenäus von Lyon (ca. 130-200), Ephraim (ca. 306-373), Hildegard von Bingen (1098-1179), Franz von Assisi (1181-1226), Mechthild von Magdeburg (1210- ca. 1280), Thomas von Aquin (1225-1274), Meister Eckhart (1260-1329), Nikolaus von Kues (1401-1464), Erasmus von Rotterdam (1466-1536), Thomas Morus (1478-1535), Theresa von Avila (1515-1582), Giordano Bruno (1584-1600), George Fox (1624-1691); dazu kommen viele weitere Personen aus Theologie, Philosophie, Ökologie, Feminismus, Malerei, sozialer Bewegung (z.B. Dorothy Day, Martin Luther King, Daniel Berrigan) und Kunst, die eine solche Sicht vertreten haben.

Pablo Casals schrieb: »Wann werden wir unsere Kinder in der Schule lehren, was sie selbst sind? Jedem dieser Kinder sollte man sagen: Weißt du, was du bist? Du bist ein Wunder! Du bist einmalig!

Auf der ganzen Welt gibt es kein zweites Kind, das genauso ist wie du. Und Millionen von Jahren sind vergangen, ohne dass es je ein Kind gegeben hätte wie dich. Schau deinen Körper an, welch ein Wunder! Deine Beine, deine Arme, deine geschickten Finger, deinen Gang [...]. Jawohl, du bist ein Wunder. Und wenn du erwachsen sein wirst, kannst du dann einem anderen wehe tun, der, wie du selbst, auch ein Wunder ist?«[122]

Im Gegensatz zu dieser wertschätzenden Theologie[123] gibt es seit Augustinus (354–430) eine Traditionslinie innerhalb des Christentums, deren Interpretation des Alten und Neuen Testaments seit Jahrhunderten die großen westlichen Kirchen dominiert. Diese Interpretation basiert auf dem Konzept der »Erbsünde« (die eine globale Attribuierung und »Erbscham« ist), an die vor Augustinus übrigens niemand glaubte. Diese Theologie basiert auf der Verachtung des Körpers, der Sinnlichkeit, der Sexualität, der Freude und der Schöpfung – samt all denen, die sie lieben, wie indianische Völker und matriarchalische Religionen. Diese werden als »Primitive«, »Wilde« bzw. »Hexen« abgewertet und verfolgt; diese Verachtung zieht sich bis in die Gegenwart hin, etwa wenn Naturschützer verächtlich als »grüne Spinner« oder in den USA als »Baum-Umarmer« (»tree huggers«) abgetan werden.

Nach dieser Tradition gelten die Menschen im Grunde als sündig und schlecht, ihre Leidenschaften als Fluch. Ein katholisches Gebet beginnt mit den Worten: »Herr, ich bin nicht würdig...« Der Körper wird in dieser Tradition als Feind betrachtet, denn, so Augustinus, »der Körper führt Krieg gegen die Seele«.[124] Erlösung besteht nach dieser Theologie darin, seine Leidenschaften zu kontrollieren und die Regungen des Körpers asketisch abzutöten (und, in der protestantisch-arbeitsethischen Variante, zu arbeiten). Erhöht wird, wer sich erniedrigt. Die Verachtung der Freude zeigt sich, so Matthew Fox, etwa an einem Test – der in dieser Tradition üblich ist –, ob »eine Handlung eine Sünde war oder nicht. Die Frage war: ›Hast du Vergnügen daran gehabt?‹ Die daraus gelernte Lektion [ist], dass Vergnügen ein Anzeichen für Sünde ist.«[125] So wird »Freude« unbewusst durch »Sünde« ersetzt, ein Wort, das in diesen Interpretationen des Christentums häufig gebraucht wird.

Unabhängig davon, ob heutige Menschen sich explizit als Christen verstehen oder ob sie ein weltliches Menschenbild vertreten, das in westlichen Ländern stark durch die christliche Tradition geprägt wurde: Das Menschenbild der Eltern und der umgebenden Kultur hat wesentliche Auswirkungen auf die Scham-Entwicklung des Heranwachsenden. Entscheidend sind die Botschaften, die das Kind erfährt: ob es grundsätzlich als würdiges Kind (bzw. als würdiges Kind Gottes) anerkannt und geliebt wird oder ob es als grundsätzlich verachtenswertes (bzw. mit »Erbsünde« erfülltes) Geschöpf betrachtet wird. Verallgemeinert geht es um die Frage, ob die Eltern und die umgebende Kultur ein wertschätzendes oder ein abwertendes Menschenbild vermitteln. Ein verächtliches, zynisches Menschenbild hat zur Folge, dass die Seele des Kindes mit pathologischen Schamgefühlen erfüllt wird; Matthew Fox bezeichnet dies als spirituellen Missbrauch.

Neurobiologie der Scham

Die entwicklungspsychologischen Ausführungen der vorigen Abschnitte werden durch die neue neurobiologische Forschung ergänzt. Auf den folgenden Seiten möchte ich einige ihrer Forschungsergebnisse vorstellen und von da aus einen Blick auf die empathische Scham und nochmals auf die Entwicklung von traumatischer Sicht werfen.

Empathische Scham

Gefühle können anstecken. Die Gefühle eines Menschen haben Auswirkungen auf seine Mitmenschen und können von diesen *mit-gefühlt* werden – wie ist das möglich? Zu dieser Frage gibt es eine Reihe interessanter neurobiologischer Forschungen, die von Joachim Bauer zusammengetragen wurden. In seinem Buch *Warum ich fühle, was du fühlst* beschreibt der Mediziner und Psychotherapeut ein Experiment von William Hutchinson, der das Gehirnareal untersuchte, das für die emotionale Seite des Schmerzes zuständig ist (Gyrus cinguli). In einem ersten Schritt konnte Hutchinson bestimmte Nervenzellen identifizieren, die dann feuerten, wenn einer Testperson an einer bestimmten

Fingerkuppe Schmerz zugefügt wurde, indem sie mit einer Lanzette gepikst wurde. In einem nächsten Schritt schaute die Testperson zu, wie sich der Untersuchungsleiter selber in eine Fingerkuppe stach. Das Ergebnis war überraschend: »Beim Patienten feuerten dieselben Nervenzellen, die auch beim Erleben des eigenen Schmerzes gefeuert hatten. Da der Gyrus cinguli das zentrale Emotionszentrum des Gehirns darstellt, sind die Spiegelneurone, die hier entdeckt worden waren, nicht mehr und nicht weniger als ein Nervenzellsystem für Mitgefühl und Empathie.«[126] Hutchinsons Ergebnisse wurden in anderen Experimenten bestätigt. Auch dabei zeigten sich Reaktionen, als hätte die Versuchsperson die Schmerzen, die sie bei einem anderen Menschen beobachtet hat, selbst erlebt.[127]

Die Erforschung der Spiegelneurone ist für das Verständnis von Scham bedeutsam. Sie erklärt, warum ein Mensch Scham zu empfinden vermag, wenn er die Scham eines anderen miterlebt, etwa wenn dieser erniedrigt wird. Diese Fähigkeit ist ein grundlegender Aspekt unseres Menschseins: Empathische Scham ist eine unverzichtbare Quelle von Mitmenschlichkeit und Solidarität. Sie ist – neben dem kognitiven Wissen um moralische Werte – eine Voraussetzung für das Gewissen.

Für kleine Kinder kann die empathische Scham, die durch die Spiegelneurone in sie »einfließt«, auch zu viel sein: Wenn in ihrer Familie, ihrem Milieu oder ihrer Gesellschaft zu viel Scham besteht, saugen sie diese gleichsam in sich auf. Kinder nehmen auch die Scham ihrer Vorfahren in sich auf (dieses Phänomen, die transgenerationale Scham, wurde auf S. 49 f. schon angesprochen). Sie lernen, so Michael Lewis, die Scham der Eltern durch eine empathische Scham-Induktion: »Schon das Zusammensein mit einem Elternteil, der scham-anfällig ist, führt beim Kind zu Scham.«[128] Menschen, die in einem Scham-Milieu leben, erfahren mehr Scham als Menschen, die nicht in ein derartiges Milieu eingebettet sind. Kinder sind wie ein Gefäß oder wie ein Schwamm, das oder der die Scham ihrer Umgebung in sich aufnimmt bzw. aufsaugt; ihre kognitiven Möglichkeiten sind noch zu wenig ausgebildet, um sich gegenüber pathologischen Einflüssen aus ihrer Umgebung abzugrenzen. So schildert Hans-Ulrich Treichel im Roman *Der Verlorene* die Schamgefühle eines Jungen, dessen Eltern auf der Flucht vor russischen Soldaten traumatisiert worden waren:

Der Ich-Erzähler war »von Anfang an in einer von Schuld und Scham vergifteten Atmosphäre aufgewachsen [...]. Vom Tag meiner Geburt an herrschte ein Gefühl von Schuld und Scham in der Familie, ohne dass ich wusste, warum. Ich wusste nur, dass ich bei allem, was ich tat, eine gewisse Schuld und eine gewisse Scham verspürte. So spürte ich beispielsweise immer während des Essens eine Schuld und eine Scham, ganz unabhängig von der Speise, die mir vorgesetzt wurde. Wenn ich ein Stück Fleisch aß, regte sich mein Gewissen, und ebenso regte es sich, wenn ich eine Kartoffel oder meinen Nachtisch aß. Ich fühlte mich schuldig, weil ich aß, und ich schämte mich, weil ich aß. [...] Ich wurde das, was man einen schwierigen Jungen nennt, undankbar, widerborstig und ständig gereizt.«[129]

Neurobiologie der traumatischen Scham

Kleine Kinder, so wurde oben mit Heinz Kohut gesagt, suchen den Glanz im Auge der Eltern. Wenn sie liebevoll gespiegelt, angelächelt werden, reagieren sie mit intensiver Freude: Ihre Augen strahlen, sie strampeln mit Armen und Beinchen und jauchzen vor Vergnügen. Wie Allan Schore[130] zusammenfasst, führt diese Freude des Kindes zu erhöhtem Ausstoß von Noradrenalin, Endorphinen und anderen Hormonen. Diese fördern das Wachstum bestimmter Gehirnregionen (wie prä- und orbifrontaler Cortex u. a.), die zuständig für die Regulierung der Affekte, für Lernen und Gedächtnis sowie die Entwicklung eines kohärenten Selbst-Erlebens sind. All dies sind Fähigkeiten, die uns als Menschen auszeichnen.

Was aber geschieht, wenn die frühe Eltern-Kind-Kommunikation gestört ist, wenn das Kind nicht Freude erlebt, sondern sich existenziell verlassen, abgewertet oder bedroht fühlt? Es gibt Hinweise darauf, dass die Entwicklung dieser Gehirnregionen in diesem Fall entsprechend zurückbleibt (allerdings ist ein Nachreifen der Regionen möglich, da das Gehirn ein Leben lang veränderungsfähig ist). In der Folge sind die Betroffenen in ihrem Denken, Fühlen und Handeln auf primitivere neuronale Systeme zurückgeworfen. Sie sind, mit anderen Worten, ihrer unbewussten Reaktivität ausgeliefert. Scham macht also das, was im Volksmund als »dumm« bezeichnet wird.

Nach Allan Schore steht die traumatische Scham in Verbindung mit der rechten Gehirnhälfte. In einer angelsächsischen Studie konnte sogar nachgewiesen werden, dass schon durch das kurzzeitige Zeigen der Worte »shame« (Scham) und »humiliation« (Erniedrigung, Beschämung) die rechte Gehirnhälfte der Testpersonen aktiviert wurde. Das ist die Gehirnhälfte, die eher für u. a. nonverbale, emotionale Aktivitäten zuständig ist – im Unterschied zur linken Hälfte, die eher für verbale, logische, kontrollierte und ordnende Aktivitäten verantwortlich ist. Deren Zurücktreten erklärt die charakteristische Erfahrung, dass höhere psychische Funktionen wie Vernunft, Gedächtnis, Sprachvermögen oder Affekt-Regulierung nicht verfügbar sind, wenn man im akuten psychischen Aggregatzustand der Scham ist. Nach Donald Nathanson wirkt Scham wie ein »kognitiver Schock, der höhere Funktionen der Gehirnrinde zum Entgleisen bringt«.[131] Das Ich befindet sich in existenzieller Angst, und unter Angst werden andere, primitivere neuronale Systeme aktiviert als z. B. bei Wertschätzung oder Freude. Das Nervensystem ist ganz darauf ausgerichtet, der Angstquelle zu entkommen, und reduziert sich dazu auf die simpelsten Muster: angreifen, verteidigen oder verstecken.

Bei Scham – wie bei jeder Form von extremem Stress – wird das zentrale Nervensystem (Sitz höherer, komplexer Funktionen) in den Hintergrund gedrängt, weil das vegetative Nervensystem (das sogenannte primitive »Reptilienhirn«) die Regie übernimmt. Dieses wird auch *autonomes Nervensystem* genannt, da es der willkürlichen Kontrolle durch das menschliche Bewusstsein weitgehend entzogen ist (Yoga und autogenes Training sind Methoden, um dieses Nervensystem der bewussten Kontrolle zugänglich zu machen). Das vegetative Nervensystem kontrolliert die lebenswichtigen Funktionen wie Herz, Atmung, Verdauung und Stoffwechsel. Es besteht aus dem sympathischen und dem parasympathischen Nervensystem, die auch als Sympathikus und Parasympathikus bezeichnet werden.

Der Sympathikus vermittelt eher aktivierende, leistungsfördernde Wirkungen, während der Parasympathikus vor allem deaktivierende, erholungsfördernde Wirkungen auslöst. Sympathikus und Parasympathikus wirken antagonistisch und stehen in einem Spannungsverhältnis; dies ermöglicht eine differenzierte Abstimmung der Organaktivitäten, je nachdem, wie es die jeweilige Situation erfordert: Unter Stress werden durch den Sympathikus die Funktionen verstärkt, die den Körper in eine erhöhte Aufmerksamkeit und Handlungsbereitschaft bringen: Puls und Blutdruck sowie Blutglukosespiegel steigen an, um rasch mehr Energie verfügbar zu machen. Nach Beendigung der Stress-Situation bekommt der Parasympathikus ein Übergewicht, mit der Folge, dass sich Puls und Blutdruck verlangsamen und der Glukosespiegel im Blut absinkt. So wird der Organismus auf Ruhe eingestellt, um sich für künftige Ereignisse zu erholen.

Extremer Stress bewirkt eine intensive Aktivierung des Sympathikus, der den Körper in kürzester Zeit zu Kampf- oder Flucht-Reaktionen befähigt (die Forschung spricht hier von »fight or flight«). Wenn beides – etwa in einer traumatischen Ohnmachts-Situation – nicht möglich ist, folgt eine intensive Aktivierung des Parasympathikus, mit der Konsequenz, dass die Körperreaktionen gleichsam eingefroren werden (»freeze«). Im »Aggregatzustand« der Scham besteht nun, so Allan Schore, ein extrem fehlregulierter Zustand von erhöhter parasympathischer und zugleich erhöhter sympathischer Reaktivität.[132] Dies dürfte die charakteristischen körperlichen, emotionalen und kognitiven Reaktionen auf Scham erklären, die oben ausgeführt wurden: das Erröten oder Schwitzen; das plötzliche Zusammensacken des Körpers und der Abbruch der Beziehung zur Umwelt; den überfallartigen Verlust der geistigen Fähigkeiten und das Gefühl der Verwirrung; den Impuls, zu erstarren, sich vor der Welt zu verstecken (»freeze«), der jedoch plötzlich umkippen kann in eine – im wahrsten Sinne »kopflose« – Flucht (»flight«) oder einen Angriff, etwa indem eine andere Person beschämt wird (»fight«).

Dass es sich bei der traumatischen Scham nicht um die Angst vor körperlicher Vernichtung, sondern »nur« um die Angst vor psychischer Vernichtung handelt, ist neurobiologisch betrachtet übrigens irrelevant: Denn beide Ausprägungen von Angst werden vom menschlichen Körper in gleicher Weise verarbeitet.[133] Dies wird durch eine Reihe von Untersuchungen belegt, wie Joachim Bauer zusammenfasst: Säuglinge – auch von Säugetieren – reagieren auf einen länger andauernden Mangel an Zuwendung mit einer massiven Hochregulation und darüber hinaus mit einer dauerhaften Erhöhung der Empfindlichkeit ihrer Stress-Gene.[134]

Naomi Eisenberger untersuchte erwachsene Testpersonen in einem Kernspintomographen, während sie ein Computerspiel spielten, bei dem sie plötzlich von ihren virtuellen Mitspielern ausgeschlossen wurden. Die Gehirnaufnahmen zeigten, dass das Schmerzzentrum der Testpersonen aktiviert war, wie wenn ihnen jemand körperlichen Schmerz zugefügt hätte.[135] Vielfach wurde von Ethnologen wie Walter B. Cannon dokumentiert, dass die Ausstoßung eines Menschen aus der Gemeinschaft (»sozialer Tod«) sogar zu dessen realem Tod (»Voodoo-Tod«) führen kann. Aber auch in westlichen Ländern ist zu beobachten, dass sozialer Ausschluss (etwa durch »Mobbing«) erhebliche Erkrankungen auslösen kann – wie im nächsten Abschnitt gezeigt wird.

Kränkungen machen krank

Schon mangelnde Anerkennung kann schwerwiegende gesundheitliche Folgen haben. Der schwäbische Handwerkerspruch »Nichts gesagt ist genug gelobt« ist schlichtweg falsch und kontraproduktiv. Dies belegen die Untersuchungen des Medizinsoziologen Johannes Siegrist über den Zusammenhang zwischen dem Gesundheitszustand von Arbeitnehmern und der Anerkennung, die sie für ihr geleistetes berufliches Engagement erhalten – sei es in Form von finanzieller Belohnung, emotionaler Wertschätzung oder von statusbezogener Gratifikation (Arbeitsplatzsicherheit, Aufstiegschancen). Steht diese Anerkennung nicht in angemessenem Verhältnis zur erbrachten Leistung, dann kommt es zu sogenannten Gratifikationskrisen. Diese haben zur Folge, dass sich für die Betroffenen das Risiko erhöht, an stressbedingten Erkrankungen, Sucht, Diabetes oder Depression zu erkranken. Das Risiko von Herz-Kreislauf-Erkrankungen steigt um das Drei- bis Vierfache; das Sterberisiko ist um das 2,4-Fache erhöht.[136]

Der plötzliche Entzug von Anerkennung kann tödliche Folgen haben. Dies wurde etwa bei US-amerikanischen Raumfahrttechnikern beobachtet, die plötzlich ihren prestigeträchtigen Arbeitsplatz verloren hatten und vorzeitig durch Herzversagen gestorben waren. Bei der Autopsie wurde im Herzmuskel abgestorbenes Gewebe (Nekrosen) gefunden, das durch Stresshormone geschädigt worden war. Auch in anderen Studien wurde ein Zusammenhang zwischen plötzlichem Herztod und großen emotionalen Enttäuschungen – z.B. nach Verrat oder Betrug im Privatleben – festgestellt.[137] Auch der Volksmund weiß, dass es Erfahrungen gibt, die einem Menschen »das Herz brechen« können.

Die gesundheitlichen Folgen von Anerkennung bzw. Beschämung konnten auch in Liebesbeziehungen nachgewiesen werden. Partner, die einander weniger wertschätzen, neigen zu gesundheitsschädlichem Verhalten, sie trinken mehr Alkohol, rauchen häufiger, essen ungesünder und schlafen weniger. Wenn die erwartete Wertschätzung ausbleibt, wird im zentralen Nervensystem eine veränderte Aktivität hervorgerufen; Anne Otto schreibt dazu: »Das im Gehirn liegende Belohnungssystem reduziert die Ausschüttung von Dopamin. Gleichzeitig werden Botenstoffe produziert, die Stresshormone aktivieren«.[138] Dies führt zu Stressreaktionen, die umso gefährlicher sind, wenn sie chronisch werden.

Beschämungen bis hin zu Mobbing bedeuten einen unkontrollierbaren sozialen Stress und bewirken u. a. ein erhöhtes Herzinfarkt-Risiko, Depressionen und psychosomatische Symptome bis hin zum Burn-out-Syndrom. Joachim Bauer schätzt, dass bis zu 25 Prozent der deutschen Erwerbstätigen unter dem »Burn-out-Syndrom« leiden. Die Symptome sind u. a. Schlafstörungen, Erschöpfung, Schwindelgefühl, Kopfschmerzen, depressive Verstimmungen oder Angst.[139]

Extreme soziale Beschämungen können zum Tod führen. Joachim Bauer schreibt dazu: »Als Erklärung für die massiven biologischen Effekte sozialer Isolation vermutet man extreme Alarmreaktionen, insbesondere übersteuerte Aktivierungen des sympathischen und parasympathischen Nervensystems, mit der Folge von tödlichen Entgleisungen der Regulation von Blutzucker, Stresshormonen, Herz und Kreislauf. Dass ein emotionaler Schock bei sonst völlig herzgesunden Menschen, verursacht durch eine massive Überaktivierung des sympathischen Nervensystems, ein totales Herzversagen auslösen kann, wurde kürzlich durch Ilan Wittstein und Kollegen eindrucksvoll nachgewiesen.«[140]

Kapitel 3
Hochmut kommt nach dem Fall

Schamgefühle können von verschiedener Intensität sein, sie reichen von Verlegenheit oder dem Empfinden von Peinlichkeit bis hin zum umfassenden Gefühl, nichts wert zu sein, bei der traumatischen Scham. Diese Gefühle können so schmerzhaft sein, dass sie abgewehrt werden; dies geschieht oft unbewusst.

Manche Abwehr ist von kurzer, andere von langer Dauer. Manche ist harmlos (wie etwa das Schmollen), andere selbstdestruktiv oder gemeingefährlich (z. B. Sucht oder Gewalt). Nicht alle Abwehr ist krankhaft. Grundsätzlich hat sie die Aufgabe, sich vor unerträglich schmerzhaften Gefühlen zu schützen. Pathologisch wird Abwehr erst dann, wenn sie chronisch wird oder wenn sie den Menschen, den sie schützen möchte, krank macht – oder die Mitmenschen.

Weil Scham häufig abgewehrt wird, ist sie oft nur schwer zu erkennen: Sie zeigt sich in verhüllter, versteckter Form. Die wichtigsten Verhaltensweisen, mit denen Scham abgewehrt wird, werden in diesem Kapitel vorgestellt. Die folgende Aufzählung ist nicht so zu verstehen, dass jedes dieser Symptome stets auf eine zugrunde liegende Schamproblematik hinweist. Sondern umgekehrt: *Wenn* Schamgefühle abgewehrt werden, dann geschieht dies häufig durch die folgenden Abwehrformen.

Verstecken

Maske

Eine Methode, Schamgefühle zu vermeiden, besteht darin, dass wir uns aus einer emotional gefährlichen Situation entfernen, indem wir fliehen oder uns verstecken. Wo eine körperliche Flucht nicht möglich ist, hilft der innere Rückzug; man nimmt sich eine Auszeit. Bei kleinen Kindern können wir beobachten, dass sie ihre Augen schließen oder ihr Gesicht verbergen (»Wenn ich nichts sehe, dann bin ich auch unsichtbar«). Auch Erwachsene haben die Wunschphantasie, aus einer beschämenden Situation zu verschwinden, sich »in Luft aufzulösen« oder »im Boden zu versinken«. Wir bedecken spontan unser Gesicht mit den Händen, wie wenn wir uns dadurch unsichtbar machen könnten. Wir schlagen die Augen nieder, um den Blickkontakt zu unterbrechen. Vielleicht kratzen wir uns am Kopf oder fassen uns verlegen an das Kinn, um unsere Gesichtsmuskeln unter Kontrolle zu bringen. Wir versuchen, einen möglichst unbewegten Gesichtsausdruck zu bekommen, eine Maske.

Im antiken griechischen Theater trugen die Schauspieler Masken, hinter denen sie ihren eigenen Gesichtsausdruck versteckten und die vom Stück geforderten Rollen und deren Gefühle besser zum Ausdruck bringen konnten. Diese Masken wurden *persona* genannt (vom lateinischen *personare* = *hindurchtönen*). Davon leitete der Tiefenpsychologe Carl Gustav Jung den Begriff der *Persona* ab. Dieser bezeichnet den nach außen gezeigten Teil des Ichs: die Eigenschaften und Verhaltensweisen, die wir unseren Mitmenschen gegenüber zeigen. Die Persona ist wie eine Maske; sie schützt unsere Innenwelt vor den Blicken der anderen; hinter ihr können wir unsere intimen Gefühlen und Gedanken verstecken, uns »bedeckt halten«.

Auch Kleidung schützt unsere intimen Körperregionen vor den Blicken anderer. Sie ist wie eine Maske, mit der wir uns verhüllen, aber auch zeigen. Machen Kleider Leute? Hinter einer Fassade von Wohlanständigkeit lassen sich auch Schuld und Schamgefühle verstecken. Wie gut dies funktioniert, zeigt sich etwa dann, wenn sich jemand als ein Verbrecher erweist und dies von seinen Nachbarn kommentiert wird: »Das hätte ich nie gedacht, der war doch immer so höflich und ordentlich gekleidet.«

Auch Rollen sind mit bestimmten Erwartungen darüber verknüpft, wie man sich in bestimmten Situationen präsentieren sollte. Von einem Manager beispielsweise wird erwartet, dass er Anzug und Krawatte trägt; dies ist die Maske, in die er zu schlüpfen hat.

Die Gesellschaft gibt historisch gewachsene – sich langsam verändernde – Regeln und Vorbilder vor, an denen wir unser Benehmen orientieren. Diese Regeln werden durch die Erziehung verinnerlicht; nach ihnen richten wir, oft wie automatisch, unser Verhalten und das Gesicht, das wir nach außen zeigen. So herrscht etwa in großen Teilen der USA ein Verhalten vor, über das sich viele Deutsche gerne mokieren (»oberflächliches Dauerlächeln«): Es gilt etwa als ein Tabu, schlechte Laune zu zeigen. In vielen asiatischen Ländern ist es tabu, Gefühle zu zeigen, etwa seine Selbstbeherrschung zu verlieren. Es wird erwartet, dass man sich bescheiden, freundlich, höflich, lächelnd und respektvoll verhält. Schon das Aussprechen einer Frage, die mit »Nein« zu beantworten wäre, kann Peinlichkeit hervorrufen. In China gilt das Abschlagen einer Bitte als verletzend; deshalb wird kein klares Nein geäußert.

Die kulturspezifischen Techniken der Gesichtswahrung wurden von Erving Goffman (1986) analysiert. Vom Einzelnen wird erwartet, dass er die Techniken seiner Gruppe kennt und verwendet. Jemand sollte sich so verhalten, dass weder er selbst noch der andere sein Gesicht verliert. Goffman unterscheidet zwischen arglosen »Gesichtsverletzungen« (aus Unkenntnis oder Versehen), zufälligen Beleidigungen und boshaften, beabsichtigten Beleidigungen einer anderen Person. Strategien, um Bedrohungen des Images zu vermeiden, sind in allen Gesellschaften zu finden, etwa Themenwechsel, Diskretion, das Vermeiden oder Umschreiben bestimmter Themen, die Verwendung eines scherzhaften Tons sowie Höflichkeitsregeln.

Diese haben die Funktion, Schamgefühle und Beschämungen zu vermeiden und Respekt auszudrücken: durch Reihenfolge und Formeln der Begrüßung und Verabschiedung, durch höfliche Anrede, Wortwahl und vieles andere. Es gilt – zumindest in bestimmten Milieus – als Tugend, Taktgefühl zu haben und über eine peinliche Situation, etwa den Fauxpas eines Mitmenschen, hinwegzugehn. Manieren sind Hilfsmittel, wie Asfa-Wossen Asserate schreibt: »Der Mensch mit den allerbesten Manieren der Welt ist jemand, der auf die Gefühle anderer so achtet, als ob es seine eigenen wären. Er würde zum Beispiel unter keinen Umständen einem anderen Menschen, der keine Manieren hat, zu verstehen geben, dass er das bemerkt hat.«[141] Der äthiopische Prinz und Autor des Buches *Manieren* war durchaus »irritiert«, als er nach Deutschland kam und bemerkte, »dass Umgangsformen hier nicht im Vordergrund stehen«.[142]

Maskenhaftes Verhalten kann im Extrem dazu führen, dass die eigene Meinung, persönliche Wünsche oder individuelle Lebensziele ganz zugunsten einer völlig angepassten Existenz aufgegeben werden. Nur nicht auffallen, um von vornherein die Möglichkeit auszuschließen, beschämt zu werden.

Sich einigeln

Das Grimm'sche Märchen *Hans mein Igel* beginnt wie folgt:

»Es war einmal ein Bauer, der hatte Geld und Gut genug, aber wie reich er war, es fehlte doch etwas an seinem Glück: Er hatte mit seiner Frau keine Kinder. Öfters, wenn er mit den andern Bauern in die Stadt ging, spotteten sie und fragten, warum er keine Kinder hätte. Da ward er endlich zornig, und als er nach Hause kam, sprach er: ›Ich will ein Kind haben, und sollt's ein Igel sein.‹ Da kriegte seine Frau ein Kind, das war oben ein Igel und unten ein Junge, und als sie das Kind sah, erschrak sie und sprach: ›Siehst du, du hast uns verwünscht.‹ Da sprach der Mann: ›Was kann das helfen, getauft muss der Junge werden, aber wir können keinen Gevatter dazu nehmen.‹ Die Frau sprach: ›Wir können ihn auch nicht anders taufen als Hans mein Igel.‹ Als er getauft war, sagte der Pfarrer: ›Der kann wegen seiner Stacheln in kein ordentlich Bett kommen.‹ Da ward hinter dem Ofen ein wenig Stroh zurechtgemacht und Hans mein Igel darauf gelegt. Er konnte auch an der Mutter nicht trinken, denn er hätte sie mit seinen Stacheln gestochen. So lag er da hinter dem Ofen acht Jahre, und sein Vater war ihn müde und dachte, wenn er nur stürbe; aber er starb nicht, sondern blieb da liegen.«[143]

In ihrer liebevollen Interpretation dieses Märchens arbeitet die Psychotherapeutin Ingrid Riedel heraus, wie die Verhaltensweisen von Igeln und manchen Menschen einander ähneln. So kann man Igel nur schwer anfassen; vor allem, wenn sie ihre Stacheln aufstellen, besteht die Gefahr, dass wir uns an ihnen verletzen. Dies tun sie aber aus Notwehr: Wenn sie sich bedroht fühlen, richten sie ihre Stacheln auf, machen sich rund und igeln sich ein. Damit schützen sie ihren zarten, sehr verletzlichen Unterkörper. Wenn wir aber sehr behutsam mit dem Igel umgehen, ist es durchaus möglich, ihn anzufassen.[144]

Das Märchen beschreibt Hans als das Kind eines Bauern, der von den anderen Bauern als impotent beschämt wird. Aus dieser Anpassungs-Scham heraus, also aus sozialem Druck und Prestigebedürfnis, will er die Geburt eines Sohnes ertrotzen. Ingrid Riedel schreibt: »Nicht der spontane Wunsch nach einem Kind, die erwartungsvolle Freude darauf, ein überraschendes, selbstständiges Wesen in seiner Entwicklung zu begleiten, sondern das Bedürfnis des Vaters nach Selbstbestätigung und sozialer Anerkennung hat diesen Jungen hervorgebracht.«[145] So ist der Junge – schon vor seiner Geburt – die Frucht der abgewehrten Scham seines Vaters.

Auch nachdem das Kind geboren ist, sind die Reaktionen der Eltern, wie die Interpretin vermutet, stark »vom Blick auf Konvention und soziale Umwelt [geprägt]. Was werden die Leute sagen?«[146] Dem religiösen Brauch, das Kind zu taufen, wird noch Genüge getan, aber einen Paten für das Kind suchen die Eltern nicht. Dass sie das Kind hinter dem Ofen verstecken, zeigt, dass sie sich ihres Kindes schämen. Damit aber tragen diese Eltern von Anfang an zu seiner Isolierung bei.[147] Hans erfährt viel Ablehnung. Jahrelang liegt er wie gelähmt, wie depressiv hinter dem Ofen, ohne Muttermilch, aber immerhin mit der Wärme des Ofens versorgt.

Tatsächlich ist der Igel ein Einzelgänger und weicht der Begegnung mit Artgenossen – aber auch Menschen – aus. Er trippelt dann ins nächste Versteck oder rollt sich fauchend zu einer Kugel zusammen. Erst nach einiger Zeit rollte er sich langsam und misstrauisch auf, um sich bei der kleinsten Störung sogleich wieder einzuigeln.[148]

Ähnliche Verhaltensweisen sind uns auch von Menschen bekannt. Sie verbergen ihre verletzliche Seite hinter einer rauen Schale, einer abweisenden Maske. Wenn wir ihnen »zu nahe treten«, bekommen wir ihre Stacheln zu spüren – etwa in Form heftiger Worte – und werden dadurch selber verletzt. Oft können wir dann gar nicht mehr die verletzliche Seite des anderen sehen (vielleicht dessen Schamgefühle), die hinter dem Abwehrpanzer seiner Stacheln verborgen liegt. Als Reaktion darauf, dass wir verletzt werden, richten wir vielleicht selber unsere schützenden Stacheln auf, beispielsweise durch eine »stachelige« Erwiderung. Dies kann vom anderen dann als verletzend erlebt werden, was wiederum zur Gegenreaktion führt... So können sich selbst kleine Missverständnisse oder Meinungsverschiedenheiten »hochschaukeln«. Dies ist der Stoff, aus dem etwa Nachbarschaftskonflikte gemacht sind. Häufig stehen die Rechtsanwalts- und Gerichtskosten in keinem sinnvollen Verhältnis mehr zum Streitwert, vom Stress und den Kosten für Psyche, Gesundheit und Lebensqualität zu schweigen. Im Jahr 1998 wurden etwa 400 000 solcher Konflikte vor deutschen Gerichten ausgetragen.

Emotionale Erstarrung

Durch emotionale Erstarrung versucht ein Mensch, sich aus einer emotional gefährlichen Situation zu retten, indem er sich innerlich gleichsam in einen Eisblock verwandelt. Simon & Garfunkel beschreiben dies in ihrem Lied »I am a Rock«; dort heißt es u. a.:

»I've built walls, a fortress deep and mighty / That no one may penetrate. / I have no need of friendship. / Friendship causes pain. / Its laughter and its loving I disdain. [...] Don't talk of love. / Well, I heard the word before. / It's sleeping in my memory. / I won't disturb the slumber / of feelings that have died. / If I never loved I never would have cried. [...] I have my books / and my poetry to protect me. / I am shielded in my armour, / hiding in my room, / save within my womb. / I touch no one and no one touches me. / I am a rock, I am an island. And a rock feels no pain / and an island never cries.«

Emotionale Erstarrung wird auch als Alexithymie bezeichnet; der Begriff ist aus den griechischen Wörtern für »Nicht-lesen-Können von Gefühlen« zusammengesetzt. Entsprechend bezeichnet Alexithymie das Unvermögen, bei sich und anderen Gefühle wahrzunehmen und angemessen zu beschreiben. Neurobiologische Untersuchungen zeigen, dass (abgesehen von Fällen, in denen hirnorganische Schäden vorliegen) die Gehirne alexithymer Menschen durchaus fähig sind, Emotionen zu registrieren. Diese können jedoch von den Betroffenen nicht verarbeitet werden.

Alexithymie ist häufig die Folge von Traumata. Wenn die Erfahrungen, denen ein Mensch ausgesetzt ist, zu schmerzhaft sind, werden diese entwirklicht (»derealisiert«) und abgespalten. An diesem Schutzmechanismus sind körperliche Stoffe und Prozesse beteiligt, welche die Verarbeitung von Emotionen im Gehirn in einem sehr frühen Stadium abblocken. Dieses Ausschalten ist für das unmittelbare Überleben sinnvoll, weil die Betroffenen in der Extremsituation »kühlen Kopf« bewahren können. Emotionsforscher fanden heraus, dass beispielsweise auf dem Schlachtfeld, unter dem extremen Druck der Todesgefahr, die Gefühle der Soldaten ausgeschaltet sein können.

Problematisch wird es, wenn diese Blockierung über die Extremsituation hinaus chronifiziert wird. Dies kann die Folge einer einzelnen, extrem schmerzhaften Schreckenserfahrung sein, welche die Fähigkeit des Einzelnen übersteigt, diese Erfahrung zu verarbeiten, oder von wiederholten Schreckenserfahrungen, die sich zu einem kumulativen Trauma aufaddieren. Chronifizierung bedeutet, dass sich die Betroffenen dauerhaft wie in einen Panzer einschließen. Wie Henry Krystal beobachtete, sind Kriegsveteranen und Holocaust-Überlebende, die am posttraumatischen Stresssyndrom leiden, häufig alexithym.[149]

Der Psychoanalytiker Léon Wurmser beschreibt die Schwierigkeiten, mit alexithymen Patienten emotional in Beziehung zu treten: »Für sie bedeutet Gefühle zu haben Schwäche, und sie gar zu zeigen, wäre eine unerträgliche Bloßstellung.«[150] Ihre emotionale Erstarrung drückt sich in einer starren, gleichsam hölzernen Maske und einer unbeweglichen, eisigen Kälte aus. Sie zeigen eine alles durchdringende Langeweile, die zur Depression werden kann; Ziel ist das »Verschwinden«, im Extremfall durch Suizid. Ihre Unfähigkeit, Gefühle zu zeigen, und ihr hartnäckiges Schweigen können mit die schwierigsten Hindernisse für die Psychotherapie sein.

Nach Wurmser sind fast alle Erfahrungen dieser Patienten depersonalisiert und derealisiert. Das bedeutet, dass sie in einer »Als-ob«-Welt leben: als ob ihre eigenen Erfahrungen ihnen selbst »fremd, entfernt, nicht ganz real und nicht existent wären; oder als ob sie verschwommen, nebelhaft oder verworren, ineinanderlaufend, nicht ganz getrennt wären; oder als ob sie verstreut, chaotisch und ohne Verbindung, ohne Zusammenhang wären.«[151] Emotionale Erstarrung wird häufig transgenerational an die eigenen Kinder weitergegeben,[152] etwa indem ein alexithymer Vater deren Gefühlsäußerungen beschämt. Die Kindertränen erinnern ihn an die eigenen, ungeweinten Tränen und müssen daher abgewehrt werden, etwa indem der weinende Sohn als »Heulsuse« oder »Jammerlappen« verhöhnt wird.[153]

Um Schwäche zu verbergen – und damit einer möglichen Beschämung vorzubeugen –, tritt man hart auf und sucht Stärke zu demonstrieren. Daher gehen auch Männer oft zu spät zum Arzt: Sie haben Angst, Schwäche zu zeigen.

Projektion

Der Begriff Projektion bezeichnet den Mechanismus, mit dem eigene, als unerträglich erlebte Gefühle oder unerwünschte Bedürfnisse dadurch abgewehrt werden, dass sie einem anderen Menschen oder einer anderen Gruppe zugeschrieben werden. Eigenschaften, für die man sich selber schämt, werden auf eine andere Person oder Gruppe projiziert, die zum Träger dieser unerlaubten Eigenschaften wird, während der Projizierende sich – vorübergehend – entlastet fühlt. Beispielsweise muss die eigene Trauer nicht mehr gefühlt werden, wenn man eine andere Person als »Heulsuse« verachtet. Die eigene Schwäche muss nicht mehr empfunden werden, wenn ein anderer als »Schwächling« verhöhnt wird.

Welche Eigenschaften oder Verhaltensweisen jeweils als schändlich gelten, dies hängt auch von den jeweiligen Erwartungen und Normen einer Gruppe oder Gesellschaft ab. Für ihre Einhaltung sorgt die Anpassungs-Scham. Beispielsweise sind die Deutschen, in besonderem Maße die Schwaben, für ihren Fleiß und ihre Reinlichkeit bekannt.[154] Die Schattenseite dieser herrschenden Normen besteht darin, dass die Bedürfnisse nach einem ruhigeren, gelasseneren, weniger sterilen Leben mit Scham behaftet sind und abgewertet werden. Diese Wünsche dürfen nicht zugelassen werden, denn man liefe ja Gefahr, als »unordentlich« und »dreckig« zu gelten und sozial geächtet zu werden.

Die unerlaubten Bedürfnisse werden vielmehr unterdrückt und dadurch »psychisch entsorgt«, dass sie auf andere projiziert werden, die dann mit den entsprechenden Ausdrücken beschimpft werden. Es dürfte kein Zufall sein, dass sich die gebräuchlichsten deutschen bzw. schwäbischen Schimpfwörter um die Themen *Muße* und *Schmutz* gruppieren: etwa »fauler Sack«, »fauler Hund«, »Faulenzer«, »Faulpelz«, »Penner«, »Drecksau«, »Drecksack« und (da die Reinlichkeitserziehung psychologisch mit der analen Entwicklungsphase zusammenhängt) »Arschloch«, »Scheiß...«.

Mit solchen Ausdrücken werden die Personen oder Gruppen bedacht, die mit den herrschenden Erwartungen und Normen nicht konform gehen oder – und dies ist der entscheidende Punkt – denen dies vorgeworfen wird, um sie auszugrenzen. Da Projektionen oft unbewusst geschehen, haben sie mit der Wirklichkeit der Projektionsträger oft wenig oder nichts zu tun: Rassistische Schlagworte wie »Scheiß-Ausländer« oder »dreckiger Neger« gehen leicht von den Lippen; sie wirken für den Sprecher psychisch entlastend. Der intellektuellen Anstrengung, seine Projektionen auf ihren Wahrheitsgehalt zu überprüfen, unterziehen sich Projizierende selten.

Unerträgliche Gefühle und unerwünschte Bedürfnisse sind der Stoff, aus dem die Projektionen geformt werden, mit denen populistische Politik gemacht wird (vgl. Kap. 4). Dies gilt in besonderem Maße für »schändliche« Wünsche und Schamgefühle, weil diese so extrem schmerzhaft sind und daher abgewehrt werden müssen.

Angreifen

Beschämen

Schamgefühle werden häufig dadurch abgewehrt, dass andere dazu gezwungen werden, sich zu schämen: sich für lächerlich oder liebesunwert zu halten. Dazu werden sie beschämt, erniedrigt, gedemütigt, verhöhnt oder verspottet. Dies kann etwa durch höhnische Blicke, abwertendes Grinsen, spöttischen Tonfall, hämisches Kichern, Auslachen, Schadenfreude und beschämende Worte signalisiert werden.[155]

Eine breite Palette von Beschämungen wird z. B. in Carlo Collodis Buch *Pinocchio* vorgestellt. Bereits mit den ersten Sätzen stellt der Autor klar, dass Pinocchio aus wertlosem Holz geschnitzt ist, »wie man es im Winter in den Ofen oder in den Kamin steckt, um Feuer anzuzünden und die Stube zu heizen«.[156] Auch die nächsten Personen werden in entwürdigender Weise eingeführt, nämlich durch ihre Spitznamen, mit denen sie gehänselt werden: »Der Tischler hieß Meister Antonio, aber alle nannten ihn nur Meister Kirsche, weil seine Nasenspitze immer rot war und wie eine reife Kirsche leuchtete.«[157] Als nächstes tritt Geppetto auf, der als »Strohkopf« verspottet wird. In der nächsten Szene provoziert das Stück Holz, aus dem Pinocchio geschnitzt wird, zwei Prügeleien zwischen Antonio und Geppetto, worauf sich die beiden Männer anschreien (»Esel!« - »Strohkopf!« - »Hornochse!« - »Gemeiner Dummkopf!«) und prügeln.[158]

Dies ist der Auftakt des Buches, das mit unzähligen Beschämungen fortgesetzt wird: Noch während sie geschnitzt wird, lacht die Holzpuppe seinen Quasi-Vater aus, streckt ihm die Zunge heraus, zerrt ihm die Perücke vom Kopf und tritt ihm gegen die Nase. Auch Pinocchio wird vielmals ausgelacht, beschämt (»ausgemachter Nichtsnutz«, »Faulpelz«, »Herumtreiber« oder Dummkopf[159]) und zum Wachhund sowie Esel erniedrigt. In der Schule wird er von seinen Mitschülern mit Spott begrüßt: »Es gab ein Gelächter, das gar nicht enden wollte. Der eine neckt ihn hier, der andere dort. Der zog ihm die Mütze vom Kopf, jener zog ihn hinten am Jäckchen; der eine versuchte ihm mit Tinte einen großen Schnurrbart unter die Nase zu malen, und ein anderer getraute sich sogar, ihm Fäden an Hände und Füße zu binden, um ihn tanzen zu lassen.«[160]

Die Geschichte illustriert, wie Scham und Beschämungen einander gegenseitig bedingen können: Der von Anfang an beschämte Pinocchio wehrt seine Schamgefühle ab, indem er seine Mitmenschen beschämt. Dadurch aktiviert er deren Schamgefühle, die damit abgewehrt werden, dass Pinocchio beschämt wird, usw. Solche Teufelskreise von gegenseitiger Scham und Beschämungen können sich verfestigen und zum herrschenden Klima etwa einer Schulklasse oder Jugend-Gang werden. Oder einer ganzen Gesellschaft.

Beschämungen und die Ängste vor diesen sind in vielen Gesellschaften ein wesentliches Mittel der Anpassung und sozialen Kontrolle. Wie der Anthropologe Paul Radin bei sogenannten primitiven Kulturen beobachtete, kann jeder Fehler, jedes Abweichen von der herrschenden Meinung, jede Exzentrizität, Eigentümlichkeit oder individuelle Deutung zu Lächerlichkeit führen. Aus Angst davor kann ein Betroffener sogar Suizid begehen. Im Leben dieser Völker ist die Furcht vor der Lächerlichkeit ein starker, das Zusammenleben regelnden Faktor. »Sie schützt die bestehende Ordnung und ist machtvoller und tyrannischer als die am stärksten und zwingenden positiven Gebote und Verbote je zu sein vermögen.«[161]

Dass dies nicht nur für »primitive« Kulturen gilt, zeigt folgendes Beispiel aus der Zeit nach dem Zweiten Weltkrieg: In ein süddeutsches Dorf zog nach dem Zweiten Weltkrieg eine Familie, die für die Dorfbewohner mit einem doppelten Makel behaftet war. Zum einen waren diese Menschen Flüchtlinge, »Hurenflüchtlinge«, wie sie genannt wurden. Zum anderen bewohnten sie ein *Holz*haus, »anständige Leute« wohnten aber in *Stein*häusern. Für die Alteingesessenen war diese Familie ein »Schandfleck«, für den man sich – etwa gegenüber den Nachbardörfern – schämte. Die Mitglieder dieser Familie galten als »Zigeuner« und wurden von den Dorfbewohnern geächtet.

Öffentliche Beschämungen waren bis in die Neuzeit hinein ein wesentliches Instrument von Bestrafung. Verurteilte wurden mit einem Schandmal gekennzeichnet, um ihre Schande lebenslang und für alle sichtbar zu machen: Ihnen wurde ein Glied amputiert (etwa Finger, Hand, Nase, Ohr, Zunge), sie wurden geblendet, gebrandmarkt oder mit einer Narben bildenden Hautverletzung versehen, etwa durch Aufschlitzen von Ohrmuschel oder -läppchen (daher der Begriff »Schlitzohr«).

Ab dem 13. Jahrhundert war der Pranger oder Schandpfahl weit verbreitet. Ein Verurteilter wurde gefesselt und öffentlich zur Schau gestellt, etwa an einem Holzpfahl oder einer Säule, auf einer Plattform, mit einem Halseisen, in einem Käfig oder dergleichen. Der Verurteilte musste die öffentliche Schande und die Schmähungen durch die Zuschauer erdulden. Nach einem solchen massiven Ehrverlust war ein normales Weiterleben in der Gemeinschaft erschwert oder unmöglich gemacht.

Obwohl mit der aufgeklärten Moderne die Bestrafung durch öffentliches Beschämen geächtet wurde, gibt es heute ähnliche Phänomene: etwa wenn in den Medien tatsächliche oder vermeintliche Straftäter mit Bild und Namen vorgeführt werden. Eine Renaissance erlebt der Pranger gegenwärtig in den USA, wenn etwa Foto, Namen und Anschrift von Kunden von Prostituierten auf offiziellen Behörden-Websites veröffentlicht werden. Oder wenn Sexualverbrecher nach Verbüßen ihrer Haftstrafe durch Warnschilder vor ihrem Haus öffentlich markiert werden. Verbreitet waren öffentliche Beschämungen auch in China, vor allem während der Kulturrevolution.

Beschämungen im Berufsleben werden, unter bestimmten Bedingungen, durch den Begriff *Mobbing* erfasst (vgl. S. 126 ff.).

Verachten

Auch durch Verachtung werden eigene Schamgefühle abgewehrt, indem andere gezwungen werden, sich wertlos, unwürdig, wie ein Nichts oder wie Dreck zu fühlen. Zu diesem Zweck werden sie verachtet, eingeschüchtert, entwürdigt, schikaniert, wie Luft behandelt, instrumentalisiert, zum Objekt oder Material gemacht, zur bloßen Zahl oder Masse degradiert oder vernichtet. Andere werden ausgegrenzt, etwa durch Gruppen-Scham: Man schämt sich ihrer und bricht den Kontakt mit ihnen ab. Verachtung kann durch den Gesichtsausdruck (herabgezogene Mundwinkel oder Stirnrunzeln), durch abwertende Worte, kalten Tonfall, entwertende Gesten (Naserümpfen oder Abwinken)[162], durch eisiges Schweigen oder kalte, verächtliche Blicke signalisiert werden.

Diese Art von »Blicken, die töten könnten«, wie der Volksmund sagt, sind ein weltweit verbreitetes Motiv in Volksaberglauben und Mythen. Ein Beispiel aus der griechischen Mythologie ist die Medusa, ein geflügeltes Ungeheuer mit glühenden Augen, deren Blick jeden zu Stein erstarren lässt. In vielen Kulturen gibt es magische Praktiken, die gegen den »bösen Blick« schützen sollen, etwa das Mit-sich-Tragen von Schutzamuletten, Ringen, Knoblauch oder Feigen; das Sprechen von Schutzversen oder Gebeten; das Ausführen bestimmter Gesten oder – naheliegend – das Vermeiden von Blickkontakt. Im Mittelalter wurde der »böse Blick« vor allem Frauen zugeschrieben, die in der Folge als Hexen ausgegrenzt, verfolgt, gefoltert oder verbrannt wurden.

Verglichen mit der Beschämung ist die Verachtung »kalt«. Besteht zwischen Beschämer und Beschämtem immerhin noch ein Rest an Beziehung (wenn auch eine entwertende), spricht immerhin der eine noch »zum« anderen (wenn auch höhnisch), so wird im Unterschied dazu bei der Verachtung jede emotionale Verbindung zum Mitmenschen abgeschnitten. Die andere Person wird »mit kalter Verachtung gestraft«, übergangen, als ob sie keine Bedeutung hätte, als ob sie ein Nichts oder »Luft« wäre. Léon Wurmser schreibt: »Wenn der Mensch zum Ding entwertet und seines Selbstzwecks beraubt wird, so ist das äußerste Verachtung. Es sind gerade die Tradition radikaler Quantifizierung und Objektivierung, das Ethos des Systematisierens und Organisierens, die solcher Erniedrigung des Einzelnen zum

Teil der Masse und zur bloßen Ziffer Vorschub leisten.«[163] Offenkundig kommt die Kälte, die der Verachtung eigen ist, der industriellen Warenproduktion und dem modernen Verständnis von technologischer Rationalität und sachlicher Bürokratie entgegen. Ultimativer Ausdruck von Verachtung waren die Konzentrationslager, in denen die Menschen systematisch entwürdigt und zur bloßen Zahl gemacht wurden; sinnbildlich dafür steht die Eintätowierung der Häftlingsnummern (vgl. S. 110 ff.).

Zynismus

Auch Zynismus ist eine Form von Verachtung, die sich gegen Werte und damit, in letzter Konsequenz, auch wieder gegen Menschen richtet. Das Wort *Zynismus* (vom griechischen *kyon* = Hund, gemeint ist dessen Bissigkeit) bezeichnet ursprünglich die Lebensanschauung der antiken Kyniker. Es steht heute für die Haltung von Menschen, die menschliche und moralische Werte grundsätzlich in Frage stellen und sich über diese lustig machen. Zyniker zeigen ihre feindselige Haltung etwa durch bittere Ironie, »beißenden« (!) Spott, Sarkasmus, schwarzen Humor oder sonstwie verletzende Äußerungen. Häufig fehlt das Bewusstsein für die vernichtende Wirkung, die von »nur ein paar Worten« ausgehen kann. Damit vermögen Zyniker die Stimmung ihrer Umgebung schlagartig zu zerstören. Wo Menschen eben noch einander offen erzählten, herzlich lachten oder kreativ zusammenarbeiteten, herrscht nur Sekunden später eisige Erstarrung und Isolierung. Für die Zusammenarbeit in Teams oder Kollegien sowie für das Zusammenleben in einer Familie oder Gemeinschaft ist die Gegenwart eines Zynikers äußerst destruktiv und kräftezehrend. Giftig ist diese Form von Scham-Abwehr auch für die zynische Person selbst. So legen verschiedene Untersuchungen nahe, dass Zynismus einen Risikofaktor etwa für koronare Herzerkrankungen darstellt.[164]

Zynismus ist häufig die Folge von Kränkungen oder verweigerter Anerkennung, z. B. wenn jemand mit großem Engagement eine Berufstätigkeit beginnt und dabei wenig Resonanz oder Wertschätzung erfährt. Dies kann zu einem Absturz ins Burn-out-Syndrom, zu Widerwillen, Gleichgültigkeit und einem Verlust an Idealismus führen. Die Bedeutung von Zynismus lautet etwa: »Ich habe mich mit meinen Werten, Idealen, Hoffnungen und meiner Kreativität gezeigt und eingebracht. Aber statt Wertschätzung habe ich dafür nur Zurückweisung und Häme erfahren. Das soll mir nie wieder passieren! Darum bringe ich mich nur noch in zynischer Weise ein, denn dann bin ich stets auf der sicheren Seite. Wenn ich keine schwachen Gefühle zeige, kann mich niemand mehr erniedrigen.«

Zyniker stehen in der Gefahr, in Teufelskreise von sich selbst erfüllenden Prophezeiungen zu geraten – etwa wenn ein Teammitglied die Entwicklungschancen seines Teams von vornherein pessimistisch beurteilt und dessen Entwicklung durch seine Zynismen boykottiert.

Ein Team, eine Gruppe oder auch eine Gesellschaft kann sich in einem Klima von Zynismus einrichten; der Philosoph Peter Sloterdijk zeigt dies am herrschenden Zynismus der Weimarer Republik, den der Nationalsozialismus (und später die Bundesrepublik) beerbten: »Überall lag das bittere Gefühl des Betrogenseins in der Luft des Neubeginns. Der Krieg war vorüber, doch dem Staat misslang seine Demobilisierung. Der Weimarer Frieden wurde zur Fortsetzung des Krieges mit anderen Mitteln.«[165] Die Weimarer Kultur war zynisch wie kaum eine zuvor; mit ihr sind unwiderruflich »Misstrauen, Desillusionierung, Zweifel und Distanzhaltung in die sozialpsychologische ›Erbmasse‹ eingedrungen. [...] Seither regieren sichtbar die gebrochenen Modi des Bewusstseins: Ironie, Zynismus, Stoizismus. Melancholie, Sarkasmus, Nostalgie, Voluntarismus, Resignation ins geringere Übel, Depressivität und Betäubung als bewusste Wahl der Unbewusstheit.«[166]

Negativismus

Mitwirkend am herrschenden Zynismus der Weimarer Republik war das Buch *Der Untergang des Abendlandes*, das kurz nach Ende des Ersten Weltkriegs erstmals erschien. Darin entwarf der Kulturphilosoph Oswald Spengler eine pessimistische Geschichtsphilosophie, die das Denken der folgenden Jahrzehnte stark beeinflusste. Nach Spengler durchläuft jede Kultur die drei Phasen der Entwicklung, der Reife und des Niedergangs, um – nach etwa einem Jahrtausend – wieder in Bedeutungslosigkeit zu versinken. Diesen Niedergang prognostizierte der Autor für das Abendland seiner Zeit.

Pessimisten (vom lateinischen *pessimum* = das Böseste, Schlechteste) erwarten eine unheilvolle Zukunft; sie betrachten die Welt als unverbesserlich schlecht. Ein verwandtes Phänomen ist die Weltanschauung des Nihilismus (vom lateinischen *nihil* = nichts), die die Sinnhaftigkeit der Welt verneint. Eine negative Haltung gegenüber den Mitmenschen wird als Misanthropie bezeichnet (von den griechischen Wörtern *misein* = hassen und *anthropos* = Mensch; also Menschenhass). Ich verwende hier den allgemeineren Begriff *Negativismus*, der eine ablehnende, negative Grundhaltung beschreibt, die häufig mit Kritik verwechselt wird.

In der Psychiatrie bezeichnet Negativismus auch ein Krankheitsbild. Dies wurde in der Sowjetunion als Vorwand missbraucht, um Regimekritiker als angeblich seelisch Kranke zu inhaftieren und zwangsweise mit Elektroschocks und anderen Methoden zu »behandeln«. Ähnlich wurde im Nationalsozialismus der Begriff benutzt, um kritische Meinungsäußerungen zu verbieten, die Medien gleichzuschalten und Regimekritiker zu verfolgen und zu ermorden. So wurden kritische Intellektuelle, Linke und Juden pauschal verdächtigt, beispielsweise in Adolf Hitlers *Mein Kampf*, als »Bazillenträger schlimmster Art« die Seelen zu »vergiften« und das Volk mit ihrem »Gift« zu »infizieren«.[167]

Eine negativistische Grundhaltung zeigt sich etwa daran, dass ein Glas allein daraufhin bewertet wird, inwieweit es leer ist. Ein zu 99 Prozent gefülltes Glas wird so kommentiert: »Da fehlt ja ein Prozent!« Ein Beispiel für Negativismus erlebte ich kürzlich bei einer großen Tagung in Berlin. Nach einem außergewöhnlich anregenden, inhaltlich und auch rhetorisch hervorragenden Vortrag meldete sich ein Teilnehmer zu Wort und sagte sinngemäß: »Beim Hören Ihres runden, perfekten Vortrags habe ich mich gefragt, was gefehlt hat. Und nach einigem Überlegen ist mir schließlich eingefallen, dass ich Folgendes vermisst habe…« Sodann formulierte er dieses »Fehlende«, verließ das Saalmikrophon – sowie den Saal. Anstatt sich durch den Vortrag inspirieren, erwärmen, »seelisch ernähren« und beglücken zu lassen, war die Aufmerksamkeit des Teilnehmers ganz darauf ausgerichtet, einen Makel zu finden und öffentlich darauf zu zeigen.

Unter Negativisten ist besonders die allerletzte Wortmeldung nach Vorträgen in der Erwachsenenbildung beliebt, bieten diese doch die Chance, mit wenigen Worten all das, was zuvor an Hoffnung geweckt worden sein mag, zu »vergiften«. Auch in vielen Hochschulkreisen Deutschlands wird Negativismus häufig mit Kritik verwechselt.[168]

Schamlosigkeit

Ich habe mich nie gewundert, böse Menschen zu sehen, aber ich habe mich oft gewundert, sie nicht beschämt zu sehen.
Jonathan Swift[169]

Das Ziel von Schamabwehr ist es, allgemein formuliert, Scham »los«zuwerden: Scham-losig-keit. Im engeren Sinne bezeichnet dieser Begriff einen spezifischen psychischen Abwehrmechanismus: die *Reaktionsbildung*. Demnach wird ein Wunsch oder Impuls dadurch abgewehrt, dass er in sein Gegenteil verkehrt wird. Beispielsweise werden Schamgefühle dadurch abgewehrt, dass nach außen demonstrativ Schamlosigkeit gezeigt wird. Oft haben psychisch schwer gestörte Menschen kein Schamempfinden.

Verschiedentlich wird unsere Zeit als »Zeitalter der Schamlosigkeit«[170] bezeichnet. So gehört es, nach Léon Wurmser, heute fast zum guten Ton, respekt- und ehrfurchtslos zu sein.[171] Einschränkend sei angemerkt, dass sich zwar die Schamgrenzen in Bezug auf Intimität in vielen Medien zunehmend auflösen. Eine Untersuchung von Joachim Rosenkranz u. a. zeigt jedoch, dass Jugendliche mit stärkeren Schamgefühlen reagieren, wenn ihr eigener nackter Körper den Blicken anderer ausgesetzt ist. Insofern darf am »Vorurteil einer immer schamloser werdenden Jugend«[172] gezweifelt werden. Schon in früheren Zeiten wurde Schamlosigkeit beklagt; so heißt es etwa schon im Talmud: »Jerusalem wurde zerstört, weil seine Menschen keine Scham hatten.«

Schamlosigkeit entsteht nicht aus einem Mangel an Werten, sondern vielmehr aus einem Widerstand gegen diese: Es wird als Schwäche empfunden, Ideale, Gewissensnormen und Werte zu vertreten, etwa für Wahrhaftigkeit, Schönheit, Loyalität, Fairness oder Gerechtigkeit einzutreten; aus diesem Grund werden sie abgewehrt. Dies führt zu einer Verschiebung, so dass »man sich nicht der Gewalt und Entehrung, des Betrugs und der sexuellen Exhibition schämt, sondern vielmehr der Gefühle der Freundlichkeit und Loyalität, der zärt-

lichen Rücksichtnahme und taktvollen Zurückhaltung«.[173] Die verschiedenen Ausprägungen von Schamlosigkeit werden deutlich, wenn wir zwischen verschiedenen Grundformen von Scham (vgl. Kap. 1) unterscheiden:
- *Anpassungs-Schamgefühle* können etwa dadurch abgewehrt werden, dass die betreffende Person provokativ ihre scheinbare Unabhängigkeit von den Erwartungen ihrer Mitmenschen zur Schau trägt. Etwa durch betont »unangemessene« Kleidung, herausfordernden Lebensstil, exzentrische Sprache oder bewusst unangepasste Manieren.
- *Intimitäts-Schamgefühle* können dadurch abgewehrt werden, dass man ostentativ seine scheinbare Unabhängigkeit von Intimitäts-Schamgrenzen zur Schau stellt – etwa indem demonstrativ Körper, Macht oder Reichtum vorgezeigt werden, im Extremfall bis hin zum Exhibitionismus. Oder indem intimste Phantasien oder Erlebnisse in aller Öffentlichkeit ausgebreitet werden; Foren dafür bieten Fernsehen und Internet.[174]
- *Traumatische Schamgefühle* können z. B. dadurch abgewehrt werden, dass andere Menschen traumatisiert werden: indem ihre Grenzen, ihre Intimsphäre, ihre Würde verletzt werden.
- *Empathische Schamgefühle* können abgewehrt werden, indem man sich von seiner Familie, Gruppe, Ethnie oder Nation distanziert, um nicht von deren Scham angesteckt zu werden; man betrachtet die eigene Person als ein ganz auf sich gestelltes Individuum,[175] etwa wenn Deutsche betonen, sie hätten mit »den Deutschen« eigentlich nichts zu tun, denn sie seien ja »Weltbürger«. Diese innere Distanzierung der Bürger von dem Land, dem sie angehören, hat zur Folge, dass unserer Gesellschaft viel an Engagement und Kreativität verlorengeht.

Durch die Abwehr wird das Mitgefühl, das uns ja mit den Mitmenschen und der Mitschöpfung verbindet, abgeschnitten und umgekehrt. Charakteristisch sind Aussagen wie: »Hunger in Afrika? Selber schuld!« »Arbeitslose? Sind alles arbeitsscheue Schmarotzer!« Mitmenschen und Mitschöpfung werden als »Ressource« betrachtet, die rücksichtslos verbraucht werden darf, auch auf Kosten künftiger Generationen. Mitgefühl wird zu einem frommen Wunsch weltfremder Idealisten deklariert, der mit der »Realität« des Wirtschaftslebens nicht zu vereinbaren wäre.

- Ohne Empathie kann es auch kein Gewissen geben: *Gewissens-Schamgefühle* werden etwa dadurch abgewehrt, dass ein Mensch demonstrativ seine scheinbare Unabhängigkeit von Gewissens-Normen betont, etwa indem er dreist mit dem Missbrauch von Menschen, Macht oder Reichtum prahlt. Beispielhaft dafür ist etwa das Verhalten von Managern, die unverfroren für sich Gehälter in Höhe zweistelliger Millionenbeträge abzweigen, während sie Tausende von Arbeitsplätzen vernichten und die Verringerung von Arbeitslosengeldern fordern. Eine Geste, die mit dieser Haltung assoziiert wird, wurde vor dem Mannesmann-Prozess 2004 fotografiert: Josef Ackermann mit gebleckten Zähnen, siegesgewisser Pose, die Finger zum V gespreizt. Visuell weniger eindrücklich, langfristig aber verheerend für das gesellschaftliche Miteinander dürfte die spätere Einstellung des Verfahrens wegen Veruntreuung wirken, bei der Ackermann und seine Mitangeklagten sich mit Geldbeträgen, die für ihre Verhältnisse »Peanuts« sind, quasi freikaufen konnten. Die Botschaft lautet: Schamlosigkeit macht sich – jedenfalls finanziell – bezahlt.

Arroganz

Ein Ausdruck von Machtmissbrauch ist die Arroganz (vom lateinischen Wort *arrogantia* = Anmaßung, Dünkel, Hochmut). Arroganz bedeutet, dass ein Mensch der Verantwortung, die mit Macht verbunden ist, nicht gerecht wird: daher auch die Redewendung von der »Arroganz der Macht«. Man betrachtet sich als wertvoller als andere; dies drückt sich etwa in herrischen Gesten, schnippischer Sprache, snobistischen Allüren oder durch gönnerhaftes Auftreten aus. Über Jahrhunderte wurde Arroganz insbesondere vom Adel kultiviert.

Vermessenheit und Selbstüberhebung werden auch mit dem griechischen Wort *Hybris* bezeichnet. In vielen griechischen Tragödien wird eine Hauptfigur vorgestellt, die die Gesetze der Götter ignoriert und mit der es in der Konsequenz ein schlimmes Ende nimmt. Daher die Redewendung: »Hochmut kommt vor dem Fall«.

Im Zustand der Hybris befindet man sich – im Gegensatz zur Scham – in einer guten Stimmung. Menschen, die für Hybris anfällig sind, suchen und erfinden daher Situationen, in denen sie diese Stimmung wiederholen können. Daher macht Hybris süchtig.[176] Hybris und Arroganz gehen mit Größenphantasien, krankhaftem Narzissmus und unrealistischen Selbsteinschätzungen einher. Durch protzige Männlichkeit sollen Zweifel und Schamgefühle in Bezug auf mangelnde Maskulinität abgewehrt werden. Sehr häufig ist das Macho-Gebaren nur eine Fassade, mit der Selbstvertrauen und Selbstsicherheit vorgetäuscht werden, »als Gegengewicht gegen das nagende Gefühl der Wertlosigkeit«.[177] Dieser Zusammenhang konnte durch ein Experiment von Robb Willer nachgewiesen werden: Männliche Versuchspersonen wurden in ihrer Männlichkeit in Frage gestellt und anschließend befragt. Dabei gebärdeten sie sich tendenziell öfter machohaft, befürworteten den Irakkrieg und den Kauf eines möglichst protzigen Geländewagens.[178] Demnach liegt der Auslöser für Arroganz häufig in einer vorangegangenen Demütigung: Psychologisch betrachtet, kommt Hochmut häufig *nach* dem Fall.[179]

Groll, Neid, Ressentiment, Trotz

Wenn kleine Kinder schmollen, nehmen sie eine Auszeit, sie sind vorübergehend »nicht da«. Schwierig wird es bei Erwachsenen, wenn die Betreffenden nicht den Weg zurück in die »Normalität« sehen oder nicht den Mut haben, diese Brücke zu überschreiten: wenn das Schmollen chronisch und zum Dauerzustand des Grolls wird, wie er bei verbitterten Menschen zu finden ist. Der Begriff *Ressentiment* bezeichnet einen heimlichen Groll, eine mit starken negativen Gefühlen verbundene Ablehnung von Personen oder Objekten. Ressentiment ist Rachsucht und ein Gefühl von Bitterkeit, das aus einer Verletzung stammt.

Léon Wurmser schreibt: »So steht hinter dem Ressentiment das Gefühl der Erniedrigung und des einem damit zugefügten Unrechts. Von seinen Gründen abgelöst wird dieses Gefühl der Scham zu einem zerfressenden, zersetzenden Gift. Wer von ihm erfüllt ist, schreit nach Rache und Wiedergutmachung. Sein Neid will es so, dass die Beschämung nur dadurch wieder auszulöschen sei, wenn jeder, der mehr hat und mehr ist und mehr darf, herabgesetzt und beseitigt werde.«[180] Um das Gefühl der Beschämung und inneren Schwäche auszulöschen, werden andere oft in grausamer Weise und kategorisch verurteilt. »So viel Machtgier und Machtmissbrauch in Religion, Staat und Institutionen, wie auch in der Überlieferung in Familien, beruht auf einem solch tiefen Gefühl des inneren Ungenügens und des Hintangesetztseins.«[181]

Trotz gilt in der Entwicklungspsychologie als vorübergehendes Phänomen in der Entwicklung des Heranwachsenden, zum einen zwischen zweitem bis viertem Lebensjahr (in der sogenannten Trotz- bzw. *Autonomiephase*) und zum anderen in der Pubertät. Dieses Verhalten kann jedoch über diese Lebensphasen hinaus bestimmend werden, wie dies auch in literarischen Figuren personifiziert wird, wie in Miguel de Cervantes' *Don Quijote*, in Günter Grass' Figur Oskar aus *Die Blechtrommel* oder in der Märchenfigur *Rumpelstilzchen*.

Mit Trotz können Schamgefühle abgewehrt werden, indem die Affekte umgedreht werden: Anstatt durch die Scham gelähmt zu sein, stellt man sich mit frechem Aufbegehren und verwegenem Trotz gegen die übergriffige Umgebung. Dieses Verhalten kann, so Léon Wurmser, »die letzte Bastion der Abwehr sein, eine Abwehr zugunsten der Integrität des Selbst, die vielleicht das letzte Stück Autonomie davor bewahren soll, durch die Rücksichtslosigkeit und Willkür der anderen gebeugt und verbogen zu werden. Bevor man sich durch erzwungene Unterwerfung zu einem falschen Selbst verformt, opponiert man - blind, irrational, selbstschädigend, aber in einem Winkel immer noch stolz.«[182]

Die Psychotherapeutin Eva Madelung zeigt die Bedeutung von Trotz am Beispiel von Magersucht beim *Struwwelpeter* auf. Dieses Buch von Heinrich Hoffmann, erstmals gedruckt im Jahr 1845, enthält mehrere Beschreibungen trotziger Kinder: *Die Geschichte vom Daumenlutscher* und *Die Geschichte vom Suppenkaspar*. Eva Madelung weist auf die große Einsamkeit Kaspars hin: Er ist völlig allein in der Gesellschaft von Tisch und Teller, selbst an seinem Grab ist kein Mensch zu sehen. Gezeigt wird anfangs ein dicker, kugelrunder Kaspar, aber wo sind seine Eltern? Hat er nicht gute Gründe, die Nahrung zu verweigern? Wurde er nicht schon zu viel vollgestopft? Wie könnte er sich in seiner Haut wohlfühlen? Warum sollte er gerne an einem leeren Tisch essen? »Was Wunder, dass er - in der typischen Bewegungsfigur des Trotzes - zu stampfen anfängt und die Arme in die Luft wirft.«[183]

Wie Madelung schreibt, scheint für magersüchtige Menschen die Weigerung, Nahrung zu sich zu nehmen, die einzige Möglichkeit zu sein, mit Ekel und Selbstverachtung – mit anderen Worten: Scham – fertig zu werden.[184] Sheila MacLeod schildert diesen selbstmörderischen Trotz in ihrem Buch *Hungern, meine einzige Waffe* mit den Worten: »›Ich‹ war zu einem Klumpen reinen und isolierten Willens zusammengeschrumpft, dessen einziger Zweck es war, über den Willen anderer und das Chaos, das sich aus ihren widersprüchlichen Forderungen ergab, zu triumphieren.«[185] So lautet die Botschaft eines trotzigen Menschen: »Ich bin lieber tot als nicht Ich«.

Zorn, Wut, Gewalt

Wie Michael Lewis beobachtete, werden Schamgefühle, wenn sie unerträglich sind, oft durch Zorn ersetzt, der chronisch zur Wut werden kann,[186] die leicht in Form von Gewalt ausbricht; im Folgenden zwei Beispiele:

Im Sommer 2005 wurde der 24 jährige Dennis G. vom Hagener Landgericht vernommen; er hatte 20 Menschen im Alter zwischen 80 und 90 Jahren brutal überfallen und, mit geringer Beute, ausgeraubt. Dreieinhalb Stunden lang prahlte er vor dem Richter damit, dass er die Senioren »k.o. schlug«, »bis das Blut spritzte« und »bis zur Bewusstlosigkeit«. Zwei seiner Opfer wurden Schwerstpflegefälle – und Dennis G. war stolz darauf. Mit seinen Fäusten schlug er den alten Menschen »mitten ins Gesicht, bis sie umfielen«. Ein Prozessbeobachter notierte: »Er grinst überlegen: ›Ich habe nur ältere Menschen genutzt, weil sie so einen schwachen Knochenbau haben.‹ Es ist eine regelrechte Qual, diesem Angeklagten zuhören zu müssen, und man kann es kaum ertragen, wie er völlig emotionslos und geradezu begeistert von seinen Taten prahlt.«[187]

An der Begründung des Täters fällt auf, dass er die Schwäche seiner Opfer betont: Er habe sie »nur« deshalb »genutzt, weil sie so einen schwachen Knochenbau haben«. Logischerweise wäre zu erwarten, dass die Schwäche eines Mitmenschen Mitgefühl hervorruft. Psycho-logischerweise geschah jedoch das Gegenteil: Die Schwäche der alten Menschen löste in Dennis G. gewalttätige Impulse aus. Auf dem Hintergrund der Scham-Dynamik ist zu vermuten, dass der

Täter durch die Schwäche seiner Opfer an eigene Erfahrungen von Schwäche erinnert wurde, die er dadurch zu vernichten suchte, dass er die alten Menschen zusammenschlug.

Oliver schlug als 16-Jähriger brutal einen Menschen nieder, der vor sich hingedöst hatte. Als Begründung führt er an, seine Freunde hätten ihn nicht ernst genommen und er habe es ihnen beweisen wollen. Schon als Kind wurde er zwischen seinen Eltern hin- und hergeschubst, von seinen Mitschülern gehänselt und vom Lehrer in der Grundschule geprügelt. Irgendwann hat er für sich beschlossen, nie mehr Opfer zu sein. Sobald ihn etwas an diese Demütigungen erinnert – sei es auch nur ein Blick –, sieht Oliver rot und schlägt zu.[188]

Wie der Psychoanalytiker Micha Hilgers beobachtete, suchen Straftäter häufig die Kontrolle dadurch zu erlangen, dass sie Scham in Schuld verwandeln. Aus Passiv machen sie Aktiv;[189] sie sind lieber ein Täter als ein ohnmächtiges, schwaches Opfer. Ein Beispiel schildert der US-amerikanische Psychologe Michael Lewis. Er berichtet von Billy, einem jungen hispanoamerikanischen Klienten, der von einem Polizisten als »Bananenfresser« beleidigt wurde. Als Billy dem Polizisten sagte, dies sei nicht besonders nett und er solle dies nicht mehr sagen, wiederholte dieser die Beleidigung und fuhr weg. Das nächste, an das Billy sich später erinnern konnte, war, dass er mehrere Mülltonnen umwarf und auf die Straße rollen ließ – worauf die Polizei zurückkam und ihn festnahm. Lewis schreibt: »Billy schämte sich wegen der rassistischen Äußerung des Polizisten und seiner Unfähigkeit, etwas dagegen zu tun. Er sagte mir später: ›Doktor, ich fühlte mich so hilflos, ich fühlte mich so schlecht. Die einzige Möglichkeit, mich besser zu fühlen, war, diese Mülltonnen umzuwerfen.‹«[190] Seine Schamgefühle, weil er ohnmächtig und unfähig war, seine ethnische Zugehörigkeit zu verteidigen, führten Billy zu gewalttätigem, antisozialem Verhalten.

Micha Hilgers weist auf die Gefahr hin, dass schammotivierte Straftäter in einen Teufelskreis von *Beschämung – Delinquenz – Beschämung – Delinquenz* etc. geraten. Sie erleben ihre Verhaftung, die Verhöre, Gerichtsverhandlung und Bestrafung oft als beschämend. Diese Schamgefühle müssen wiederum durch erneute Straftaten abgewehrt werden, die zu erneuter Bestrafung führen, die wiederum noch mehr Scham schafft. Hilgers: »Die Straftaten sollen die vorausgegangenen Demütigungserfahrungen kompensieren und zur Stabilisierung des Selbstwertgefühls beitragen.«[191] Dieser Teufelskreis ist kaum zu durchbrechen, solange Delinquent und Justiz aneinander vorbei handeln, wie zwei Personen, die sich vergeblich, so Hilgers, »auf zwei verschiedenen Ebenen eines Hauses zu verständigen suchen: der Delinquent agiert auf der Ebene von Scham, verletzten Ich-Grenzen und destabilisierten Selbstwertgefühlen, Richter, Staatsanwälte und die Öffentlichkeit auf der Ebene von Schuld und verletzten Opfern, Werten und Normen.«[192] Auf eindrucksvolle Weise deutlich wird dieser Teufelskreis im Buch *Pinocchio*: mit einer schwer erträglichen Aufeinanderfolge von Beschämungen und Delinquenz (Gewalt, Schuleschwänzen etc.), die zu erneuten Bestrafungen und Beschämungen führen, gefolgt wiederum von Delinquenz etc.

Nicht nur in Konflikten zwischen Privatpersonen spielt Schamabwehr durch Gewalt eine große Rolle, sondern auch in internationalen Beziehungen. Krieg ist eine Möglichkeit, so Johan Galtung und Finn Tschudi, »sich chronischer Scham zu erleichtern«,[193] indem andere angegriffen werden. Zu diesem Zweck wird diese Form von Schamabwehr in militaristischen Kulturen und Subkulturen systematisch erzeugt: Charakteristischerweise beginnt die Initiation bzw. Grundausbildung von Soldaten mit Erniedrigungen, durch die Neulinge intensiv mit Scham erfüllt werden. Dies fördert ihre Bereitschaft zur Schamabwehr durch Gewalt und zur Wiederherstellung ihrer Ehre, ein Zusammenhang, der von den Militärs benutzt und gegen einen »Feind« gerichtet werden kann (visualisiert z. B. in Stanley Kubricks Film *Full Metal Jacket* von 1987).

Vereinzelt werden besondere Verletzungen der Menschenwürde in der Bundeswehr publik; etwa in Zweibrücken, als frisch ernannten Unteroffizieren Möhren in die After geschoben und mit einem Paddel eingeschlagen wurden.[194] Die offiziellen Sprecher beeilen sich bei solchen Vorfällen stets, diese als »Einzelfälle«[195] zu bezeichnen – ohne die *allgemeinen*, strukturellen Entwürdigungen der Soldaten (angefangen mit schikanierenden Strammsteh- und Bettenbau-Appellen) zu thematisieren. In Coesfeld wurden Rekruten (im Rahmen einer als »Geiselbefreiung« bezeichneten Übung) gefesselt und mit Tritten und Elektroschocks gequält. Zuvor hatten die Vorgesetzten die Rekruten informiert, dass diejenigen, die die Situation nicht mehr aushielten, von der Übung durch ein Losungswort befreit werden könnten: Dies war ausgerechnet »Tiffy«, der Name der rosafarbigen Vogelpuppe der Kinderfernsehsendung *Sesamstraße*. Damit hätte der Betreffende seine Ehre aufs Spiel gesetzt. Am meisten gequält wurde in dieser »Übung« ein Wehrpflichtiger, der unter seinen »Kameraden« als Schwächling galt. Weil sie nicht als schwach gelten wollten, wagten viele nicht, das erlösende Wort zu sagen, obwohl »die ›Verhöre‹ mitunter zur sadomasochistischen Psycho-Tortur geworden«[196] waren.

Wiederherstellen der verlorenen Ehre

Menschen tun unglaubliche Dinge, wenn ihre Würde gefährdet ist oder wenn es gilt, ihre Ehre wiederherzustellen. In Erich Kästners Roman *Das fliegende Klassenzimmer* springt der Schüler Uli mit einem Regenschirm von einem hohen Gerüst, um seinen Mitschülern zu beweisen, dass er kein Feigling ist, und um nicht länger gehänselt zu werden. Zuvor war er von seinen »Kameraden« gedemütigt worden: Sie hatten ihn vor dem Unterricht in einen Papierkorb gesetzt und in diesem zur Decke hochgezogen.[197] Durch seine todesmutige Aktion gelingt es Uli, die auf ihm lastende Schande zu tilgen.

Männer begeben sich in Gefahr, um zu demonstrieren, dass sie nicht »weibisch« sind: Im Vergleich zu Frauen fahren sie öfter unangeschnallt mit dem Auto und überschreiten viermal häufiger die erlaubte Höchstgeschwindigkeit um 50 km/h oder mehr. Ihr Risiko, bei einem Verkehrsunfall getötet zu werden, ist um 50 Prozent höher. Sie essen mehr Fleisch und Fastfood, rauchen mehr, nehmen mehr Alkohol und andere Drogen zu sich. Sie erkranken häufiger an Alkoholismus, Aids und an Herz- und Lungenkrankheiten. Sie sterben im Durchschnitt sechs Jahre früher.[198]

Um Schande abzuwehren, setzen Menschen ihr Leben aufs Spiel, verstoßen oder ermorden eine geliebte Tochter oder Schwester, duellieren sich oder ziehen in den Krieg. Begriffe, die eine ähnliche Bedeutung wie *Ehre* haben, sind *innere Würde*, *Wertschätzung*, *Stolz*, *Ansehen*, *Gefühl der Achtung* oder *Respekt*. Gegenbegriffe zu Ehre sind *Schande*, *Unehre* oder *verlorene Ehre*. Was unter Ehre und Schande jeweils zu verstehen ist, dies ist in sogenannten Scham-Kulturen (vgl. Kap. 4) bis ins Detail geregelt. So ist in manchen patriarchalischen Kulturen die Ehre des Mannes und »seiner« Familie vom ehrenhaften Verhalten »seiner« weiblichen Familienangehörigen abhängig (vgl. S. 23 f.). Ein Mann, der seine Ehre verloren hat und es versäumt, diese wiederherzustellen, wird – mitsamt seiner Familie – aus der Gemeinschaft ausgeschlossen und geächtet.

Genau definiert ist in der jeweiligen Kultur auch, wie die Schande getilgt und die Ehre wiederhergestellt werden kann, etwa indem die betreffende Tochter verstoßen oder ermordet wird. Solche »Ehrenmorde« beschränken sich nicht auf islamische Kulturen. So galt etwa in abgelegenen Dörfern Kretas bis in die 1950er Jahre der voreheliche Geschlechtsverkehr eines Mädchens als Schande für die Familie; die Schande wurde dadurch gelöscht, dass das Mädchen, in den Armen ihrer Mutter, von ihrem Bruder erstochen wurde.

Es wird geschätzt, dass gegenwärtig jährlich weltweit mindestens 5000 »Ehrenmorde« geschehen (die Dunkelziffer ist hoch), auch in Deutschland. Zwischen Oktober 2004 und Juni 2005 wurden hierzulande acht Frauen im Namen der Ehre ermordet, unter ihnen Hatun Sürücü. Die in Deutschland geborene 23-jährige Türkin wurde im Alter von 16 Jahren in der Türkei mit einem Cousin zwangsverheiratet. Gegen den Willen ihrer Eltern ließ sie sich scheiden und kehrte mit ihrem kleinen Kind nach Deutschland zurück. Dort führte sie ein eigenständiges, selbstbestimmtes Leben abseits von ihrer Familie. Ihre Brüder akzeptierten jedoch ihren »westlichen Lebensstil« nicht und brachten sie schließlich im Namen der Ehre um.[199]

Mehrere türkischstämmige Autorinnen (Necla Kelek, Seyran Ates, Fatma Blässer, Serap Cileli) haben die Schicksale türkischer Frauen geschildert. Gegen »Ehrenmorde« engagiert sich die Frauenrechtsorganisation *Terre des Femmes*.

Fliehen

Größenphantasien

Ein anderer Ausweg aus der beschämenden Gegenwart besteht darin, in Größenphantasien zu fliehen. Diese Abwehrform greift auf frühkindliche Erfahrungen zurück: Das kleine Kind fühlt sich zunächst allmächtig, allwissend und grenzenlos vollkommen. In seiner weiteren

Reifung und unter günstigen Umständen gewinnt das Kind, wie Mario Jacoby schreibt, »in verschiedenen Reifungsschritten die Fähigkeit, Begrenzungen in realistischer Weise zu erkennen und zu akzeptieren. Damit werden Größenphantasien schrittweise durch ein mehr oder weniger realistisches Selbstwertgefühl ersetzt.«[200] Wichtige »Hinweisschilder« für das Kind, um ein realistisches Selbstwertgefühl zu entwickeln, sind nicht zuletzt Schamgefühle (vgl. S. 163 f.).

Wenn diese Reifung zu einer realistischen Selbsteinschätzung unvollständig bleibt, läuft der Mensch Gefahr, in Größenphantasien (»Größenselbst«) stecken zu bleiben oder in Krisenzeiten dorthin zu regredieren. Größenphantasien verführen dazu, sich für einen ganz besonderen, außergewöhnlichen Menschen zu halten. Man ist überzeugt, dass die Rücksichtnahmen, die für das menschliche Zusammenleben gelten, für einen selbst keine Gültigkeit haben. Man fühlt sich als »very important person«, die Anspruch darauf hat, von den Mitmenschen privilegiert behandelt zu werden.[201] Dies drückt sich etwa in Staralllüren aus, »wie sie am besten aus der Welt von Film und Theater bekannt sind, aber auch im Sport, in der Politik, in den Wissenschaften auftreten können«.[202]

C. G. Jung bezeichnet diesen seelischen Zustand als Inflation, d. h. jemand ist durch die Idealisierungen der Fans »aufgeblasen«. Denn »die Identifikation mit dem Größenselbst muss stets von außen bestätigt werden, man kann ohne wirkliche oder (im Notfall) phantasierte Bewunderer sein Gleichgewicht nicht aufrechterhalten. Wenn sich die Identifizierung des Ichs mit dem Glanz des Größenselbst auflöst, bleibt nur ein Gefühl des Nichts übrig. [...] Oftmals beruht die Identifikation mit dem Größenselbst auf einer Kompensation der Befürchtung, nichts als ›klein und hässlich‹ zu sein und sich bodenlos dafür schämen zu müssen.«[203]

Idealisierung

Das überhöhte Ideal von sich kann auch auf andere Menschen projiziert[204] werden, etwa auf einen Pop- oder Filmstar, ein Fußballidol, Prominente, Politiker oder religiöse Figuren. Durch Identifikation mit der idealisierten Person hofft der Projizierende, an deren Großartigkeit, Allmacht, Perfektion und Erfolgen (welche durch die – seelische, oft auch finanzielle – Hingabe der Fans bzw. Anhänger ja gerade erst ermöglicht wurden) Anteil zu haben. Eigene Schwächen oder Schamgefühle können dadurch kompensiert werden, dass eine Person bewundert wird – oder eine Gruppe, z. B. die mit patriotischen Gefühlen gedanklich »aufgeladene« Nation. Nicht selten gehen Idealisierungen mit Erniedrigungen an anderer Stelle einher: Man bewundert nach oben und verachtet nach unten.

Durch Idealisierung wird eine Person oder Gruppe psychisch erhöht; ihr werden vollkommene Eigenschaften zugeschrieben[205] – heroisch, grandios, perfekt, ideal. In der Kindheit gehören Idealisierungen zur psychischen Entwicklung: Das Kind erlebt seine Eltern zunächst als übermächtig, perfekt, unfehlbar und ideal. Später lernt das Kind, dass seine Eltern nicht perfekt, sondern menschlich sind. In der Pubertät löst sich der Heranwachsende von den Eltern ab, übergangsweise durch Verschmelzen mit angehimmelten Idolen oder im Verliebtsein. Daraus kann sich durchaus reife Liebe entwickeln – wenn es den Partnern gelingt, ihr jeweiliges Gegenüber zu entidealisieren und dessen positive wie auch negative Eigenschaften anzunehmen. Damit werden jedoch eigene Schwächen wieder sichtbar – es drohen Schamgefühle.

Perfektionismus

Das beschämende Grundgefühl, minderwertig zu sein, kann auch dadurch abgewehrt werden, dass der Betreffende sich zum Ziel setzt, perfekt zu sein. Der Auftrag an sich selbst lautet dann: »Wenn ich keinen Fehler mache, kann mich keiner angreifen. Nur wenn ich eine absolute Spitzenleistung erbringe, wenn ich einen idealen Körper und makellose Haut habe, Top-Kleidung trage, eine perfekte Frau, erfolgreiche Kinder, ein prestigeträchtiges Auto usw. habe, werde ich geliebt und nicht zurückgewiesen. Um nicht verwundet, sondern akzeptiert zu werden, muss ich perfekt sein.«

Von der Vorbereitung auf Vorträge ist mir die Versuchung vertraut, mich durch perfekte Formulierungen, Schachtelsätze, Zitate von renommierten Autoren, anspruchsvoll klingende Fremdwörter gegen mögliche Beschämungen aus dem Publikum zu wappnen. Durch eine solche Inszenierung von Perfektionismus bleibt freilich die Verständlichkeit auf der Strecke; stattdessen werden die Zuhörenden eingeschüchtert und gezwungen, sich inkompetent zu fühlen.

Perfektionismus ist der Versuch, Schamgefühlen dadurch vorzubeugen, dass man dem idealen Wunschbild von sich selbst zu gleichen versucht. Die unvermeidliche Differenz zwischen dem Ideal und dem, der ich tatsächlich bin, wird nicht als realistische Selbsterkenntnis erfahren, welche anspornen und positive Lernprozesse in Gang setzen kann. Vielmehr wird der kleinste Mangel als beschämend erlebt,[206] was wiederum zu vermehrten Anstrengungen führt, perfekt zu sein.

Schwerverständlichkeit, Rätselhaftigkeit

Léon Wurmser beschreibt eine Patientin, deren höchstes Ziel darin bestand, hervorzustechen. Vor allem will sie von allen anderen Menschen »total verschieden« sein. »Ich will von niemandem verstanden werden. Wenn man mich nicht versteht, habe ich immer noch etwas, auf dem ich bauen kann.«[207] Dieses narzisstische Ziel kann sie nur dadurch erreichen, dass sie sich geheimnisvoll und unverständlich gibt, durch absonderliche Worte, bizarre Formulierungen oder merkwürdige Verkleidungen. Sie beherrscht alle diese Manöver, mit denen sie versucht, ihre Mitmenschen durch ihre Rätselhaftigkeit zu beeindrucken. Ihren grundlegenden Wunsch, sich zu zeigen und gesehen zu werden, vermag sie nur in verzerrter Form zum Ausdruck zu bringen. Durch ihr verschrobenes Gebaren gewinnt sie Distanz zu ihren Mitmenschen und beugt einer möglichen Enttäuschung oder Erniedrigung vor. Ihre Unverständlichkeit ist Schamprophylaxe. Sie sagt: »Auf diese Weise halte ich die Leute davon ab, mich kennenzulernen; ich schaffe einen Leerraum zwischen ihnen und mir.«[208] Mit ihren rätselhaften Äußerungen täuscht die Patientin auch Gefühle vor und schämt sich zugleich ihrer Täuschung.

Aufschlussreich sind die Gegenübertragungen, die ihr Psychotherapeut erlebt: Er mag »zunächst durch die arrogante Rätselhaftigkeit und die hochmütige Geheimnistuerei der Patienten eingeschüchtert sein. Er ist angezogen und fasziniert von ihrem rätselhaften, sphinxähnlichen Ausdruck. Wie ein Märchenprinz (prince charming) mag er versuchen, sie aus dem Schloss ihrer Isolation und Abgeschiedenheit durch das Finden des erlösenden Wortes, das den Zauber brechen kann, zu retten. Bald jedoch wird er anfangen, sich wegen seiner Machtlosigkeit und ›Dummheit‹ betreten und wegen seines aufsteigenden Ärgers schuldig zu fühlen.«[209] Solche Patienten wehren Scham durch Umkehrung ab, sie »drehen den Spieß um«. Sie wenden Passiv in Aktiv, »indem sie den anderen sich als ebenso besiegt, lächerlich und ohnmächtig wütend erleben lassen, wie sie es selbst ihr ganzes Leben lang getan haben«.[210]

Sucht

Das tiefverwurzelte Gefühl, ungeliebt zu sein, kann auch zu einer Art chronischem Hunger führen: zu einem gierigen, süchtigen Verhalten, etwa in Bezug auf Essen, Erfolg oder Besitz. Die nimmersatte Geldgier mancher Wirtschaftsmanager wurde bereits angesprochen. Die Sucht kann sich auch auf Macht (und sei es die selbstzerstörerische Macht des Trotzes) oder andere Suchtmittel beziehen. Jedoch macht ein solcher Konsum nicht wirklich satt, denn im Grunde zielt der Hunger auf eine ganz andere »Substanz«: auf Liebe. Dieser Hunger ist durch keines dieser Suchtmittel zu stillen, daher muss immer mehr und immer noch mehr konsumiert werden.

Aus der Suchtforschung ist der Teufelskreis von Scham und Sucht bekannt: Um Schamgefühle abzuwehren, wird ein Suchtmittel konsumiert, was wiederum Schamgefühle zur Folge hat, usw. Diese Gefühle hängen nach Wilhelm Feuerlein u.a. damit zusammen, dass der Betreffende (vor sich selbst und vor anderen) eingestehen muss, ein Problem zu haben, was häufig als kränkend erlebt wird. Dies wird durch verbreitete Vorstellungen verstärkt, wonach »Aufhören« eine Frage der Willensstärke wäre und somit Sucht ein Zeichen für Willensschwäche. Hinzu kommt, dass man sich selbst gegenüber dem Suchtmittel als schwach und hilflos erlebt; dies kränkt das Selbstwertgefühl nochmals.[211]

Antoine de Saint-Exupéry schildert den Teufelskreis aus Scham und Sucht in *Der kleine Prinz*: »›Was machst du da?‹ fragte er den Säufer, den er stumm vor einer Reihe leerer und einer Reihe voller Flaschen sitzend antraf. ›Ich trinke‹, antwortete der Säufer mit düsterer Miene. ›Warum trinkst du?‹ fragte ihn der kleine Prinz. ›Um zu vergessen‹, antwortete der Säufer. ›Um was zu vergessen?‹ erkundigte sich der kleine Prinz, der ihn schon bedauerte. ›Um zu vergessen, dass ich mich schäme‹, gestand der Säufer und senkte den Kopf. ›Weshalb schämst du dich?‹ fragte der kleine Prinz, der den Wunsch hatte, ihm zu helfen. ›Weil ich saufe!‹ endete der Säufer und verschloss sich endgültig in sein Schweigen.«[212]

Zusammenfassung

In diesem Kapitel wurden die häufigsten Schamabwehrformen vorgestellt. Ein weiterer Mechanismus wurde in Kapitel 2 beschrieben: Eigene Schamgefühle werden dadurch abgewehrt, dass sie an die nächste Generation weitergegeben werden. Dies geschieht insbesondere in der Erziehung, wenn die Kinder oder Schüler mit Scham erfüllt, verachtet, abgewertet, erniedrigt oder zynisch behandelt werden. Eine weitere Form von Schamabwehr ist etwa das Rumkaspern oder -albern. Es ist eine Art Flucht nach vorn, von Passiv nach Aktiv (»ehe ich von anderen ausgelacht werde, stelle ich mich lieber an die erste Stelle derjenigen, die mich auslachen«). Oder man macht sich selber lächerlich, etwa durch infantilisierende Kleidung. Man kann eine beschämende Situation auch durch einen »Rededurchfall« (»Logorrhoe«) überdecken. Schwächen können überspielt oder kaschiert werden (etwa durch Mode, die einen Bauch kaschiert). Weitere Abwehrformen sind Verleugnen, Ausreden sowie Lügen (»Da war doch gar nichts«).

Bei den vorgestellten Formen zeigte sich mehrfach, dass die Abwehr in emotionale Sackgassen (im schlimmsten Fall: Suizid) oder in verschiedene Teufelskreise mündet. Etwa in die Teufelskreise von Scham und Beschämung, von Scham und Delinquenz sowie von Scham und Sucht. Dies macht deutlich, dass die Abwehr zwar kurzfristig von unerträglichen Schamgefühlen zu entlasten vermag, langfristig aber nicht immer einen konstruktiven Weg darstellt, mit diesem schmerzhaften Gefühl umzugehen.

Die Abwehr von Scham durch Projektion, Beschämung, Verachtung oder andere psychische Mechanismen hat etwas Verführerisches, weil die abwehrende Person ihre Schamgefühle »los« wird: Sie existieren sozusagen außerhalb, personifiziert im beschämten anderen. Diese entlastende Wirkung von »Scham-los-igkeit« kann jedoch immer nur vorübergehend sein, weil die Schamgefühle sozusagen von innen her immer wieder nachwachsen: Mangelhaftes Selbstwertgefühl kann durch Schamabwehr nicht behoben werden. Hunger nach Liebe kann nicht wirklich dadurch gestillt werden, dass andere erniedrigt werden.

Einige der Abwehrformen richten sich eher gegen die eigene Person (etwa Depression, Trotz oder Sucht); diese wurden mehr bei Mädchen oder Frauen beobachtet. Andere Formen richten sich eher gegen Mitmenschen (etwa Verachtung oder Gewalt); diese werden häufiger von Jungen oder Männern benutzt.[213] Vor allem die letzteren Formen haben erhebliche Konsequenzen für das menschliche Zusammenleben.

Kapitel 4
Scham regiert die Welt

In diesem Kapitel beschreibe ich die Auswirkungen von Scham und den verschiedenen Formen ihrer Abwehr für Gesellschaft, Politik, Wirtschaft und Erziehung. Neben Deutschland werden zwei Problemfelder der globalisierten Welt aus der Scham-Perspektive betrachtet: das Ineinandergreifen der Scham der Armen und der Schamlosigkeit der Reichen sowie der Zusammenprall von westlichen und islamischen Kulturen mit seiner extremen Ausprägung im Terrorismus.

Der Teufelskreis von Krieg und Scham

In der deutschen Geschichte gibt es drei Ereignisse, die im Zusammenhang mit dem Thema Scham von besonderer Bedeutung sind: Dreißigjähriger Krieg, Erster Weltkrieg und Nationalsozialismus.

Der Dreißigjährige Krieg

Der Dreißigjährige Krieg von 1618 bis 1648 wird verschiedentlich als schweres Trauma der Deutschen, eingebrannt in ihr kollektives Gedächtnis, bezeichnet.[214] Jeder Krieg hinterlässt Traumata, dieser in besonderem Ausmaß: eine schier nicht enden wollende Aufeinanderfolge von Brutalitäten durch folternde, ertränkende, hängende, erschlagende und brennende Soldaten und Banden, von Hungersnöten, Seuchen, Verheerung und Entvölkerung ganzer Landstriche. Es wird geschätzt, dass fast die Hälfte der deutschen Bevölkerung ums Leben kam, in Süddeutschland überlebte nur ein Drittel. In welcher

Weise aber blieb dieses Trauma im kollektiven Gedächtnis der Deutschen aufbewahrt? Etwa in Form von Kinderreimen (wie »Bet, Kindchen, bet, morgen kommt der Schwed'«), die heute kaum ein Kind mehr kennt? In Gestalt einiger künstlerischer Darstellungen? Oder in literarischen Werken wie Johann Jakob Christoffel von Grimmelshausens Roman *Der abenteuerliche Simplicissimus*, Friedrich Schillers Drama *Wallenstein* oder Bertolt Brechts Stück *Mutter Courage und ihre Kinder*?

Für Norbert Elias steht fest: »Im Rahmen der deutschen Entwicklung haben dieses 30 Kriegsjahre den Charakter einer Katastrophe. Sie hinterließen permanente Spuren im Habitus der Deutschen.«[215] Eine dieser Spuren, so meine These, besteht darin, dass die deutsche Bevölkerung durch das Trauma des Dreißigjährigen Krieges mit massiven Schamgefühlen geradezu überflutet wurde. Denn traumatische Erfahrungen, so wurde in Kapitel 1 ausgeführt, lassen die überlebenden Opfer mit traumatischer Scham zurück. Wie in Kapitel 2 gezeigt wurde, wird solche Scham in der Regel an die folgenden Generationen weitergegeben; solche Weitergaben können sich durchaus über viele Jahrzehnte oder Jahrhunderte fortsetzen.[216] So wirkt auch das Trauma des Dreißigjährigen Krieges noch viele Generationen seelisch nach – in Form von Scham.

Wenn Menschen mit unerträglich viel Schamgefühlen erfüllt sind, müssen diese abgewehrt werden. Könnten die (in Kapitel 3 beschriebenen) Formen der Schamabwehr zu einem besseren Verständnis der Deutschen und ihrer Geschichte der folgenden Jahrhunderte beitragen? Etwa für ihre Minderwertigkeitsgefühle, ihren Umgang mit Alkohol und Macht?[217] Die trotzige Kleinstaaterei und das unpolitische Sich-Einigeln unseres Bürgertums? Die Neigung unserer Dichter und Denker zu Idealismus, Schwerverständlichkeit und Rätselhaftigkeit? Die Tradition, Auseinandersetzungen über wissenschaftliche Fragen vorzugsweise mit Häme zu führen? Die Kultur der emotionalen Erstarrung, die in das preußische Beamtentum mündete (dessen Seelenblindheit Franz Kafka thematisierte)? Die lang andauernde Bestrafungspraxis öffentlicher Beschämungen und die Ächtung von Individualität? Den Perfektionismus? Die lange Fortdauer von Arroganz, personifiziert in der bis ins 20. Jahrhundert einflussreichen Feudalschicht? Die »oft idealisierende Hochbewertung militärischer Haltungen« (Elias)[218] und die Militarisierung der deutschen Kultur mit ihrem Kodex von Schande und Ehre, über die Novemberrevolution von 1918 hinaus? Den Reflex ihrer Geschichtsschreiber, historische Ereignisse auf »große Männer« zu reduzieren und die Lebensschicksale der Bevölkerung in zynischer Weise wie Luft zu behandeln? Schließlich die Anfälligkeit für die von Größenphantasien geprägten Versprechen unserer Führer, die geradewegs in die deutschen Katastrophen des 20. Jahrhunderts führten?

Der Erste Weltkrieg

Ein weiteres kollektives Trauma war der Erste Weltkrieg.[219] Deutschland beteiligte sich daran mit über 13 Millionen Soldaten (das entsprach ca. 85 Prozent der männlichen Bevölkerung zwischen 17 und 55 Jahren), von denen 2 Millionen ihr Leben verloren. Darüber hinaus starb etwa eine halbe Million Zivilisten durch die kriegsbedingten Lebensumstände.[220] Wie David Stevenson in seinem grundlegenden Werk über den Ersten Weltkrieg schreibt, »gingen Sieger wie Besiegte mit verwundeten Gesellschaften«[221] daraus hervor. Für die Soldaten bedeutete der Krieg ständige Angst und körperliche Entbehrungen durch das Ausgeliefertsein an die Witterung sowie schlechte Versorgung. Hinzu kamen der »Verlust der Kontrolle über die eigene Existenz, Unterwerfung unter die harten Gesetze militärischer Disziplin und [...] die ständige Gegenwart des gewaltsamen Todes«,[222] mit dem Anblick und Geruch von Tod und Verwesung, mit Giftgas und Töten. Die Soldaten mussten so entsetzliche Erfahrungen machen, dass Hunderttausende von ihnen Krankheiten entwickelten, die heute als Posttraumatische Belastungsstörung (PTBS) erkannt sind. Damals sprach man von Granatfieber oder Kriegszittern, da die meisten Patienten unkontrolliert zitterten. Weitere Symptome waren u. a. Angstzustände, Weinkrämpfe, Dämmerzustände, Schlafanfälle, kataleptische Zustände (»Starrsucht«), krampfartige Zuckungen mit tiefen Bewusstseinsstörungen, Gehstörungen, Lähmungen, psychogene Blindheit, Taubheit, Taubstummheit.[223]

Viele Traumata waren jedoch äußerlich kaum zu erkennen; scheinbar »normal« kehrten nach Kriegsende 11 Millionen deutsche Soldaten zurück. Sie machten fast ein Fünftel der Bevölkerung aus. Auch wenn nicht jeder dieser Männer an der Front gekämpft hatte und nicht jeder traumatisiert war, bedeutete ihre Rückkehr doch ein erhebliches Potenzial an Traumatisierung innerhalb der deutschen Gesellschaft.

Jeder Krieg hinterlässt Traumata und somit traumatische Schamgefühle. Für den Ersten Weltkrieg galt das wegen seiner bis dahin ungekannten Brutalität, Massivität und der großen Zahl von Beteiligten in besonderem Maße. Für diejenigen, die das sinnlose Gemetzel mit unterstützt hatten – mit ihrer Kriegsbegeisterung, durch Kriegsanleihen oder freiwillige Meldung an die Front –, mussten unvermeidlich Gewissens-Schamgefühle hinzukommen. Auf deutsch-österreichischer Seite wurde diese Scham noch durch die Kriegsniederlage verstärkt, denn zu verlieren galt, zumal in der damals herrschenden feudal-militaristischen Wertewelt, als schändlich. Nochmals intensiviert wurden die Schamgefühle durch den Versailler Friedensvertrag, der dem Deutschen Reich die Alleinschuld am Ersten Weltkrieg zuschrieb und es finanziell, militärisch und geographisch »schwächte«: Das Reich wurde zu hohen Reparationen verpflichtet, das Militär wurde eingeschränkt und etliche Gebiete abgetrennt.[224] Es folgte die Weimarer Republik mit ihrer politischen und wirtschaftlichen Schwäche, hoher Arbeitslosigkeit, Armut und Geldentwertung.

Traditionell galt dies alles – Verlieren, Schwäche, Entwaffnung, Schulden, Armut und Arbeitslosigkeit – als Auslöser von Scham. Folgerichtig erlebten große Teile der Bevölkerung die Weimarer Zeit als schamerfüllt. In meinem Buch *Warum folgten sie Hitler?* (2007) habe ich dies ausgeführt und anhand von Interviews mit alten Menschen belegt. So beschreibt ein Interviewter sein Lebensgefühl während der Weimarer Republik mit dem Begriff »Paria«: unberührbar, minderwertig und aus der Völkerfamilie ausgeschlossen.

Wo viel Scham ist, wird oft viel Scham abgewehrt. Die in Kapitel 3 beschriebenen Abwehrmechanismen sind hilfreich, um die Weimarer Gesellschaft besser zu verstehen:
- das herrschende Klima von Kälte, Zynismus und Schamlosigkeit – Phänomene, die Peter Sloterdijk in der Kunst, Literatur, Architektur, Philosophie und Politik dieser Zeit aufzeigt;[225]
- den Negativismus im geschichtsphilosophischen Denken, etwa in Oswald Spenglers Buch *Der Untergang des Abendlandes*;
- das Suchtproblem der 20er Jahre durch die explosionsartige Zunahme des Gebrauchs von Morphin, Heroin und Kokain in allen Bevölkerungsschichten;[226]

- die Gewalt der Freikorps-Verbände (die aus der Masse der heimgekehrten Soldaten gebildet wurden und im Inland u. a. gegen revolutionäre Bestrebungen sowie, bis 1923, im Baltikum gegen die Bolschewiki kämpften) und der paramilitärischen Gruppen wie Werwolf, Stahlhelm, SA und SS;
- die Verbreitung antisemitischer Projektionen und Ressentiments;
- schließlich die nationalsozialistische Propaganda mit ihrer trotzigen Verachtung des sogenannten »Versailler Schandvertrags«; mit ihren Versprechungen, die Ehre Deutschlands wiederherzustellen, ihren Idealisierungen Adolf Hitlers und der Deutschen (»arische Herrenrasse«); mit ihren größenphantastischen Ansprüchen auf Weltherrschaft, ihrem kalten Weltbild der »Härte« und ihrer zynischen Verachtung humanistischer Werte (»Gefühlsduselei«). Die Popularität dieses Programms führte in die nächste deutsche Katastrophe.

Nationalsozialismus, Holocaust und Zweiter Weltkrieg

Der Nationalsozialismus konnte seine Anziehungskraft u. a. daraus gewinnen, dass seine Anhänger großzügig mit narzisstischen Aufwertungen – Gegengewicht zur Scham – belohnt wurden: So wurden sie etwa mit Zugehörigkeits- und Gemeinschaftserlebnissen versorgt; Hitlers öffentliche Auftritte wurden so inszeniert, dass jeder der Teilnehmenden subjektiv das Gefühl hatte, »ER« höchstpersönlich habe ihm in die Augen geblickt (wovon viele alte Menschen bis heute in Interviews schwärmen). Durch »heldenhaftes« Engagement für »Führer, Volk und Vaterland« konnte Ehre errungen und narzisstische Aufwertung erreicht werden. Zudem wurde bei den Anhängern das Gefühl erzeugt, einer Elite anzugehören; dies wurde durch eine Vielzahl ehrenhafter Organisationen, Ränge und Ehrenzeichen sowie öffentliche Belobigungs-Rituale bekräftigt.

Der Nationalsozialismus vermochte die verbreiteten Schamgefühle der deutschen Bevölkerung aufzugreifen und seinen Anhängern Schamabwehr anzubieten und zu legitimieren: Gelegenheiten, die Würde anderer Menschen zu verletzen. Dabei lassen sich idealtypisch zwei Phasen unterscheiden: Zunächst standen (1) öffentliche Beschämungen von Juden und (potenziellen oder tatsächlichen) Regimegegnern im Vordergrund, die (2) zunehmend durch »kalte« Verachtung und strukturelle Erniedrigungen ergänzt wurden.

Beschämungen

Gleich nach der Ernennung Adolf Hitlers zum Reichskanzler begannen die Funktionäre von NSDAP, SA und SS, Proteste gegen kritische und jüdische Bürger zu organisieren. Wesentlicher Bestandteil dieser Aktionen waren öffentliche Beschämungen, wie sie für vormoderne Gesellschaften charakteristisch sind (vgl. S. 80 f.); einige Beispiele:

Am 7. August 1933 berichtete die *Fränkische Zeitung* in Rothenburg ob der Tauber: »Am gestrigen Sonntag wurde der Lederhändler Leopold Westheimer von hier, als er sich vormittags in einem Weinlokal befand, von Angehörigen des Freiwilligen Arbeitsdienstes aus dem Lokal geholt; sodann zog man ihm Schuhe und Strümpfe aus, hängte je ein Plakat mit entsprechender Aufschrift an Rücken und Brust und eskortierte ihn, so ausgerüstet, voran ein Trommler, durch

Abb. 1: Beschämung eines jüdischen Studenten

Abb. 2: Öffentliche Beschämung einer jungen Frau wegen der Liebesbeziehung mit einem französischen Kriegsgefangenen (»Rassenschande«)

verschiedene Straßen der Stadt.«[227] Abbildung 1 zeigt eine Aktion der SA in Marburg am 24. August 1933: Ein jüdischer Student wurde durch Marburg getrieben und gezwungen, ein Plakat zu tragen mit der Schrift: »Ich habe ein Christenmädchen geschändet!«[228]

Selbst nach ihrer Vertreibung wurden Juden noch öffentlich verspottet. So marschierten 1938 in Singen Schüler und Lehrer der Ekkehard-Schule, verkleidet als »Juden«, beim Fastnachtszug mit unter dem Motto »Die letzten Libanontiroler hauen ab.«[229]

Solche Beschämungen wurden in zahllosen Dörfern und Städten durchgeführt, öffentlich und *vor aller Augen*.[230] Auf den Photographien dieser Aktionen sind – mit Ausnahme der Gedemütigten – viele lachende Gesichter zu sehen. So auch auf dem Foto der Menschenmenge, die an einem Tag im August 1940 auf dem Ulmer Marktplatz zuschaute, wie die 19-jährige E.R. wegen sogenannter »Rassenschande«[231] auf einem erhöhten Podest angeprangert und ihre Haare abgeschnitten wurden (Abb. 2).[232]

So wurde die Abfuhr von Schamgefühlen öffentlich inszeniert. Dies wirkte entlastend auf die Beschämenden, die ihre eigenen Schamgefühle (zumindest vorübergehend) »los«wurden, weil diese auf die beschämte Person »da vorne« projiziert werden konnten. Daher das »scham-lose« Lachen der Beteiligten. Durch das Lachen wurde eine positive Bindung mit dem Nationalsozialismus hergestellt. Dies trug mit dazu bei, dass das »Dritte Reich« in den Erinnerungen nicht weniger alter Menschen bis heute als »schöne Zeit« aufbewahrt ist; »man« hatte ja seinen Spaß bei der Sache.

Wer sich an der öffentlichen Beschämung eines Mitmenschen erfreute, musste zumindest Anpassungs-Schamgefühle nicht befürchten, nach der Logik: »Wenn alle mitmachen, kann es ja nichts Schlechtes sein.« Daher auch die verwunderten Reaktionen alter NS-Anhänger, wenn sie Jahrzehnte später nach *individueller* Schuld gefragt werden (»Schuldig? Wer? Ich? Wieso denn? Wir haben doch alle...«).[233]

Anpassungs-Schamgefühle hätte vielmehr derjenige zu befürchten gehabt, der – etwa auf dem Ulmer Marktplatz an jenem Augusttag 1940 – die Zivilcourage gehabt hätte, gegen die Mehrheit aufzustehen und sich mit der gedemütigten Frau zu solidarisieren. Er stand in Gefahr, als Nächster »dranzukommen« und beschämt zu werden. Für seine Umgebung wäre er zu einem »Schandfleck« geworden, mit dem man nicht mehr gemeinsam gesehen werden wollte; mit einem Regimekritiker befreundet zu sein wäre peinlich gewesen. So trug die Anpassungs-Scham dazu bei, dass sehr viel an individuellem Mut erforderlich war, um Widerstand zu leisten; einfacher war es, den Kopf einzuziehen und den Mund zu halten. Mir ist dieser Mechanismus durchaus aus meiner Schulzeit im Ulm der 1960er Jahre bekannt. Ich erinnere mich etwa an die wochenlange Demütigung eines neuen Schülers durch meine Mitschüler – und daran, dass ich sie gewähren ließ: weil ich erleichtert war, nicht ihr Opfer zu sein, und weil ich Angst hatte, ihre Aufmerksamkeit auf mich zu ziehen.

Die öffentliche Beschämung hat auch auf die Zuschauer ihre »pädagogische« Wirkung. Die Menge hat »unbewusst den traurigen Eindruck, das eigene Schicksal vor sich zu sehen«.[234] Was »da vorne« geschieht, könnte einem selbst widerfahren, etwa wenn man sich nicht genügend regimetreu zeigte, wenn man nicht arisch genug, nicht heldenhaft genug sein sollte usw. Aus Angst davor werden die Anstrengungen für das Regime vervielfacht. Konformität wurde zum Ideal und in den Gemeinschaftserlebnissen von »Volksgemeinschaft« und Hitler-Jugend zelebriert.

Diese Seite des Nationalsozialismus – die Inszenierung öffentlicher Beschämungen – scheint mir in der Beschäftigung mit unserer Vergangenheit häufig übersehen zu werden, wenn die Nazi-Verbrechen auf die Zahl der Ermordeten[235] reduziert werden. Diese Verbrechen beschränkten sich ja nicht darauf, Millionen Menschen zu ermorden, sondern diese wurden, vor ihrem Tod, millionenfach verhöhnt und erniedrigt – nicht nur im Inland, sondern vor allem auch in Osteuropa. So wurden Juden öffentlich gedemütigt, indem sie gezwungen wurden, mit der Zahnbürste den Rinnstein zu putzen oder indem orthodoxen Juden der Bart abgeschnitten wurde.

So wichtig es ist, die Zahl der Ermordeten geschichtswissenschaftlich zu erforschen und ins öffentliche Bewusstsein zu bringen – dies darf nicht dazu verführen, die Nazi-Verbrechen auf Zahlen zu reduzieren, denn damit werden die Opfer in gewisser Weise nochmals entwürdigt. Einen Menschen zu einer Zahl oder einem Objekt zu machen ist ein Akt der Verachtung; die Eintätowierung von Häftlingsnummern ist ein Beispiel dafür. Damit sind wir bei der nächsten Form der Schamabwehr, die im Nationalsozialismus von wesentlicher Bedeutung war.

Verachtung

Durch Verachtung werden eigene Schamgefühle abgewehrt, indem andere gezwungen werden, sich wertlos zu fühlen. Dazu werden sie in »kalter« Weise verachtet, entwürdigt, aus der Gemeinschaft ausgeschlossen, zum Objekt gemacht, zur Zahl degradiert und vernichtet. Insbesondere diejenigen galten als lebensunwert und als auszurotten, die schwach waren (etwa Behinderte) oder als »schwach« gebrandmarkt wurden (insbesondere Juden und kritische Intellektuelle). Wir finden im Nationalsozialismus dieselbe Psycho-Logik wie bei Dennis G. (vgl. S. 91), der alte Menschen überfallen hatte, *weil* sie so einen schwachen Knochenbau haben: Schwäche wird dadurch bekämpft, dass (angeblich) »schwache« Menschen vernichtet werden.

Dies begann im Nationalsozialismus mit der zunehmenden Entrechtung und dem Ausschluss der Juden aus dem öffentlichen Leben, u. a. durch die Nürnberger Rassengesetze vom 15. September 1935: Durch das *Gesetz zum Schutze des deutschen Blutes und der deut-*

schen Ehre wurden Eheschließungen und Geschlechtsverkehr zwischen Juden und Nichtjuden verboten. Das *Reichsbürger-Gesetz* hatte zur Folge, dass Juden keine öffentlichen Ämter innehaben durften und das Wahlrecht verloren. 1938 verloren jüdische Ärzte und Rechtsanwälte ihre Zulassung. Ab 1940 wurden Juden aus der Wehrmacht ausgeschlossen; ab dem 19. September 1941 mussten Juden auch im Reichsgebiet den »Judenstern« tragen und wurden dadurch gezwungen, sich öffentlich zu exponieren.

Durch eine Vielzahl von Maßnahmen wurde der nationalsozialistische Judenhass in einen *strukturellen* Antisemitismus überführt; die Ausgrenzung der Juden wurde zur Normalität gemacht. Dies zeigte sich auch in den Interviews, die wir mit ehemaligen Anhängern des Nationalsozialismus führten. So bestätigt etwa die interviewte Helga Möller (Pseudonym), geboren 1924,[236] durchaus und ohne jegliches Mitgefühl, dass ihre jüdische Mitschülerin während der NS-Zeit von den anderen, nicht-jüdischen Kindern ausgeschlossen wurde. Sie sagt, sie könne sich »gar nicht vorstellen, was ich mit der zu tun gehabt habe. Mit der wollte doch niemand etwas zu tun haben.« Genau darum geht es. Es habe, so die Interviewte weiter, »damals eben allgemein geheißen, man solle Abstand von Juden halte. Aber wir jungen Leute, wir Kinder, haben uns doch überhaupt gar nix dabei gedacht an der ganzen Geschichte.« Das war auch nicht notwendig: Nachdem die Diskriminierung der Juden zur neuen Normalität, zur Struktur, geworden war, gehörte die soziale Ächtung der jüdischen Mitschülerin wie selbstverständlich zum Alltag. Ganz unbekümmert konnte Helga Möller daher zu ihren »schönen« BDM-Abenden gehen, von denen sie noch im Interview im Jahr 2001 ganz arglos schwärmt. Sie habe daran teilgenommen »wie halt alle. Und was haben wir gemacht? Gemeinschaft hat uns gefallen, gesungen, gespielt.« – »Wir«? »Alle«? Frau Möller übersah damals und übersieht noch 65 Jahre später, dass keineswegs »alle« im BDM waren: Die jüdische Mitschülerin durfte »natürlich« der singenden, spielenden Gemeinschaft nicht angehören. Im »Wir« der fröhlichen BDM- und Klassen-Gemeinschaft war für die Jüdin wie selbstverständlich kein Platz.

War die Diskriminierung der Juden erst zur Struktur geworden, bedurfte es keines direkten, »persönlichen« Judenhasses mehr, um den allgemein herrschenden Antisemitismus aufrechtzuerhalten. Es galt eben als »normal«, dass Juden ausgeschlossen waren. Für Anhänger des Nationalsozialismus wäre es vielmehr beschämend gewesen, mit Juden zusammen gesehen zu werden (Gruppen-Scham).[237] Die Beteuerung vieler Nazi-Täter, keine Antisemiten gewesen zu sein, mochte wahr sein oder nicht – in einer strukturell antisemitischen Gesellschaft ist diese Frage so unerheblich wie die Frage, ob der Beamte, der die Kirchensteuer einzieht, an Gott glaubt oder nicht.[238]

Die Schamlosigkeit der Täter – die Scham der Opfer

Sofern die Juden nicht rechtzeitig auswandern konnten, bestanden die weiteren Schritte der Verachtung in ihrem Abtransport und ihrer Vernichtung. Wie in Kapitel 3 ausgeführt, kommen der Kälte, die der *Verachtung* eigen ist, ein technokratisches Verständnis von *Rationalität*, sachliche *Bürokratie* und industrielle *Warenproduktion* entgegen. Die ultimative Verbindung dieser vier Elemente stellte die nationalsozialistische Vernichtungsmaschinerie dar, in der die Menschen systematisch entwürdigt, buchstäblich zur bloßen Zahl gemacht und industriell vernichtet wurden. Primo Levi beschreibt, wie schon während des Transports nach Auschwitz die Würde der Menschen zertrümmert wurde. So waren die auf engstem Raum in den Waggons zusammengepferchten Männer und Frauen etwa gezwungen, ihre körperlichen Bedürfnisse in der Öffentlichkeit zu verrichten. Dies »rief eine Qual hervor, die schlimmer war als Durst und Kälte, [...] eine tiefe Wunde, die der Würde des Menschen zugefügt wurde, ein obszöner Anschlag, der voller Vorbedeutung war«.[239]

Dies war der Auftakt – für die Gaskammer oder ein Lagerleben, in dem »die Beleidigung des Schamgefühls einen wesentlichen Bestandteil des gesamten Leidens dar[stellte]«.[240] Typischerweise wurden die Inhaftierten »beständig mit unzähligen Entkleidungsaktionen schikaniert«;[241] als nackter Mensch fühlte sich Primo Levi wie eine »wehrlose Beute«.[242] Die allgegenwärtige Machtlosigkeit, Grausamkeiten, Entbehrungen, Quälereien und erniedrigende Rituale (wie Zählappelle oder perfektionistisches »Bettenbauen«) sollten zum Ausdruck bringen, dass der Inhaftierte als bedeutungslose, rohe Materie galt.

Der Autor beschreibt das Eintätowieren der Häftlingsnummer als »traumatisch. Seine symbolische Bedeutung war allen klar: Dies [...]

ist das Brandmal, das man den Sklaven aufdrückt und den Tieren, die geschlachtet werden; zu solchen seid auch ihr geworden. Ihr habt keinen Namen mehr, dies hier ist euer neuer Name. Die Gewalttätigkeit der Tätowierung war [...] ausschließlich als Beleidigung gedacht.«[243]

Die Verachtung der NS-Täter gegenüber Juden wird in einer Befragung Primo Levis durch Doktor Pannwitz deutlich: Dieser »thront fürchterlich hinter einem wuchtigen Schreibtisch. Ich, Häftling 174517, stehe in seinem Arbeitszimmer, einem richtigen Arbeitszimmer, klar, sauber und ordentlich, und mir ist, als müsste ich überall, wo ich hinkomme, Schmutzflecken hinterlassen. Wie er mit Schreiben fertig ist, hebt er die Augen und sieht mich an. [...] Zwischen Menschen hat es einen solchen Blick nie gegeben. [...] Der jene blauen Augen und gepflegten Hände beherrschende Verstand sprach: ›Dieses Dingsda vor mir gehört einer Spezies an, die auszurotten selbstverständlich zweckmäßig ist. In diesem besonderen Fall gilt es, festzustellen, ob nicht ein verwertbarer Faktor in ihm vorhanden ist.‹«[244]

Wie wurden die Häftlinge von den SS-Männern gesehen? Aufschluss darüber gibt eine spätere Aussage des Kommandanten des Vernichtungslagers Treblinka, Franz Stangl. Gefragt, ob er die KZ-Häftlinge nicht als Menschen betrachtet habe, sagte er tonlos: »Ware, sie waren nichts als Ware.«[245]

Die NS-typische Verbindung von Warenproduktion, Rationalität, Bürokratie und Verachtung wurde idealtypisch von Adolf Eichmann verkörpert. Wie Hannah Arendt anhand des Eichmann-Prozesses in Jerusalem 1961 aufzeigte, arbeitete die NS-Vernichtungsmaschinerie der Tendenz nach affektfrei. Eichmanns Aufgabe bestand ja genau darin, das Morden zu einer kalten bürokratischen Routinehandlung[246] zu (wie man heute sagen würde:) »optimieren«. Folgerichtig bestritt er auch, feindselige Gefühle gegen seine Opfer gehegt zu haben. Vielmehr betonte er, wie Hannah Arendt wiedergibt, »›persönlich‹ [...] nie das geringste gegen die Juden gehabt«[247] zu haben. Antisemitischer Hass wäre ja – ein Gefühl gewesen. Gefühle aber galt es idealerweise auszuschalten (Eichmann sah sich ja als »Idealist«); erstrebt wurde die kalte, sachliche Rationalität.[248]

Erschütternd am Prozess gegen Adolf Eichmann war, dass er, wie viele NS-Mitläufer und -Täter, keinerlei Schuldgefühle noch Gewissens-Scham zeigte.[249] Geschämt haben sich vielmehr – ihre Opfer:

Primo Levi beschreibt die traumatischen Schamgefühle der Holocaust-Überlebenden in seinem letzten Buch, *Die Untergegangenen und die Geretteten*. Viele der Überlebenden konnten sich ihrer Befreiung nicht freuen. Levi beschreibt seine existenziellen Zweifel: Warum hatte er überlebt – »warum ausgerechnet ich?«[250] Waren nicht die Besten diejenigen, die gestorben sind? Etwa »Szabo, der schweigsame Bauer aus Ungarn, der fast zwei Meter groß war und deshalb mehr Hunger hatte als alle anderen und trotzdem nicht zögerte, den schwächeren Gefährten beim Ziehen oder Schieben zu helfen, solange er die Kraft dazu besaß«.[251] Levi schreibt, dass vorwiegend die Schlimmsten überlebt haben, »die Egoisten, die Gewalttätigen, die Gefühllosen, die Kollaborateure der ›Grauzone‹, die Spione [...]. Überlebt haben die Schlimmsten, und das heißt die Anpassungsfähigsten. Die Besten sind gestorben.«[252] Kurz nachdem er diese Zweifel formuliert hatte, starb Primo Levi – vermutlich – den »Freitod«. Auch viele andere KZ-Überlebende verfielen nach der Befreiung in tiefe Depressionen oder begingen Suizid.

Scham und ihre Abwehr in der Nachkriegszeit

Was geschah mit der »deutschen Scham« der Weimarer Zeit nach der bedingungslosen Kapitulation Nazi-Deutschlands? Löste sich diese nach dem 8. Mai 1945 etwa in Luft auf? Wohl kaum, zumal es für die deutsche Bevölkerung galt, eine erneute Kriegsniederlage hinzunehmen und damit – noch mehr Scham (denn verlieren gilt ja traditionell als beschämend). Hinzu kamen millionenfach Traumata – und somit traumatische Schamgefühle – durch die erfahrenen Kriegserlebnisse, Bombennächte, Vergewaltigungen, Flucht und Vertreibung. Schließlich eine Flut von Schuld- und Gewissens-Schamgefühlen durch die von den Deutschen begangenen ungeheuerlichen millionenfachen Verbrechen im Krieg und an Juden (auch wenn es noch Jahrzehnte dauernd sollte, bis die Fakten, Daten und Zahlen *im Detail* wissenschaftlich erforscht und der Öffentlichkeit bewusst wurden). Scham und noch mehr Scham: So scheint mir das folgende Zitat von Salman Rushdie auch auf Nachkriegsdeutschland zuzutreffen: »Wohin ich mich auch wende, immer gibt es etwas, für das man sich schämen muss. Doch Scham ist wie alles andere; leben Sie nur lange genug damit, und sie wird Teil des Mobiliars. Man findet Scham in jedem Haus; sie brennt im Aschenbecher, hängt gerahmt an der Wand, liegt als Decke auf dem Bett. Doch niemand nimmt sie mehr wahr. Und alle sind wohlerzogen.«[253]

Eine Wirkung dieser Überfülle von Scham bestand darin, dass viele Deutsche vor lauter Scham ihre Schuld nicht mehr zu sehen vermochten, genauer: Sie erlebten ihre Schuld als Scham. Der Nationalsozialismus wurde so zu einer »peinlichen Geschichte«,[254] so etwa für den Historiker Golo Mann. Wie Arthur Koestler 1953 beobachtete, reagierten selbst gutwillige Deutsche mit einem gekränkten Gesichtsausdruck, wenn über Bergen-Belsen oder Auschwitz gesprochen wurde, als ob in Gegenwart einer viktorianischen Lady das anstößige Wort »Geschlecht« erwähnt worden wäre.[255] Diese Wahrnehmungsverzerrung (Schuld wird als Scham erlebt) lag auch der vieldiskutierten *Sonntagsrede* von Martin Walser im Jahr 1998 zugrunde. Etwa wenn er die »unaufhörliche Präsentation unserer Schande« kritisierte, »unsere geschichtliche Last, die unvergängliche Schande, kein Tag, an dem sie uns nicht vorgehalten wird«.[256] Wie Aleida Assmann beobachtet, dachten viele der am Nationalsozialismus Beteiligten »auch noch nach dem Zweiten Weltkrieg ungebrochen in den Kategorien von Ehre und Schmach. Das machte eine echte Auseinandersetzung mit dem Problem der Schuld unmöglich.«[257]

Die deutsche Scham entwickelte sich in West- und Ostdeutschland in unterschiedlicher Weise fort. In der DDR wurde das Leben durch strukturelle Erniedrigungen geprägt. Öffentliche Belobigungs- und Beschämungsrituale wurden »zu einem zentralen Bestandteil kollektiver Erfahrungen von DDR-BürgerInnen«.[258] Charakteristisch für die Bundesrepublik wurden insbesondere die Abwehrformen der Projektion, Beschämung, Verachtung, Arroganz, Konformität und Sucht.

Projektion

Viele unverarbeitete Emotionen in Bezug auf die NS-Zeit konnten ungebrochen auf das Feindbild Russland und den Kommunismus projiziert werden. So beobachteten Alexander und Margarete Mitscherlich im Jahr 1967 das verbreitete Denkmuster: »Man hat viele

Opfer gebracht, hat den Krieg erlitten, ist danach lange diskriminiert gewesen, obwohl man unschuldig war, weil man ja zu alledem, was einem jetzt vorgeworfen wird, befohlen wurde. Das verstärkte die innere Auffassung, man sei das Opfer böser Mächte: zuerst der bösen Juden, dann der bösen Nazis, schließlich der bösen Russen.«[259] Durch antikommunistische und -russische Projektionen wurden jahrzehntelang Schamgefühle entsorgt:
- durch Häme über die angebliche Dummheit und Primitivität »des« Russen. Etwa mittels einer Anekdote, die jahrzehntelang westdeutsche Kaffeetafeln erheiterte: »der Iwan« habe im eroberten Deutschland Wasserhähne aus der Wand gerissen, daheim in die Küchenwand geschlagen und sich gewundert, dass kein Wasser aus diesem Hahn floss;[260]
- durch Hohn über die wirtschaftlichen Probleme kommunistischer Staaten (wobei gerne übersehen wurde, dass die deutsche Kriegsstrategie der verbrannten Erde zu diesen Problemen maßgeblich beigetragen hatte);
- sowie durch Verachtung für die »Rückständigkeit« des »Ostens« (prototypisch etwa das DDR-Auto »Trabant«) und seiner Bewohner. Dabei wurden alte, schon von den Nationalsozialisten geförderte antislawische Ressentiments auf die ostdeutsche Bevölkerung übertragen.

Im Unterschied zum Antikommunismus war der Antisemitismus offiziell verpönt und zeigte (und zeigt) sich folglich, so Wolfgang Frindte, eher in versteckter Form: in privaten Andeutungen; indem den Juden eine Mitschuld an ihrer Verfolgung und Vernichtung zugeschrieben wurde; oder indem der Holocaust banalisiert und mit der israelischen Politik gegenüber den Palästinensern verglichen wurde.[261] Mit der Zuwanderung türkischer Gastarbeiter wurden antisemitische Ressentiments auch auf Türken verschoben. So kursierte z. B. Anfang der 1980er Jahre folgender »Witz«: »Was ist der Unterschied zwischen Juden und Türken? Die Juden haben's schon hinter sich.«

Konformität

Gewissens-Scham wurde auch abgewehrt, indem man sich gegenseitig seiner Unschuld an den Nazi-Verbrechen versicherte, nach dem

Denkmuster: »Wer so viel arbeitet, wer so einen sauberen Vorgarten hat, wer so ein gepflegtes Auto fährt, der kann kein schlechter Mensch sein.« So war das gesellschaftliche Klima der Nachkriegsjahrzehnte durch Konformität charakterisiert, die zum Selbstzweck wurde: »Was sollen die Leute sagen!« Es galt als erstrebenswert, angepasst, »normal«, »gut bürgerlich« und »ordentlich« zu sein.

Damit wurde die deutsche Tradition fortgesetzt, wonach Individualität mit sozialer Ächtung bestraft wird; die negative Einschätzung von Individualität drückt sich etwa in Redewendungen aus wie »da kann ja jeder kommen« oder »wo kommen wir hin, wenn jeder...«. Die Verachtung, die bei diesen Formulierungen mitschwingt (»Extrawurst«), deutet darauf hin, dass die Rücksichtnahme auf den »Einzelfall« abgewertet wird. Der Satz »Jedem das Seine!« ist hierzulande vor allem in seiner zynischen Verkehrung bekannt: als Motto des KZ Buchenwald. Ursprünglich ist dieser Satz seit Platon und Aristoteles Tugend und Rechtsprinzip, wonach jedem Menschen Gerechtigkeit zu gewähren sei. Dies wurde durch Karl Marx zur Forderung differenziert: »Jeder nach seinen Fähigkeiten, jedem nach seinen Bedürfnissen!«

Im Gegensatz dazu steht die Tradition, wonach die Einzigartigkeit jedes Individuums verdächtig ist. Nach der Pädagogik Ernst Kriecks von 1922 muss die »Individualität« des Kindes »erbarmungslos unterdrückt«[262] werden. Diese Forderung wurde Programm im »Dritten Reich« und seiner »Volksgemeinschaft«: »Du bist nichts, dein Volk ist alles.« Die ultimative Maschinerie zur Auslöschung von Individualität waren die Konzentrationslager. Der Einzelne wurde zur Zahl reduziert, noch die letztmögliche individuelle Tat – der Suizid – weitgehend unmöglich gemacht. Bezeichnend ist der Kommentar eines KZ-Wärters, der den Selbsttötungs-Versuch eines verzweifelten Häftlings verhinderte: »Hier kann nicht einfach jeder sterben, wann er will!« Der Verwundete wurde in die Krankenstation geschleppt und gesund gepflegt – um dann hingerichtet zu werden.

Von dieser Verachtung gegenüber Individualität ist die bundesrepublikanische Gesellschaft scheinbar weit entfernt. Seit den 1960er Jahre wird ja zunehmend über zu viel Individualismus geklagt, über zu viel gesellschaftsblinden, erfolgsorientierten Egoismus. Vielleicht führte unsere gesellschaftliche Entwicklung – weg vom Nationalsozialismus – fast unvermeidbar zunächst einmal vom einen Extrem zum anderen: von der traditionellen Verachtung von Individualität hin zu einem übersteigerten Individualismus. Die Ironie ist, dass beide Extreme durch Scham gesteuert werden: einerseits die Anpassung als Selbstzweck – andererseits die Gier nach Erfolg als Selbstzweck. Léon Wurmser zeigt dies am Beispiel einer traumatisierten Patientin: »Das traurige, schmerzbeladene Kind, das Schmerz und Trauer verleugnet, der Mensch, der das Trauma des Unsichtbarseins erlebt hat und immer wieder fürchtet und auch sucht, ersetzt die fehlende Liebe durch das Zuckergebäck des Erfolgs oder, in Karins Fall, in der Anpassung an eine Welt äußeren Erscheinens.«[263]

Zurück zur Nachkriegszeit. Durch ein süchtiges Verhältnis zur Arbeit und (was gerne übersehen wird) durch die ökonomische Ausbeutung der vielverachteten Gastarbeiter wurden die wirtschaftlichen Voraussetzungen für die typischen Süchte der kommenden Jahrzehnte geschaffen: Fresswelle, Konsumwelle, Reisewelle. Die Mentalität der Ära Adenauer wurde 1964 von der Zeitschrift *konkret* wie folgt charakterisiert: »wohlgenährt und kenntnislos, [...] belastet mit Vorurteilen, umgeben von Tabus, [...] uninformiert, unaufgeklärt, desorientiert, unentschieden zwischen Pril und Sunil, [...] kleinkariert und provinziell, anmaßend und altmodisch«.[264] Die Autorin dieser Zeilen war die spätere RAF-Terroristin Ulrike Meinhof.

Die Enge der Nachkriegszeit war eine Folge der emotionalen Erstarrung und einer bürokratischen Mentalität, die um die Jahrtausendwende zunehmend als blockierend kritisiert wird.[265]

Transgenerationale Weitergabe

Die »deutschen« Schamgefühle wurden vor allem dadurch abgewehrt, dass sie transgenerational an die nach dem Krieg Geborenen weitergereicht wurden. Auf diese Weise blieb und bleibt Scham ein wesentliches Grundgefühl unserer Gesellschaft. Diese Weitergabe von Scham erfolgt(e) übrigens nicht nur durch die Beziehungsdynamik in den Familien, sondern paradoxerweise auch durch den Schulunterricht zum Thema Nationalsozialismus und Holocaust. So kam eine Untersuchung im Jahr 1989 zu dem Ergebnis, dass 65 Prozent der befragten Schüler und Studenten Scham fühlten, »wenn der Massenmord der Vorfahren zur Sprache kam«[266] – *nachdem* sie eine beträchtliche Zahl von Unterrichtseinheiten über Nationalsozialismus und Holocaust hinter sich hatten. Zu meiner Überraschung finden viele Geschichtslehrer, mit denen ich diskutiert habe, diesen Befund positiv. Ich halte ihn für äußerst bedenklich, *weil* Schamgefühle so schmerzhaft und so leicht zu instrumentalisieren sind, wie dies durch den Rechtsextremismus erfolgreich praktiziert wurde und wird.

Die transgenerational weitergegebene Scham hatte zur Folge, dass die Jugendproteste Ende der 1960er Jahre in Deutschland mit heftigen Beleidigungen, Wut und Ressentiments ausgetragen wurden. Die Studentenbewegung war auch ein Kampf um Schamgrenzen: um den Umgang mit Nacktheit und Sexualität (Intimitäts-Scham) und um Haarlänge, Kleidung und Etikette (Anpassungs-Scham). Die studentische Linke empfand sich einerseits als Mitverfolgte des NS-Regimes, Opfer von Alt-Nazis und »Faschisten« (so ein überstrapaziertes Schlagwort) wie Lübke, Kiesinger, Strauß oder der »USA-SA-SS«. Durch »brachiale Versuche der Befreiung von der Last der deutschen Geschichte«,[267] so Gerd Koenen, wurde andererseits der tradierte Antisemitismus, leicht verschoben, im studentischen Antiamerikanismus,[268] in Antizionismus und -israelismus sowie in der Solidarisierung mit den Fedayin wiederholt. Bei der Entführung eines Flugzeugs nach Entebbe halfen deutsche Terroristen, jüdische Geiseln zu selektieren.

Die Wiedervereinigung der deutschen Scham

Ein wichtiges Ereignis in Bezug auf die deutsche Scham war die Wiedervereinigung, die für Ostdeutsche mit heftigen Beschämungen verbunden war. So beschreibt die Psychoanalytikerin Annette Simon ihre Scham »in der Schlange beim Abholen des Begrüßungsgeldes, über den Jubel der Leute beim Empfang der D-Mark, über das erste Wahlergebnis. Ich schämte mich über die so sichtliche Gier meiner Landsleute, für ihre Unreife und Unterwürfigkeit.«[269] Sie schämte sich auch für die Bereitschaft der Ostdeutschen, ihre Eigenständigkeit gleich wieder aufzugeben und sich schamlos bei den »neuen Pflegeeltern«[270] »anzuschmieren«, sowie für die schamlose Anpassung der Genossen an die neuen Strukturen.

Das Schlangestehen der Ostdeutschen wurde vom Westen lächerlich gemacht (»die sind das ja gewöhnt«). Verhöhnt wurde die

Zurückgebliebenheit der »Ossis«, ihr jahrelanges Leben in baufälligen Wohnungen, ihr gegenseitiges Bespitzeln und ihr weniges, ineffizientes Arbeiten; sie wurden als Spitzel, Kriecher und Neonazis entwertet. In arroganter Weise wurde die DDR von »Wessis« abgewickelt: So mussten z.B. die Mitarbeiter eines Rundfunksenders in einer Schlange warten und wurden nacheinander per Telefon, von Westdeutschland aus, über ihre Kündigung oder Neuanstellung informiert. Nach Simon nahmen Ostdeutsche diese Entwürdigung durchaus wahr – verbunden mit der Angst, keine Anstellung zu erhalten. Dies und die Scham darüber, was man in den DDR-Jahren mit sich hatte machen lassen (oder selbst getan hatte), hielt viele Ostdeutsche davon ab, sich zu wehren: Sie glaubten die Demütigung zu verdienen.

Der »West-Zwilling« wiederum verdeckte durch sein erniedrigendes Vorgehen seine Schuldgefühle, weil er seinen »Ost-Zwilling« über Jahrzehnte innerlich verlassen und vergessen hatte. Aus dieser unbewussten Schuld ging und geht ihm auch »das Gejammere des Ost-Zwillings, wie schwer er es hatte, besonders auf die Nerven sowie seine überzogenen Ansprüche, jetzt auch gleich alles haben zu wollen«.[271] Annette Simon kommt zu dem Ergebnis: »Diese Spirale von Schuld, Demütigung, wehrloser Depression oder schamloser Neuanpassung auf der einen Seite und von Verachtung, Aktivismus und Großmannssucht auf der anderen könnte mich zur Verzweiflung treiben, weil ich das Gefühl habe, dass diese so typisch deutsche Art, mit fehlender Selbstachtung und mangelnder Selbsterkenntnis umzugehen, bis zum Erbrechen wiederholt wird.«[272]

Scham und ihre Abwehr in der Bundesrepublik

Meine These ist, dass die »deutsche Scham« nach der militärischen Niederlage des »Dritten Reiches« zu großen Teilen in die deutsche Gesellschaft »eingesickert« ist und unsere Beziehungen bis heute latent »durchtränkt«.[273] So wird die Scham vor allem dadurch abgewehrt, dass wir sie gegen uns selbst und unsere Mitmenschen richten. Asfa-Wossen Asserate beobachtete ein »Unbehagen [der Deutschen] an sich selbst [...]. Ich kenne kein Volk, das so unsicher ist und so unzufrieden mit sich selbst wie die Deutschen. Und ich kenne kein Volk, das so hart ist gegen sich selbst.«[274]

Zwar betont die Bundesrepublik Deutschland bewusst und in Abgrenzung gegenüber dem NS-Staat die Achtung vor der Menschenwürde. Das Grundgesetz beginnt mit der normativen Forderung (Artikel 1): »Die Würde des Menschen ist unantastbar. Sie zu achten und zu schützen ist Verpflichtung aller staatlichen Gewalt.« Tatsächlich aber *wird* die Würde von Menschen in Deutschland tagtäglich verletzt – beginnend mit den allgegenwärtigen Gesten der Verachtung im Straßenverkehr. Eine französische Journalistin schrieb einmal, dass die Franzosen den Deutschen nicht übelnehmen, *dass* sie Mercedes fahren, sondern *wie* sie dies tun. Die Unfreundlichkeit vieler Deutscher wurde etwa von Alexander und Margarete Mitscherlich in *Die Unfähigkeit zu trauern*[275] im Jahr 1967 festgestellt.

Seither hat die Bundesrepublik gewiss sehr viel an Freundlichkeit und Humanität dazugewonnen, wie etwa die Feiern um die Fußball-Weltmeisterschaft 2006 zeigten. Trotz dieser erfreulichen Entwicklung besteht jedoch immer noch ein Übermaß an Schamgefühlen und an deren Abwehr. Der herrschende Zynismus – wie oben dargestellt eine Art der Verachtung und Form der Schamabwehr – zeigt sich etwa in der Verbreitung des Wortes »Gutmensch«, mit dem Menschen verächtlich gemacht werden, die sich für Frieden, Gerechtigkeit oder Bewahrung der Natur engagieren. Ein aktuelles Beispiel bietet das Stück »Ulrike Maria Stuart« von Elfriede Jelinek in der Inszenierung des Hamburger Thalia-Theaters, durch das sich Marlene Streeruwitz in ihrer Würde angegriffen sieht. Sie kommentiert: »Ich glaube nicht, dass es Kunst sein kann, wenn Verachtung das Mittel ist. Das gilt auch für Klamauk. Deutschsprachiger Humor war immer ein Mittel der Verächtlichmachung. Wir alle haben da eine lange Geschichte.«[276]

In den kommenden Abschnitten möchte ich – insbesondere an den Bereichen Erziehung, Bildung, Ausbildung und Beruf – aufzeigen, dass durch das bestehende Übermaß an Scham und deren Abwehr in unserer Gesellschaft die Würde und Gesundheit vieler Menschen verletzt und unsere Zukunft erheblich gefährdet wird.

Umgang mit Schwachen

Beschämend ist beispielsweise unser Umgang mit Schwäche, Krankheit oder »schwachen« Gefühlen. Ein Beispiel: Bei einer Umfrage im Jahr 2006 gaben sieben von zehn Bundesbürgern an, innerhalb der letzten 12 Monate geweint zu haben.[277] Die *Badische Zeitung* veröffentlichte diese Meldung unter der verächtlichen Überschrift: »Ein Volk von Heulern und Heulsusen«.[278] Ähnlich höhnte die *Bild-Zeitung*: »Echt zum Heulen! Umfrage enthüllt, was uns zum Weinen bringt. Schluchz! Die Deutschen – ein Volk von Heulsusen?«[279]

Ein weiteres Beispiel benannte der CSU-Politiker Horst Seehofer in einem Interview: »Gesundheitlich angeschlagen zu sein wird in der Politik als Schwäche eingestuft. Man schleppt sich weiter, solange es geht.«[280] Wer »ausbrennt«, muss sich nicht selten als unprofessionell beschimpfen lassen. So etwa durch den Management-Berater Fredmund Malik in der *Welt*: Burn-out sei ein Thema für »Verlierer« und »Amateure«, die keine »solide persönliche Arbeitsmethodik« und kein »intaktes Privatleben« hätten. Denn die »guten Manager reden nicht über sich selbst, sie beklagen sich nicht [...]. Sie konzentrieren sich auf ihre Aufgaben. Sie arbeiten unermüdlich an der Perfektionierung ihrer persönlichen Arbeitsmethodik [...]; sie verschwenden keine Zeit für Showmanship [...], sie setzen Prioritäten, und sie führen die Dinge zu Ende.«[281]

Beschämend ist unser Umgang mit sozial schwachen Menschen, etwa wenn diese als überflüssiger Ballast für die Gesellschaft, als schlechte, das Wirtschaftswachstum blockierende Konsumenten, als Versager und Schmarotzer abgewertet werden, wie dies beinahe täglich durch Medien und Politiker geschieht. Dabei gibt es viele Arme, die aus Scham keine Sozialhilfe beantragen, obwohl sie dazu berechtigt wären. Es gehört fast zum guten Ton, pauschal »den Arbeitslosen« zu unterstellen, sie brauchten mehr Druck (gemeint: Kürzungen von Arbeitslosengeld), um zum Arbeiten motiviert zu werden. So fordert etwa Lüder Gerken von der Stiftung Ordnungspolitik und der Friedrich-August-von-Hayek-Stiftung: »Die Drohung mit der Kürzung des Arbeitslosengeldes soll die Arbeitsbereitschaft erhöhen.«[282] Nach dieser Denkart besteht das Problem nicht etwa in der Vernichtung von Arbeitsplätzen (in der Folge von Rationalisierung, Globalisierung und der Sättigung der Nachfrage), sondern in der mangelhaften

Arbeitswilligkeit der Arbeitslosen. So werden kurzerhand Millionen von Bundesbürgern – mehr als fünf Prozent der Bevölkerung – beschämt. Die Folgen sind verheerend:

- Betroffen sind vor allem die Millionen von Berufstätigen, deren Ängste vor dem möglichen Verlust ihres Arbeitsplatzes geschürt werden (denn jede öffentliche Beschämung wirkt wesentlich auch auf die Zuschauer). Mehr als 70 Prozent der Deutschen haben Angst, ihren Arbeitsplatz zu verlieren; ein knappes Drittel hat Angst, in Armut abzurutschen.[283] Als Konsequenz verdoppeln viele Berufstätige ihren Arbeitseinsatz, auch unter entwürdigenden Bedingungen, oft in selbstdestruktiver Weise. Viele arbeiten auch dann, wenn sie krank sind.[284] Dies gilt beispielsweise für Anja Franke, Mitarbeiterin in einem Architekturbüro. Sie war mehrmals krank, bis ihre Chefs warnten: »Bei der nächsten Krankheit fliegst du.« Jetzt schleppt sie sich jeden Tag ins Büro, egal wie krank sie sich fühlt. Dafür, dass sie sich so unter Druck setzen lässt und nicht erhobenen Hauptes kündigt, schämt sie sich.[285]
- Dies hat Rückwirkungen auf das Arbeitsklima. 70 Prozent der Beschäftigten sind der Meinung, die Situation an ihrem Arbeitsplatz sei härter geworden. Der Wirtschaftswissenschaftler Wolfgang Stegmann schätzt die Kosten dieser Angst auf jährlich 100 Milliarden Euro: Angstgesteuerte Mitarbeiter leisten mindestens 20 Prozent weniger, greifen öfter zu Aufputschmitteln oder Wachmachern und mobben Kollegen häufiger.[286] Immer mehr Menschen leiden an psychischen Krankheiten.[287]
- Die Arbeitslosen werden erniedrigt und ihr Selbstwert wird zerstört. Sinnvoller wäre es, die Betroffenen zu ermutigen, an ihre Fähigkeiten zu glauben, und sie darin zu unterstützen, diese konstruktiv einzubringen. Denn die Ideen und das Engagement dieser Menschen werden vermisst. Es gibt genügend sinnvolle Tätigkeiten, die unsere Gesellschaft dringend benötigt: etwa die Arbeit mit Menschen, insbesondere Alten und Kranken, Kulturarbeit und Umweltschutz.[288]
- In letzter Konsequenz treffen die Folgen der Beschämung von Arbeitslosen auch die Allgemeinheit, denn die Beschämung von Teilen wirkt sich immer auf das Ganze, das gesellschaftliche Klima, aus.

Eines der Hindernisse, eine neue Beschäftigung zu finden, besteht darin, dass im deutschen Wertesystem viele Tätigkeiten als minderwertig gelten. Ulrich Fichtner schreibt: »Wer einen Beruf hat, in Deutschland, ist jemand. Wer einen Job hat, ist nicht viel. Es ist deshalb schwer, in Deutschland einen Schlosser zum Kellner machen zu wollen.«[289] Vor dem Hintergrund dieses Wertesystems hat es den Charakter öffentlicher Beschämung, wenn Hartz-IV-Empfänger zur Straßenreinigung zwangsverpflichtet werden.

Nicht die Arbeitslosen sind das Problem, sondern unsere Einstellung zur Arbeit, wonach der Wert eines Menschen an seiner Arbeitsleistung zu messen sei. Entsprechend werden alte Menschen in unserer Gesellschaft nicht wertgeschätzt, sondern beschämt, etwa indem sie als finanzielle Belastung für die öffentlichen Haushalte verhandelt und mehr oder weniger unverblümt als Schmarotzer verunglimpft werden.[290] In einem UN-Vergleich der Altenheime in Europa, Japan und den USA landete Deutschland auf dem letzten Platz.[291] Dabei sind die Senioren, die in den kommenden Jahren und Jahrzehnten auf Betreuung und Pflege angewiesen sein werden, in besonderem Maße von der Scham-Thematik betroffen: Sie wurden in einer Zeit sozialisiert, als Schwäche als lebensunwert und auszurotten galt. Ein Bekannter berichtete mir neulich, dass sein Vater, ein ehemaliger SS-Offizier, bis zum heutigen Tag nicht in der Lage ist, beim Essen am Familientisch darum zu bitten, dass ihm das Brot gereicht wird. Dies erlebt er offenbar als Abhängigkeit und Schwäche; daher steht er immer auf, geht um den Tisch und holt sich das Brot selbst.

Die Angehörigen dieser Generation müssen nun das Altern erleben und damit unvermeidlich ein Nachlassen ihrer Leistungsfähigkeit, den Verlust von Kontrolle über Körperfunktionen und zunehmende Hilflosigkeit und Abhängigkeit.[292] Wie stark die Ängste vor Altern und Schwäche verbreitet sind, lässt sich durch die Ergebnisse einer Umfrage erahnen. Demnach haben 72 Prozent der Bundesbürger Angst, ein Pflegefall zu werden, und 32 Prozent gaben an, sich eher das Leben nehmen zu wollen:[293] Lieber tot als auf Pflege angewiesen sein.

Bei der Betrachtung von Beschämung und Verachtung in der Bundesrepublik ist es wieder sinnvoll, zwischen zwei Grundformen zu unterscheiden: zum einen direkte, personale Erniedrigung, die etwa durch verächtliche Gesten oder beschämende Sätze vermittelt wird; zum anderen strukturelle Erniedrigung, die auf den Auswirkungen von Institutionen, Normen oder Diskursen beruht. Letztere wird in den Ergebnissen einer Umfrage von Wilhelm Heitmeyer über gruppenbezogene Menschenfeindlichkeit deutlich. Der Rechtsextremismus-Forscher beobachtet ein wachsendes »Syndrom von Menschenfeindlichkeit«[294] in der Bundesrepublik, mit einer Zunahme feindseliger Einstellungen gegenüber Gruppen schwacher Menschen. Dieses Syndrom zeigt sich auch strukturell:

- Es erfogte eine Polarisierung der Gesellschaft und eine ökonomische Umverteilung von unten nach oben. So wuchs das Nettovermögen des reichsten Viertels der Bevölkerung in Westdeutschland zwischen 1993 und 2004 um über 27 Prozent, in Ostdeutschland um fast 86 Prozent. Zugleich verringerte sich das Nettovermögen beim ärmsten Viertel der Bevölkerung um fast 50 bzw. 21 Prozent in West- bzw. Ostdeutschland.
- Immer mehr Menschen werden an den Rand der Gesellschaft gedrängt oder haben Angst davor, durch den Verlust ihres Arbeitsplatzes an den Rand gedrängt zu werden.
- Immer häufiger wird gefordert, Obdachlose aus dem Stadtbild zu entfernen.
- Oft wird die Situation von Gruppen schwacher Menschen gar nicht erst thematisiert, sondern aus der öffentlichen Wahrnehmung und Diskussion ausgeschlossen. Diese, so Heitmeyer, »Ausblendungsakrobatik« von Gesellschaft und Politik hat negative Auswirkungen auf den Zusammenhalt unserer Gesellschaft.

Nach Heitmeyer gehen diese Spaltungsprozesse mit Abwertungen und feindseligen Einstellungen gegenüber Zuwanderern einher. Er schätzt, dass ein Viertel der Bevölkerung für rechtspopulistische Verlockungen anfällig ist; weitere Teile reagieren eher mit politischer Apathie.[295] Wie schon der Nationalsozialismus, so lebt auch der neue Rechtsextremismus von den unaufgearbeiteten Schamgefühlen seiner Anhänger, deren Abwehr er legitimiert (dies zeigt sich z.B. an der häufigen Verwendung von Begriffen wie »Ehre«, etwa in der Parole »Ruhm und Ehre der Wehrmacht«). So berichtet Hajo Funke in der Studie über Rechtsextremismus in der Berliner Republik von traumatischen Entwertungserfahrungen in den Biographien rechtsextremistischer Gewalttäter. Die jungen Männer erzählten von jahrelangen systematischen Kränkungen und schweren Misshandlungen durch ihre Eltern.[296] Wenn zu diesen Scham-Erfahrungen noch weitere Erniedrigungen hinzukommen – etwa wenn Menschen als zurückgebliebene »Ossis«, »Versager« oder »Sozialschmarotzer« verhöhnt werden –, kann sich ein Übermaß an unerträglichen Schamgefühlen aufstauen, das nach Abwehr geradezu schreit.[297]

Mobbing, Scham und Macht

Auch viele Berufstätige erfahren Beschämungen, Entwürdigungen oder Ausgrenzungen; diese werden unter bestimmten Bedingungen unter dem Begriff »Mobbing« erfasst. Dieses besteht zu großen Teilen aus Mechanismen, die in Kapitel 3 als Formen der Schamabwehr beschrieben wurden. So nennt der Mobbing-Forscher Dieter Zapf folgende sechs typischen Mobbing-Strategien:
- Einer Person werden Aufgaben oder Entscheidungskompetenzen entzogen; ihr werden sinnlose oder ihren Selbstwert verletzende Arbeiten aufgetragen.
- Sie wird sozial isoliert, indem man nicht mehr mit ihr spricht, sie ausgrenzt oder meidet; ihre Kommunikationsmöglichkeiten werden eingeschränkt.
- Sie wird persönlich und in ihrer Privatsphäre angegriffen; ihr Ansehen wird beeinträchtigt. Sie wird lächerlich gemacht, etwa durch Witze über ihr Privatleben.
- Sie wird verbal bedroht, angeschrien, kritisiert oder in Gegenwart von Kollegen gedemütigt.
- Körperliche Gewalt wird angedroht oder ausgeübt.
- Gerüchte[298] werden über sie verbreitet.[299]

Im Alltag wird der Begriff Mobbing häufig verwendet, wenn die eine oder andere dieser genannten Strategien erlebt wurde. Nach Schätzung von Dieter Zapf und Claudia Groß würden etwa 10 bis 25 Prozent der Menschen angeben, in den letzten sechs Monaten gemobbt worden zu sein.[300] Dagegen wird in der wissenschaftlichen Forschung nur dann von Mobbing gesprochen, wenn die Handlungen häufig und zielgerichtet gegen eine Person gerichtet werden.[301] Im Sinne dieser engeren Definition schätzen Zapf und Groß die Häufigkeit von Mobbing in Deutschland auf 1,2 bis 4 Prozent.[302] Diese enge Definition übersieht jedoch, dass auch wenige Beschämungen ausreichen können, um ein Opfer – mitsamt allen Zuschauern! – dazu zu bringen, »den Kopf einzuziehen«, den Mund zu halten und innerlich zu kündigen.

Ob durch Mobbing im engeren Sinne oder durch erniedrigendes oder verächtliches Betriebsklima im weiteren Sinne: Kränkungen machen krank (vgl. S. 69 f.). Der Mobbing-Forscher Heinz Leymann schätzt, dass 15 Prozent der Suizide auf Mobbing zurückgehen.[303] Über das Leid der Betroffenen und ihrer Familienangehörigen hinaus sind die gesellschaftlichen Kosten von fehlender Anerkennung und Beschämung bis hin zu Mobbing immens: zum einen die Kosten für das Gesundheitssystem, zum anderen die Schäden für den Betrieb und die Volkswirtschaft. Vorgesetzte oder Kollegen, die ihre Mitarbeiterinnen und Mitarbeiter entwerten, ruinieren auch das Betriebsklima und verringern damit die Produktivität der Firma; die Folge sind etwa vermehrte Fehlzeiten, Kündigungen, verminderter Arbeitseinsatz, die ungenügende Weitergabe von Informationen, Rechtsstreitigkeiten usw.[304] Die Psychotherapeutin und Unternehmensberaterin Barbara Mettler-von Meibom schreibt: »Wer materielle Wertschöpfung unter Absehung der immateriellen Wertschöpfung betreibt, gefährdet nachhaltig unternehmerischen Erfolg.«[305]

Dies gilt umso mehr für Länder wie Deutschland, deren wichtigste Ressource nicht in Rohstoffen, sondern in den geistigen Fähigkeiten ihrer Bürgerinnen und Bürger besteht. Menschen zu erniedrigen hat zur Folge, dass ihre Fähigkeiten, kreativ zu denken, zu lernen und zu erinnern blockiert werden (vgl. S. 67). Hinzu kommt, dass vorzugsweise diejenigen Menschen gemobbt werden, die in hohem Maße offen, neugierig, unkonventionell, kritisch und innovativ sind.[306] In der Folge wird das Innovationspotenzial einer Firma bzw. Gesellschaft blockiert. Mittel- bis langfristig wechseln die qualifiziertesten und damit an der Wertschöpfung am meisten beteiligten Mitarbeiterinnen und Mitarbeiter in Betriebe, in denen sie mehr Wertschätzung erfahren[307] – oder sie wandern aus.

Die negativen Auswirkungen von Mobbing sind in den vergangenen Jahrzehnten zunehmend allgemein bekannt geworden. Warum aber kommt es dennoch immer wieder zu Beschämungen, Ausgrenzungen und anderen Erniedrigungen? Ich sehe vor allem vier Ursachen:

Erstens: Eine Ursache ist psychologischer Art: Andere Menschen zu beschämen dient der Abfuhr eigener, unerträglicher Schamgefühle. Dazu werden Opfer benötigt.

Zweitens: Eine andere Ursache ist gesellschaftlicher Art: Beschämungen haben eine Funktion, sie sind der Stoff, aus dem Macht und

Status gemacht werden. Schamgefühle stellen – solange sie nicht bewusst sind – ein Potenzial dar, das leicht zu instrumentalisieren ist, nach dem Prinzip: »Beschäme und herrsche!« So besteht ein beliebtes Ritual (besonders von Jungen und Männern) darin, sich über die Schwächen anderer lustig zu machen.[308] Dies schafft Pseudo-Gemeinschaft (die Lachenden verbünden sich auf Kosten der Verspotteten) und Hierarchie: Der Verhöhnende gewinnt Macht über den Verhöhnten. »Ein Individuum zur Scham zu veranlassen, heißt, Macht auf es auszuüben: Beschämungen erlauben Machtgewinn«,[309] so der Sozialwissenschaftler Sighard Neckel. Dies funktioniert in der Arbeitswelt, in Jugendcliquen und in der Politik.

Massive Beschämungen wurden, wie gezeigt (vgl. S. 107 ff.), im Nationalsozialismus eingesetzt. In weniger massiver Form sind Beschämungen auch in der Politik zu beobachten, von der Gemeinderats-Versammlung bis zum Bundestag: Kritische Fragen werden abgebügelt, indem die fragende Person entwürdigt wird: Etwa in Joschka Fischers Sätzen an die Opposition: »Sie machen keine Fehler. Sie sind der Fehler.«[310]

Aus Sicht der gesellschaftlich Unteren bedeutet Scham, dass die erfahrene Erniedrigung verinnerlicht, zum Selbst-Bild gemacht wurde: Der Betreffende sieht sich selbst als »Fehler«, unfähig und unwürdig. Aus Scham duckt er sich, macht sich klein und hält den Mund. Scham entpolitisiert und entsolidarisiert, denn unter Scham wird die Beziehung zu den Mitmenschen abgebrochen. Von daher besteht auf Seiten der Herrschenden kein Interesse daran, Scham und die Mechanismen ihrer Abwehr zu thematisieren. Auch das Sich-Verstecken und emotionale Erstarren hat eine wichtige politische Funktion: Die Bürger werden in einem Zustand politischer Apathie gehalten. Negativismus und Zynismus verhindern, dass sie wagen, ihre Sehnsüchte nach einer gerechten Ordnung zum Ausdruck zu bringen – aus Angst, als »weltfremde Weltverbesserer« oder »Kommunisten« beschämt zu werden.

Drittens: Eine weitere Ursache für Beschämungen ist ökonomischer Art: Scham ist ein wesentlicher Wirtschaftsfaktor. Die Werbung für zahllose Produkte setzt an den Schamgefühlen an, die Menschen wegen dem empfinden, wie sie *sind,* verglichen mit dem, wie sie sein *sollten.* Anstatt zu *sein,* hecheln wir oft einem Ideal hinterher, das wir erreichen zu können glauben, indem wir dieses oder jenes Produkt *haben*. Denn unser Wirtschaftssystem wird von einem merkwürdigen Optimismus getragen. Es will uns glauben machen, »dass es keinen Tod gibt, keine Entstellung, keine körperliche, keine Geisteskrankheit, keine Armut, Lethargie und kein Unglück«.[311] Eine Welt voller Einkaufszentren, in denen die Menschen die Aufgabe haben, Güter zu kaufen, die sie benötigen, um perfekt zu werden. Ganze Industriezweige leben von ihren Verheißungen, die Schambeladenen dieser Erde jung, stark, sportlich, schlank, schön, erfolgreich, gut gelaunt, mit einem Wort: perfekt zu machen. Ihre Produkte versprechen Hautunreinheiten zu übertünchen, körperliche »Mängel« modisch zu kaschieren, müde Männer und ihre Penisse zu ermuntern, Unglückliche zu beglücken, Depressive aufzuhellen, Übergewicht ab- und Muskelmasse aufzubauen, Häute zu straffen, kleine Brüste zu vergrößern und große zu verkleinern, Körpergerüche zu überdecken und vieles mehr. Auch Arroganz benötigt Vehikel, etwa die »Freiheit«, seine Minderwertigkeitsgefühle durch Konsum um des Konsums willen zu kompensieren, durch Besitz um des Besitzes willen, Macht um der Macht willen. Oder durch massige Luxusautos, wuchtige sogenannte »Sports Utility Vehicles« oder Sportwagen, die oft vor allem dazu dienen, auf sich aufmerksam zu machen.

Viertens: Eine weitere Ursache für Beschämungen ist pädagogischer Art; sie besteht in einer pädagogischen Praxis von Beschämung und Selbstbeschämung. So ist in Deutschland die Vorstellung verbreitet, Menschen könnten dadurch verbessert werden, dass sie sich selbst sowie andere erniedrigen – mehr dazu im nächsten Abschnitt.

Scham und Beschämung im Umfeld der Pädagogik

Im Bereich der Pädagogik hält man es oft für sinnvoll, sich selbst und andere zu beschämen: Das gilt innerhalb der pädagogischen Tätigkeit selbst wie gegenüber den Akteuren der Pädagogik (wie Lehrern, Eltern). Neben der familiären Erziehung (wie in Kap. 2 ausgeführt) sind Beschämungen in Ausbildungs-Situationen die wichtigsten Medien, mit denen Scham von der einen an die nächste(n) Generation(en) weitergegeben wird. Dies ist wie ein Teufelskreis: Beschämungen, die in der frühen Kindheit und später in Schule, Berufsausbildung, eventuell Militärzeit oder Hochschule erfahren wurden, werden verinnerlicht und – solange sie nicht aufgearbeitet wurden – nicht selten in der eigenen Tätigkeit als Ausbilder, Lehrer oder Hochschullehrer wiederholt. Dies funktioniert wie ein Rad, das sich, einmal angestoßen, dreht und nochmals dreht – es sei denn, im günstigen Fall, die Drehbewegung wird bewusstgemacht und gestoppt (dazu möchte dieses Buch beitragen). Im ungünstigen Fall wird das Rad erneut angestoßen und erhält dadurch zusätzlich Energie, um sich noch weiter zu drehen.

Dieser ungünstige Fall scheint mir gegenwärtig vorzuliegen, wenn Lehrerinnen und Lehrer – wie kaum eine andere Berufsgruppe – öffentlich demontiert werden.[312] Dies geschah etwa durch Politiker, die pauschal die Lehrer als »faule Säcke«[313] bzw. »faule Hunde«[314] abkanzelten, oder durch Medien wie den *Spiegel*, der wiederholt Lehrerkollegien als »Auffangbecken für Studienversager, Mittelmäßige, Unentschlossene, Ängstliche und Labile, kurz gesagt für Doofe, Faule und Kranke« beschrieb.[315] Die gleiche Tendenz hatte das *Lehrerhasserbuch*, das die Lehrer als faul, unprofessionell, hilflos, ahnungslos, gestresst und überfordert beschreibt.[316]

Lehrer zu beschämen ist üblich und alltäglich. Was Öffentlichkeit, Politiker und Medien vormachen, wird auch von Schülern praktiziert: Joachim Bauer fand in einer Befragung von Lehrerinnen und Lehrern heraus, dass 43 Prozent von ihnen innerhalb eines Jahres mit massiven verbalen Angriffen von Schülern konfrontiert waren.[317] So ist für viele Lehrer der Beruf zu einem Überlebenskampf geworden. Petra Eggebrecht, kommissarische Leiterin der Rütli-Hauptschule in Berlin-Neukölln, machte im Jahr 2006 die Misere in einem Brief öffentlich und schrieb von »Aggressivität, Respektlosigkeit und Ignoranz uns Erwachsenen gegenüber [...]. In vielen Klassen ist das Verhalten im Unterricht geprägt durch totale Ablehnung des Unterrichtsstoffes und menschenverachtendes Auftreten.«[318]

Hinter diesem Schülerverhalten steckt häufig der Versuch, Ehre oder, in den Worten von Schülern, »Respekt« zu erlangen. Wie Klaus Brinkbäumer u. a. recherchierten, geht es für diese Jugendlichen »nur noch um einen Wert: Respekt. Respekt bekommt, wer cool und wer stark ist, wer die richtige Kleidung trägt, [...] wer sich nichts gefallen lässt, wer nicht weich und zart ist. Respekt kriegen die Harten, [...] nichts als Verachtung kriegt, wer mit Lehrern spricht. Lehrer anzuspucken bringt viel Respekt. [...] Lehrer Wichser zu nennen und [...] die heulende Vertrauenslehrerin aus dem Klassenzimmer zu jagen, das bringt sehr viel Respekt.«[319]

Entwürdigt werden Lehrer nicht selten auch von Elternseite: etwa durch abfälliges Reden, Misstrauen, Intervenieren, Klagen, Einschüchterungsversuche, Mobbing oder kritische Briefe an die Vorgesetzten. Dabei fühlen sich viele Eltern selbst in der Erziehung ihrer Kinder verunsichert und überfordert; der Neuropädiater Hans-Georg Schlack benennt das »allgemeine erzieherische Unvermögen der Familien« als »Volkskrankheit«.[320] Der Erziehungswissenschaftler Dieter Lenzen schätzt, dass 40 Prozent der Familien bildungsfern sind und sich wenig oder gar nicht um ihre Kinder kümmern.[321] Zugleich sind nur ein bis zwei Drittel der Eltern mit den Lehrern zufrieden.[322] Anstatt jedoch konstruktiv zum Wohl der Kinder zusammenzuarbeiten, ist die Kommunikation zwischen Eltern und Lehrern häufig nicht aufgeschlossen, sondern beide Seiten sind reserviert und kontaktunwillig.[323]

Beschämungen erleben Lehrerinnen und Lehrer auch durch Kollegen, durch Vorgesetzte wie auch durch Nachbarn (»Na, schon wieder Feierabend!?«). In unseren Lehrerfortbildungen zeigt sich immer wieder, wie sehr viele Lehrerinnen und Lehrer dadurch in ihrem Selbstwert verletzt, gekränkt und somit krank gemacht werden. Nur 9 Prozent aller Lehrer halten bis 65 durch; 29 Prozent zeigen Burn-out-Symptome wie totale Erschöpfung, Resignation und Nervosität; weitere 30 Prozent sind Burn-out-gefährdet.[324]

Zu einer Verbesserung dieser Beschwerden trägt die Dauerbeschämung der Lehrer gewiss nichts bei: Denn unter Scham stehen höhere geistige Fähigkeiten nicht zur Verfügung, der bzw. die Betreffende ist auf die einfachsten Überlebensmechanismen zurückgeworfen. Wie könnte da anspruchsvolles Lehren gelingen? Joachim Bauer betont: »Solange Politiker wie Medien das Ansehen der Lehrer ruinieren, solange werden wir bei PISA nicht besser abschneiden.«[325]

Im Unterschied zu Deutschland werden etwa in Kanada oder Finnland die Lehrer gesellschaftlich wertgeschätzt – es dürfte kein Zufall sein, dass deren Schüler in der PISA-Studie Spitzenplätze einnehmen. Die Bildungsmisere hierzulande ist meines Erachtens in erster Linie kein finanzielles Problem – die Bildungsausgaben Finnlands sind nur wenig höher als die Deutschlands.[326]

Die Schwierigkeit, die Schulen in Deutschland zu verbessern, wird von Manfred Prenzel, Leiter des deutschen PISA-Konsortiums, wie folgt benannt: »Wer etwas anders macht, wird in Deutschland sehr kritisch beäugt. Es gibt Häme, wenn jemand scheitert. Deshalb trauen sich nur wenige, etwas Neues zu erproben. Zudem sind Lehrkräfte nach wie vor Einzelkämpfer.«[327] Wobei viele Lehrer Einzelkämpfer sind, *weil* sie sich so vor der Häme – durch Kollegen, Vorgesetzte, Eltern, Schüler, Medien oder Öffentlichkeit – zu schützen versuchen. Denn Beschämungen entsolidarisieren. Aus Angst, beschämt zu werden, »herrscht an deutschen Schulen eine Kultur, sich nicht in die Karten schauen zu lassen [...], während in finnischen und kanadischen Schulen die Türen zumeist offen stehen.«[328]

Wenn ich mich dagegen ausspreche, Lehrer zu beschämen, soll damit nicht behauptet werden, dass die Schule nicht verbessert werden könnte. Ich meine allerdings, dass die Beschämung der Hauptakteure nicht zu einer Besserung, sondern zu einer Verschlimmerung beiträgt.

Nicht nur Lehrer, auch Eltern werden entwürdigt – vor allem alleinerziehende oder berufstätige Mütter (als »Rabenmütter«), auch dies im Unterschied zu anderen Ländern.[329] Entwürdigungen oder Missachtungen erfahren auch viele Kinder – in Ausbildung, Schule, Kindergarten oder im Elternhaus. In einer UNICEF-Studie gaben fast 60 Prozent der deutschen Jugendlichen an, ihre Eltern würden sich so gut wie nie mit ihnen unterhalten. Damit liegt Deutschland in einem Vergleich von 21 Industriestaaten mit Abstand auf dem letzten Platz.[330] In welchem Ausmaß Kinder missbraucht werden, ist schwer abzuschätzen; die Dunkelziffern sind hoch. Es wird geschätzt, dass etwa 10 Prozent aller Kinder in der Bundesrepublik körperliche Grenzverletzungen in Form von schwerer körperlicher Gewalt erfahren und dass 5 bis 30 Prozent der Kinder Opfer von sexualisierter Gewalt sind. Noch schwerer einzuschätzen ist die Zahl der Fälle, in denen Kinder in – oft subtiler Weise – narzisstisch dazu missbraucht werden, die Bedürftigkeit ihrer Eltern nach Bewunderung zu befriedigen.

Viele Schüler werden durch ihre Mitschüler gemobbt.[331] In neuen psychologischen Studien konnte das Klischee vom dumpfen Schläger korrigiert werden: Häufig sind die Peiniger ihren Mitschülern kognitiv überlegen. Sie durchschauen die Machtverhältnisse einer Gruppe oder Klasse und nutzen diese für ihre Angriffe aus.[332] Oft schämen sich gedemütigte Schüler ihrer Wehrlosigkeit, ziehen sich zurück und schweigen. Sie haben auch Angst, dass Eltern oder Lehrer das Problem noch verschlimmern, etwa wenn ein Lehrer in der Klasse die Namen nennt und so das Opfer bloßstellt – das später als »Verräter« umso härter bestraft wird.[333]

Nach einer Untersuchung von Wolfgang Melzer empfindet nur ein Drittel der befragten Schülerinnen und Schüler das Lehrerhandeln als nicht-abwertend; ein Drittel bis zwei Drittel fühlen sich von ihren Lehrern vor der Klasse bloßgestellt bzw. »teils – teils« bloßgestellt.[334] Etwa der 17-jährige Schüler, der von seinem Mathematiklehrer zu hören bekam: »Wie doof bist du eigentlich, das kapiert doch jeder Straßenpenner.«[335] Annedore Prengel und Friederike Heinzel beobachteten, wie die Demütigung einer Schülerin im Unterricht inszeniert wird; sie schildern dies aus Sicht der Schülerin: »Ich hasse Sport [...]. Die anderen hänseln mich immer, wenn ich nicht über den Bock springen kann. Bloß weil ich ein bisschen dicker bin als die anderen. Oh Gott, Kletterstangen sind heute dran [...] Ich soll jetzt da hoch. Und alle gucken mir zu. Ich höre schon die Jungs, weil sie lachen und sagen: ›Hey, du bist viel zu dick, da kommst du nicht hoch‹. Am liebsten würde ich jetzt gehen. Aber Frau Schulze zwingt mich zum Klettern. Ich lege beide Hände um die Stange und versuche mich hochzuziehen. Es geht nicht. Jetzt fangen alle laut an zu lachen und einer ruft: ›Dicki, Dicki, du hängst wie ein nasser Sack da‹. Ich schäme mich, und langsam kullern mir Tränen über die Wangen.«[336]

Prengel und Heinzel schätzen, dass in einem Drittel bis einem Viertel des Unterrichts die Schüler missachtet werden – durchaus Tür an Tür mit Schulklassen, in denen mit Freude gelernt wird.[337] Volker Krumm und Kirstin Eckstein kommen aufgrund einer Befragung von Studierenden und Eltern zu dem Ergebnis, dass etwa drei Viertel aller Schüler durch Lehrer gekränkt wurden, davon etwa ein Drittel einmal und zwei Drittel wiederholt. Nach den Kriterien der engeren Definition von Mobbing wurden etwa 17 Prozent der Befragten durch Lehrer gemobbt.[338] Über fremdenfeindliche Lehrer berichten Ingrid Eissele und Boris Schmalenberger.[339]

Diese Untersuchungen belegen, dass Beschämungen im deutschen Schulalltag durchaus üblich sind und das Selbstwertgefühl aller Beteiligten ruinieren: der Lehrenden wie der Lernenden. Über diese direkten, personalen Beschämungen, die sich zwischen Lehrern und Schülern ereignen, dürfen die *strukturellen* Erniedrigungen des Systems

Schule nicht übersehen werden. Um hier nur einige Aspekte zu nennen:

Erstens: Teil des heimlichen Lehrplans unserer Schulen ist es, dass die Schülerinnen und Schüler in eine starre Zeitstruktur (für die es keine lernpsychologische Begründung gibt) eingepasst werden. Dazu muss das qualitative, erfahrungsorientierte Zeiterleben des Kindes gebrochen und durch die, so Karlheinz Geißler, quantitative »Zeitlogik des Mechanischen [ersetzt werden], dem sich alles Organische im Hinblick auf das Produktionsziel unterzuordnen hat«.[340] Dieses lineare Verständnis von Zeit »und die damit verbundene Vorstellung von der fast grenzenlosen Planbarkeit, Machbarkeit und Kontrollierbarkeit aller technischen und sozialen Prozesse«[341] ist zur vorherrschenden Lebensauffassung der Industriegesellschaften geworden.[342]

Für diesen Zeittakt sind die natürlichen Rhythmen nur Störfaktoren, die es zu eliminieren gilt, zuallererst die jeweilige *Eigenzeit* des Schülers: Jeder Mensch hat seine individuelle Leistungskurve, die genetisch vorgegeben ist und so gut wie nicht »umerzogen« werden kann. Die chronobiologische Forschung unterscheidet grob zwischen »Eulen« (Menschen, die spät arbeiten und spät zu Bett gehen) und »Lerchen« (solche, die früh arbeiten und früh zu Bett gehen). Jugendliche in der Pubertät sind meistens »Eulen«; es ist erwiesen, dass durch einen späteren Unterrichtsbeginn die Leistungen und die Gesundheit der Schüler verbessert werden könnten.

Jeder Mensch hat seinen ganz individuellen biologischen Rhythmus von Aktivität und Ruhe: seine eigene Zeit, zu rechnen und zu träumen, zu lernen und zu erinnern, sich zu konzentrieren und Ideen »quer« zu verknüpfen, einsam oder gesellig zu sein usw. Im Gegensatz dazu beginnt der Schulunterricht pünktlich und soll wie ein Uhrwerk funktionieren. Wer zu spät kommt, wird bestraft, »wobei subjektive Zeitbedürfnisse eben nicht als Entschuldigungsgrund gelten. Akzeptiert wird z. B., dass der Zug Verspätung gehabt hat, nicht jedoch das subjektive Gefühl, noch gar nicht genügend lernfähig zu sein.«[343]

Die Eigenzeit jedes Menschen gehört zum individuellen Kern seiner Persönlichkeit. Dieser Kern wird von einer Form von Scham beschützt (Intimitäts-Scham); diese »umzäunt«, so Léon Wurmser, unseren »inneren Lebensbereich«, sie ist die »Wächterin [...] unseres intimsten Lebens – unserer Gefühle, ›der Logik des Herzens‹«.[344] Die Eigenzeit eines Menschen zu brechen löst daher Schamgefühle aus, die sich etwa in Schülerverhalten wie trotzigem Zuspätkommen oder Leistungsverweigerung ausdrücken können.

Zweitens: Der Logotherapeut Wolfram Kurz formuliert den strukturellen Zynismus des heutigen Schulsystems wie folgt: »Eine junge Generation, die von der älteren permanent über eine katastrophale Zukunft informiert wird, die die Alten verursacht haben, die sie aber nicht mehr erleben müssen, eine junge Generation, die erfährt, dass die ältere über den drohenden Zusammenbruch der Welt permanent informiert, aber kaum gegensteuert, eine junge Generation, die darüber hinaus gezwungen wird, einen großen Teil ihrer Zeit in der Schule mit anstrengenden Arbeiten zu verbringen, die weder das kleine, private, vorläufige Glück sozialen Aufstiegs garantieren, noch für die Eroberung einer heilen zukünftigen Welt Entscheidendes beitragen, eine solche Generation muss sich gewiss so vorkommen: zynisch behandelt.«[345] Wird diese Perspektivlosigkeit durch drohende Arbeitslosigkeit (vor allem für Hauptschüler) noch verstärkt, dann erwächst daraus eine »negative Grundhaltung, die die Lehrer zermürbt«, wie der ehemalige Direktor der Berliner Rütli-Schule, Helmut Hochschild, sagt.[346] Nach Angaben von UNICEF schätzen deutsche 15-Jährige ihre Zukunftsaussichten so pessimistisch ein wie Gleichaltrige in kaum einem anderen Land; 30 Prozent rechnen nicht damit, eine qualifizierte Arbeit zu finden.[347]

Drittens: Weitere Faktoren, die zur strukturellen Erniedrigung in der Schule beitragen, sind etwa folgende: Viele Schulgebäude und Klassenzimmer haben eine fabrikähnliche Architektur oder sind verwahrlost. Nicht selten ist das »Klima« innerhalb eines Kollegiums sowie zwischen Schulbehörden, Rektoren, Lehrern oder weiteren Mitarbeitern vergiftet. Dazu trägt bei, dass Schulen in der Regel ihr Kollegium nicht selbst zusammenzustellen dürfen. Die Schulkultur nicht weniger Schulen ist abwertend; dies zeigt sich etwa in der Sprache (etwa wenn von »Schülermaterial« gesprochen wird) und in der Rückmelde- und Zeugniskultur (die Sprache, in der Schüler Rückmeldungen erfahren). Weitere Faktoren:

- Die Schulen haben den Auftrag, die Schüler zu selektieren. Der Schultyp, der besonders viel Aufmerksamkeit braucht, die Hauptschule, gilt als »Restschule«, Schule für die »Reste« (immerhin 10 Prozent aller Schüler, fast 1 Million, werden vernachlässigt und fallen aus vielen abiturfixierten Schuldiskussionen heraus).[348]

- Die Lehrerausbildung wird geringgeschätzt, wie z. B. das Ansehen der Pädagogischen Hochschulen zeigt. Die Unterrichtsforschung wird von diversen Forschungstöpfen explizit ausgeschlossen.
- In der Folge der PISA-Studien wird vermehrt über Bildung diskutiert, jedoch selten über *Menschen*. Vorwiegend geht es um Zahlen: Unterrichtseinheiten, Klassengrößen, Lehrerstellen, Notendurchschnitte, Ranking, Input-Output u. v. a. Dabei werden die Schülerinnen und Schüler in der Regel nur daraufhin betrachtet, was sie für den künftigen Wirtschaftsstandort Deutschland beitragen werden; sie werden nicht als Menschen gewürdigt, die ein Recht auf Förderung ihrer je eigenen Potenziale haben. Ihre musischen Potenziale werden zunehmend zugunsten kognitiver Lernziele vernachlässigt.[349]

Strukturelle Erniedrigungen können sich mit persönlichen Beschämungen aufaddieren, bis das Lehren und Lernen in einer Schule blockiert und zum Klassen-Kampf wird: im Extremfall bis zu Gewalttaten wie dem Amoklauf des 18-jährigen Sebastian B. an der Geschwister-Scholl-Realschule (GSS) in Emsdetten am 20. 11. 2006. Dies wird durch seinen Abschiedsbrief deutlich:

»[...] Das einzigste was ich intensiv in der Schule beigebracht bekommen habe war, dass ich ein Verlierer bin. Für die ersten Jahre an der GSS stimmt das sogar, ich war der Konsumgeilheit verfallen, habe danach gestrebt Freunde zu bekommen, Menschen die dich nicht als Person, sondern als Statussymbol sehen. [...] Man musste das neuste Handy haben, die neusten Klamotten und die richtigen ›Freunde‹. Hat man eines davon nicht, ist man es nicht wert beachtet zu werden. Und diese Menschen nennt man Jocks. Jocks sind alle, die meinen, aufgrund von teuren Klamotten oder schönen Mädchen an der Seite über anderen zu stehen. [...] Ihr habt diese Schlacht begonnen, nicht ich. [...] Ihr habt euch über mich lustig gemacht, dasselbe habe ich nun mit euch getan, ich hatte nur einen ganz anderen Humor! Von 1994 bis 2003/2004 war es auch mein Bestreben, Freunde zu haben, Spaß zu haben. Als ich dann 1998 auf die GSS kam, fing es an mit den Statussymbolen, Kleidung, Freunde, Handy usw. Dann bin ich wach geworden. Mir wurde bewusst, dass ich mein Leben lang der Dumme für andere war und man sich über mich lustig machte. Und ich habe mir Rache geschworen! [...] Seit meinem 6. Lebensjahr wurde ich von euch allen verarscht! Nun müsst ihr dafür bezahlen! [...]«[350]

Vieles von dem, was vorschnell als irrationaler Ausbruch von Gewalt oder als Dummheit, Faulheit, mangelnde Begabung oder soziale Inkompetenz etikettiert ist, dürfte die Folgewirkung einer Pädagogik von Scham und Beschämung sein. *Das* ist meines Erachtens die Erziehungsmisere Deutschlands. Wie viele menschliche Fähigkeiten, wie viel an Kreativität, Lebensfreude, Motivation und letztlich Gesundheit durch diese Pädagogik kaputtgemacht wird, lässt sich kaum ermessen. Angesichts dieser Pädagogik ist es kein Zufall, dass es für viele junge Menschen zum Ideal geworden ist, »cool« zu sein: Kälte, Unbeteiligtsein und Abstand als Lebensprinzip. Das Risikoverhalten deutscher Jugendlicher ist das zweitschlechteste unter allen Industriestaaten.[351]

Die deutsche Erziehungsmisere wird nicht selten in der Berufsausbildung fortgesetzt. Dies zeigt etwa das *Schwarzbuch Ausbildung* des DGB, in dem u. a. Lehrlinge zu Wort kommen, die von ihren Lehrherrn gemobbt wurden. Angesichts dieser Zustände ist es nicht verwunderlich, dass die Quote der Abbrecher relativ hoch ist: Sie lag 2003 bei etwa 133 000, somit 22 Prozent aller Ausbildungsverträge.

- Im *Schwarzbuch* berichtet etwa Silvie von einer Aussage ihres Chefs, »als ich kürzlich etwas falsch verstanden habe: ›Hab ich es hier denn nur mit Analphabeten zu tun?!‹«[352]
- Marina, 24 Jahre, Photomedienlaborantin im 3. Lehrjahr schreibt: »Beschimpfungen wie dumme Kuh, hohle Nuss, halt die Fresse (natürlich alles im dazu passenden Ton...) sind an der Tagesordnung. Bei den geringsten Fehlern werden wir angeschrien und auf das übelste beschimpft. [...] Muss ich mir sagen lassen, meine Freunde und Familie sind alle asozial?!«[353]
- Eine junge Frau, die als Restaurantfachfrau ausgebildet wird, bekommt von ihrem Chef zu hören: »Deine Eltern sind zu blöd zum Poppen, hätten sie lieber einen Gummi benutzt, dann wäre so was Dummes wie du gar nicht entstanden.« »Wie man so was Blödes überhaupt großziehen kann.« »Du bist zu blöd für alles.« »Du hurst ja bloß rum.«[354]

Welche Fehler diese jungen Menschen während ihrer Lehre auch immer gemacht haben mögen – solche Erniedrigungen durch ihre Ausbilder sind durch nichts zu rechtfertigen; auch nicht durch Redensarten wie »Lehrjahre sind keine Herrenjahre«.

So lautet der heimliche Lehrplan nicht weniger Schulen, Ausbildungsbetriebe, auch Hochschul-Institute: Wer Fehler macht, wird erniedrigt. Dies hat zu einer Un-Kultur der Beschämung geführt, die nach Ansicht des Journalisten Franz Schmider die bundesrepublikanische Gesellschaft in eine Angststarre geführt hat: »Nichts lähmt die kreative Energie eines Menschen so sehr wie die Furcht vor der erwarteten Häme.«[355] Wichtig ist dagegen, dass Fehler nicht aus Scham verheimlicht werden, so dass sie wahrgenommen und aufgearbeitet werden können.[356] Dies gilt auch etwa für den Bereich der Medizin: Falsche medizinische Behandlungen zählen zu den zehn häufigsten Todesursachen – ohne dass in der Regel aus diesen Fehlern gelernt würde, da sie meistens vertuscht werden. Notwendig ist eine neue Kultur im Umgang mit Fehlern. Solange jedoch Scheitern als persönliche Niederlage und somit als schändlich bewertet wird, ist die Neigung gering, Fehler einzugestehen – umso mehr in einer Gesellschaft, in der nur der kurzfristige Erfolg zählt. Positiv formuliert: Es wäre für unsere Gesellschaft äußerst fruchtbar, uns bewusst mit Scham und ihren Abwehrmechanismen auseinanderzusetzen und wertschätzende Formen des Umgangs miteinander zu entwickeln:

- als Prophylaxe gegen den Rechtsextremismus, der sich ja aus den unverarbeiteten Schamerfahrungen seiner Anhänger speist;
- für eine gelingende Pädagogik, denn Lehren und Lernen kann nur in respektvollen Beziehungen gelingen.[357]
- und für eine freundlichere, menschenwürdige Gestaltung unserer zwischenmenschlichen Beziehungen.

Die Scham der Armen und die Schamlosigkeit der Reichen

In einem wohlgeordneten Lande kein Einkommen zu haben, oder in einem ungeordneten Lande Einkommen zu haben: das ist Schande.
Konfuzius[358]

Das Zusammenleben in der globalisierten Welt ist durch ein Gefälle zwischen Arm und Reich gekennzeichnet, das ich durch einige Zahlen belegt möchte. Sie sind dem Buch *Das Imperium der Schande* von Jean Ziegler entnommen, Soziologe und UN-Sonderberichterstatter für das Recht auf Nahrung:

Obwohl die Landwirtschaft beim derzeitigen Stand ihrer Produktivkräfte weltweit 12 Milliarden Menschen ernähren könnte,[359] ist Hunger mit 62 Millionen Toten pro Jahr die hauptsächliche Todesursache der Welt. 10 Millionen Kinder unter fünf Jahren sterben jährlich an Unterernährung, Seuchen und Wasserverschmutzung. Im Jahr 2005 hatten 152 Millionen Säuglinge kein ausreichendes Mindestgewicht. In den letzten 40 Jahren stieg die Zahl der dauerhaft unterernährten Menschen von 400 auf über 854 Millionen.[360] Chronische Mangelernährung führt u. a. zu Rachitis, Schwächung des Immunsystems, Anämie (an ihr leiden 1,3 Milliarden Menschen weltweit), Blindheit (alle vier Minuten erblindet ein Mensch aufgrund von Vitamin-A-Mangel), irreparablen Gehirnschäden (in den 49 ärmsten Ländern betrifft dies jedes dritte Baby)[361] und genetischen Veränderungen. Die in den Müllkippen nordostbrasilianischer Großstädte lebenden Menschen sind zwergwüchsig und haben ein abnorm kleines Gehirn; sie werden dort »Rattenmenschen« genannt.[362]

85 Prozent der Weltbevölkerung leben in den 122 Ländern der sogenannten »Dritten Welt«, deren Anteil am internationalen Handel nur 25 Prozent ausmacht. Ihre Auslandsschulden stiegen in den letzten 40 Jahren von 54 Milliarden auf 2,1 Billionen Dollar (in Zahlen: von 54 000 000 000 auf 2 100 000 000 000). Der Anteil der 42 ärmsten Länder am Welthandel sank seit 1970 von 1,7 Prozent auf 0,6 Prozent. Dies lag vor allem daran, dass die Weltmarktpreise für landwirtschaftliche Produkte, von deren Export gerade arme Länder abhängig sind, heftig gedrückt wurden.[363] In der Folge müssen 1,8 Milliarden Menschen von weniger als einem Dollar pro Tag leben.[364]

Demgegenüber verdient 1 Prozent der reichsten Bewohner so viel Geld wie 57 Prozent der Ärmsten. Im Jahr 2005 wurde mehr als die Hälfte des Weltsozialprodukts (das ist mehr als das Sozialprodukt bzw. Nationaleinkommen der 133 ärmsten Länder zusammen) von den 500 mächtigsten transkontinentalen Konzernen kontrolliert. Mehr als die Hälfte dieser Konzerne kommt aus den USA; deren Kapitalrendite betrug seit 2001 jährlich 15 Prozent. Von 2002 auf 2003 stieg die Zahl der Dollarmillionäre um 500 000 auf 7,7 Millionen; ihr Privatvermögen belief sich auf 28 Billionen Dollar. Ein Bruchteil davon, 80 Milliarden Dollar pro Jahr, würde ausreichen, um jedem Menschen elementare Schulbildung, medizinische Versorgung, Trinkwasser und ausreichend Nahrung zu gewährleisten.[365]

Jean Ziegler kommt zu dem Ergebnis: »Die Völker der armen Länder arbeiten sich zu Tode, um die Entwicklung der reichen Länder zu finanzieren«, insbesondere deren herrschende Klassen. Denn: »Die armen Länder zahlen den herrschenden Klassen der reichen Länder jährlich viel mehr Geld, als sie von ihnen in Gestalt von Investitionen, Kooperationskrediten, humanitärer Hilfe oder sogenannter Entwicklungshilfe erhalten.«[366] So betrug im Jahr 2005 die öffentliche Entwicklungshilfe der Industrieländer für die 122 ärmsten Länder 58 Milliarden Dollar; in umgekehrter Richtung flossen 482 Milliarden Dollar als Schuldendienst.

Diese ungerechten Wirtschaftsstrukturen werden nur in Ausnahmesituationen durch die Gewalt von Maschinengewehren oder Panzern aufrechterhalten; in der Regel werden sie durch strukturelle Gewalt gestützt. Die Ausbeutung geschieht, idealtypisch betrachtet, nach folgendem Muster: Die ausländischen Gläubiger arbeiten mit den Regierungen der betreffenden Länder zusammen, die häufig nur die Interessen der einheimischen herrschenden Schicht vertreten. Diese besteht zum einen aus den sogenannten Compradores,[367] welche früher die einheimischen Handlanger der Kolonisatoren waren und nach deren Abgang zur neuen Führungsschicht aufstiegen. Hinzu kommen die lokalen Direktoren und Führungskräfte der transkontinentalen Privatgesellschaften sowie, in deren Gefolge, Anwälte, Journalisten, wichtige Generäle und Polizeichefs. Die Compradores sind ökonomisch und geistig ganz von den transkontinentalen Gesellschaften und ausländischen Regierungen abhängig. Über ihre Mentalität schreibt Ziegler: »Man muss manche Konversationen der Damen aus den großen guatemaltekischen oder salvadorianischen Familien gehört haben, die sich über ihre indianischen Domestiken oder über die Peones ihrer Fincas an der Küste unterhalten! Aus jedem ihrer Sätze schlägt einem abgrundtiefe Verachtung für das eigene Volk entgegen.«[368] Diese Verachtung hält die Compradores nicht davon ab, glühende patriotische Reden zu halten, um wiedergewählt zu werden. Da sie schon lange an der Macht sind, werden sie vom Volk oft als »natürliche« Herrscher akzeptiert.[369]

Mit den ausländischen Krediten werden vorrangig Projekte finanziert, die vor allem den Compradores nützen: Straßen zu deren Latifundien, Airlines, Häfen zum Export der erwirtschafteten Produkte und zum Import von Industriegütern, Kasernen, Gefängnisse etc. Die

Schulden werden oft durch Korruption und Plünderung der Staatskassen durch die Führungsschicht vermehrt. Für die Bezahlung der Schulden und (Wucher-)Zinsen wird ein immer größerer Teil der Ressourcen des verschuldeten Landes aufgewendet. Wenn die Zahlungsunfähigkeit droht, werden weder die Reichen belastet noch die Budgets von Armee, Geheimdienst oder Polizei angetastet. Vielmehr wird die Schuldenlast den Armen aufgebürdet: Krankenhäuser und Schulen werden geschlossen, Gesundheits- und Sozialprogramme für die Armen gestrichen und Löhne gedrückt. In Kamerun beispielsweise vereinnahmt der Schuldendienst inzwischen 36 Prozent des Haushaltsanteils, für Sozialleistungen verbleiben 4 Prozent. Weltweit stirbt umgerechnet alle 5 Sekunden ein Kind wegen der Verschuldung.[370]

Was hält dieses ungerechte Weltwirtschaftssystem zusammen? Ökonomisch betrachtet sind es die Schulden; politisch ist es das Zusammenspiel von Konzernen, Regierungen, Banken und, wenn notwendig, Militär. Psychologisch wird das Weltwirtschaftssystem durch Emotionen wie Angst, Gier, Zorn[371] und wesentlich durch Scham zusammengehalten: auf der einen Seite die Scham der Armen (über die eigene Armut, Herkunft, Unterdrückung, mangelhafte Bildung, häufig auch Hautfarbe), die durch Jahrhunderte der Erniedrigung verinnerlicht wurde; auf der anderen Seite die Schamlosigkeit der Reichen, d. h. die abgewehrte Scham hinsichtlich der unmoralischen Herkunft des eigenen Reichtums.

Die Scham der Armen

Die brasilianische Soziologin Maria do Carmo Soares de Freitas untersuchte in einer Langzeitstudie, wie die Hungernden selbst ihre Lage erleben. Sie befragte die Bewohner eines der ärmsten Viertel der Stadt Salvador, Pela Porco, das von Korruption und Polizeiwillkür gekennzeichnet ist, in dem bewaffnete Banden ihr Unwesen treiben; ein Viertel mit hoher Arbeitslosigkeit, prekären Wohnverhältnissen, in dem es keinerlei medizinische, soziale und schulische Einrichtungen gibt. Was die Forscher vor allem fanden, war: Scham. Etwa die Scham darüber, in den Abfällen wühlen zu müssen; die Scham darüber, Lumpen zu tragen; Scham über die Tränen der eigenen Kinder, über den eigenen geschwächten Körper, über die Unfähigkeit, die eigene Familie zu ernähren, über die Furcht vor der Gewalt; Scham darüber, um Hilfe bitten zu müssen, und vieles mehr.[372] Kann man, so Jean Ziegler, »die Scham ermessen, die eine Mutter gegenüber ihren vom Hunger geplagten Kindern empfindet, die sie nicht ernähren kann?«[373]

Es sind die Armen, die von quälenden Gefühlen der Minderwertigkeit gepeinigt werden. »Das Gefühl der Ehrlosigkeit verbietet es dem Arbeitslosen in Lumpen, die Viertel der Reichen zu betreten, wo er vielleicht doch eine Arbeit finden könnte, um sich und seine Familie zu ernähren. Die Scham hält ihn davon ab, sich den Blicken der Passanten auszusetzen.«[374] Eine guatemaltekische Indianerin sagt über die ökologische Zerstörung ihres Dorfes durch die Abwässer der nahen Stadt: »Wir sind wie die Kakerlaken, wie die Fliegen. Man vergiftet uns, genauso wie man es mit den Kakerlaken und mit den Fliegen macht.«[375]

Diese Scham, die oft über Jahrhunderte, von Generation zu Generation, weitergegeben und akkumuliert wurde, hinderte die Armen oftmals daran, solidarisch zu sein und Menschen aus ihrer Schicht in politische Ämter zu wählen: Sie sind überzeugt von ihrer eigenen Unfähigkeit, sich selbst zu regieren. Aus diesem Grund haben etwa in Brasilien bis vor wenigen Jahren die Arbeiter nicht für Arbeiter gestimmt. Der aus armen Verhältnissen stammende, kürzlich wiedergewählte brasilianische Präsident Luiz Inácio Lula da Silva schrieb 2002: »Klassenvorurteile, die in den Herzen und Köpfen der Arbeiter selbst nisten, ließen uns an unserer Fähigkeit zweifeln, uns als historische Subjekte zu verhalten.«[376] Stattdessen machte Scham die Armen für den Wahlkampf der Compradores anfällig, die, etwa mit aggressiven nationalistischen Parolen, die Erlösung von Schamgefühlen (Schamabwehr) anbieten.

Die manipulative, nicht-befreiende Politisierung der Scham schildert etwa Jorge Icaza in seinem Roman *Huasipungo*: In einem elenden ecuadorianischen Dorf gelingt es dem Großgrundbesitzer und dem Pfarrer, die Bevölkerung für freiwillige Fronarbeit zum Bau einer Straße für die Reichen zu mobilisieren, indem sie dies als patriotische Tat propagieren:

»Nach jeder Messe predigte der Herr Pastor den Gläubigen über das großartige Werk, das es zu vollbringen galt; und schamlos bot er großzügige Belohnungen und auch die Glückseligkeit an. ›Oh, ja. Für jeden Meter, den die Straße vorankommt, hundert, nein, tausend Tage vollkommenen Ablass. Der göttliche Schöpfer wird seinen größten Segen über dieses Dorf ausschütten.‹ Die Zuhörer, Chagras, Cholos,[377] stolz darauf, dass sie Schuhe trugen und ein wenig weiß waren, die Indios voller Schmutz und Läuse, schauderten bis ins Mark, wenn sie das vom größten Segen und dem Ablass hörten. Dann waren sie also in Gottes Augen wichtige Leute. Er kümmerte sich um sie. Er wusste … Was war dann die Arbeit in der minga?[378] Nichts. Eine Gewohnheit, eine Gelegenheit, zusammenzukommen, jemand zu sein. […]

Eine Weigerung hätte als unerhörtes Verbrechen gegolten. Der Enthusiasmus und die Freude waren dagegen groß. [Die Leute strömten] […] durch die Hauptstraße des Dorfes in einem Defilee naiver Sprüche und heroischen Stolzes. An der Spitze der langen Schlange marschierten die Schulkinder, dann kamen die Nicht-Schulkinder, in Lumpen gehüllte magere Jungen und Mädchen, mit großen Bäuchen, die ihre Blutarmut und ihre Unwissenheit hinter einem ängstlichen Lächeln zu verbergen suchten. Dann kam eine Gruppe von siebzigjährigen Männern mit patriotischen Fähnchen in den Händen und dreifarbigen Bändern am Hut. Diese gefühlsbetonte Spitze des Zuges – Kinder und alte Leute – voller Zärtlichkeit und Unruhe, Opfermut und freudigen Grimassen, voll kriegerischer Prosa unschuldiger Opfer, erzeugte natürlich Rührung und Schaudern […]. Das erbauliche Beispiel riss die Menge mit, und alle folgten dem Zug. […] ›Unser Volk besitzt große menschliche Qualitäten‹, meinte der Ingenieur und meinte es im Ernst. ›Qualitäten, die man sich zunutze machen muss‹.«[379]

Die Schamlosigkeit der Reichen

Die Reichen, das sind wir, die Bewohner der »Ersten Welt«, jedenfalls soweit wir nicht der Unterschicht (»Prekariat«) angehören. Aus globaler Perspektive betrachtet ist es ja erstaunlich, worüber wir uns oft zu schämen scheinen: Nicht für unseren ungerecht erworbenen Wohlstand und dessen ökologische Konsequenzen, sondern z. B. für ein ungewaschenes Auto.[380]

Wir alle sind gut über die strukturelle Ungerechtigkeit der Weltwirtschaft informiert (bzw. wir hätten die Möglichkeit dazu). Vielleicht empfinden wir unbewusst, tief in unserem Inneren, Gewissens-Scham wegen unserer Komplizenschaft in dieser »kannibalischen

Weltordnung« (Ziegler).[381] Hinzu kommen empathische Schamgefühle, etwa wenn wir im Fernsehen die Erniedrigung unserer Mitmenschen sehen. Jean Ziegler schreibt: »Wenn ein Mensch verletzt ist, wenn er Hunger hat, wenn er – an Körper und Geist – die Demütigung des Elends erleidet, empfindet er Schmerz. Als Zeuge des Leids, das einem anderen Menschen zugefügt wird, empfinde ich in meinem Bewusstsein seinen Schmerz, und dieser Schmerz erweckt mein Mitgefühl, löst einen Impuls der Fürsorglichkeit aus und überhäuft mich mit Schande.«[382]

Diese Schamgefühle sind vielleicht durch Gefühle der Ohnmacht überdeckt, denn unsere Handlungsmöglichkeiten erscheinen uns als eingeschränkt: Ist es nicht wie ein Tropfen auf einen heißen Stein, wenn wir für die Hungernden in der »Dritten Welt« spenden oder im »Eine-Welt«-Laden einkaufen? Steht ein Manager oder Unternehmer, der seinem Mitgefühl folgt und solidarisch mit den Armen ist, nicht in Gefahr, seinen Job bzw. an rücksichtslosere Konkurrenten Marktanteile zu verlieren? Was kann der Einzelne schon tun? Verführerisch nahe liegt es, die Schamgefühle abzuwehren: durch zynische Verachtung (»Die Afrikaner sind selber schuld, weil sie faul, rückständig, korrumpiert, unfähig, unverantwortlich sind«) und Schamlosigkeit: durch umso rücksichtsloseres Streben nach Erfolg, Macht und Besitz.

So wirken die Schamlosigkeit der Reichen und die Scham der Armen zusammen und halten eine ungerechte Weltordnung zusammen. Sie passen zusammen wie (wenn diese Allerweltsmetapher ihre Berechtigung hat, dann hier:) »die Faust aufs Auge«.

Gibt es Hoffnung? Ja, und zwar überall dort, wo Menschen sich ihrer Scham bewusst werden und für ihre Würde eintreten, um ihre Scham nicht länger – im wahrsten Sinne des Wortes – zu »schlucken« und zu verinnerlichen. Noch drückt sich dieser Widerstand meistens negativ durch Schamabwehr aus, in selbstdestruktiver oder destruktiver Weise: etwa durch vereinzelte Amokläufe, durch Gewaltausbrüche wie in Frankreichs Vorstädten oder durch rechtsextremistische oder terroristische Aktionen.

Wenn Kulturen zusammenprallen

Eine Weltregion, in der sogenannte »Erste« und »Dritte Welt« in besonders konflikthafter Weise zusammenprallen, ist der Nahe Osten. Dort treffen zudem westliche und islamische Welt aufeinander und mit ihnen: viel Scham. Der von Samuel Huntington prognostizierte *Clash of Civilisations*[383] besteht, psychologisch betrachtet, wesentlich aus dem Zusammenprall von Kulturen, die in ihren Geschichten jeweils sehr viel Scham akkumuliert und unterschiedliche Traditionen des Umgangs mit ihr entwickelt haben. Das beeinflusst die Wahrnehmung der Beteiligten und führt zu Eskalationen; dies soll nachfolgend anhand von vier ›Faktoren‹ – den USA, Israel, Palästina und dem Islam – skizziert werden; ein weiterer Faktor, Deutschland, wurde bereits besprochen.

Die USA

Eine Quelle der Scham in der US-Gesellschaft wird von Evelin Lindner mit folgender Begebenheit illustriert: Die Psychologin, die das Phänomen der Demütigung erforscht, begleitete 1981 einen norwegischen Freund bei einem Besuch eines Onkels, dem er nie begegnet war, da dieser vor 70 Jahren in die USA auswanderte. In der kleinen Stadt in Minnesota klingelten die Besucher an der Haustür, die von der Ehefrau des Onkels geöffnet wurde. Sie wurden in ein Zimmer geführt, in dem der gebrechliche alte Mann in einem Krankenhausbett mit Sauerstoffmaske, Kabeln und Kanülen lag. Vorsichtig näherten sie sich dem Bett, als plötzlich eine tiefe Stimme sagte: »Ihr wollt mich ja nicht!«[384] Schockiert verließen die beiden Besucher das Zimmer, bis ihnen die Ehefrau das Verhalten des alten Mannes erklärte: Dieser war als 16-Jähriger ausgewandert, nachdem sein ältester Bruder den elterlichen Bauernhof geerbt hatte. Norwegen war damals ein sehr armes Land, so dass jüngere Geschwister schlechte Lebensperspektiven hatten. Aus diesem Grund fühlte der Auswanderer sich von seiner Heimat nicht gewollt und empfand ihr gegenüber zeitlebens Bitterkeit.

Evelin Lindner macht darauf aufmerksam, dass ein großer Teil der Einwanderer vor Demütigung, Verfolgung oder wegen Krieg aus ihren Heimatländern in die Vereinigten Staaten geflohen war. Viele von ihnen wurden in ihrer Heimat traumatisiert und ausgestoßen; beispielsweise emigrierten Millionen von Iren aufgrund der durch die Briten verursachten »Großen Hungersnot« (»Great Famine«, 1845–49). Dieses große Leid, so Lindner, liegt akkumuliert im kollektiven Gedächtnis des US-amerikanischen Volkes. Mit viel Mut, Ausdauer und Idealismus bauten sich diese Menschen eine bessere Gesellschaft, fest entschlossen, sich nie wieder demütigen zu lassen. Diese Haltung wurde insbesondere in Vorstellungen von Männlichkeit und einem Kodex von Schande und Ehre verkörpert, Vorstellungen, die vor allem in den Südstaaten bis in die Gegenwart vorherrschen.[385]

Akkumuliert im kollektiven Gedächtnis der USA ist darüber hinaus die traumatische Scham der jahrhundertelang gedemütigten Ureinwohner und der versklavten Schwarzen, zusätzlich die Gewissens-Scham der Weißen über die von ihnen begangenen Verbrechen an diesen Bevölkerungsgruppen;[386] darüber hinaus Scham über die Rolle der USA in der Ausbeutung der sogenannten »Dritten Welt«, mit mehr als 130 Kriegen und militärischen Interventionen[387] sowie über Hiroshima und Nagasaki. Hinzu kommen die Traumata der an all diesen Kriegen beteiligten Millionen von Soldaten; Traumata, die von Generation zu Generation weitergegeben werden und sich so ebenfalls kumulativ aufaddieren. Gegenwärtig besteht die US-Bevölkerung zu fast neun Prozent aus Kriegsveteranen.[388]

Hinzu kommen Ereignisse, die aus Sicht vieler US-Bürger als demütigend erlebt wurden, in jüngerer Zeit etwa das unrühmliche Ende des Vietnam-Kriegs, die Geiselnahme der US-Botschaftsangehörigen in Teheran 1979 bis 1981, das Desaster in Somalia 1992/1993 (mit dem nackt durch die Straßen geschleiften toten US-Soldaten), die Bomben auf die US-Botschaften in Nairobi und Dar-es-Salaam 1998 sowie die Angriffe vom 11. September 2001. Diese Geschehnisse wurden in den USA als Gesichtsverlust empfunden, desgleichen ihre Ohnmacht und Hilflosigkeit angesichts der weitgehend unsichtbaren Terroristen.[389] Schon die Kritik an der US-Politik gilt als Beschämung[390] und Verrat. Scham und immer noch mehr Scham, die abgewehrt werden muss – sie wird vorwiegend »exportiert«.

Dazu werden *äußere* Feinde benötigt, die per Projektion geschaffen, dann dämonisiert und bekämpft werden. Nach dem Zerfall der

Sowjetunion (»Reich des Bösen«) drängte sich der islamistische Terrorismus als »Feindbildsubstitut«[391] auf, und Länder, die mit dem Terrorismus in einem Zusammenhang gesehen wurden (Irak, Iran, Nordkorea), wurden zur »Achse des Bösen« deklariert.

Vor allem die Administration von George Bush jun. ist stark vom Schande-Ehre-Kodex der Südstaaten geprägt.[392] Demnach gilt z. B. ein erfahrenes Unrecht als eine Beleidigung, und ein Mann, der dies hinnimmt, nicht als Mann. Nachdenklichkeit wird als Schwäche empfunden;[393] die Bereitschaft, zu verhandeln, zu vermitteln und Kompromisse zu suchen – die etwa die europäische Politik in Bezug auf den Nahostkonflikt auszeichnet –, wird als Feigheit erlebt. Verachtet werden Terroristen, die sich »feige hinter Zivilisten verstecken«. Wer in solch »unmännlicher« Weise kämpft, verrät die traditionellen Ehrennormen und hat den Anspruch verwirkt, wie ein Mensch behandelt zu werden, darf demnach gefoltert werden.[394] Einen Fehler einzusehen und korrigieren zu wollen (aktuell z. B. im Irak-Krieg) gilt als »davonlaufen«. Eine Niederlage ist nach diesem Wertesystem nicht eine Niederlage, sondern schändlich und muss geleugnet werden. Dem entspricht das Verhalten z. B. von Vizepräsident Dick Cheney, der am 24.1.2007 in einer CNN-Sendung ein rosiges Bild des Irak-Krieges vermittelte: »Manche wollen das Scheitern der Mission herbeireden. [...] Aufzugeben würde heißen, dass Amerika nicht den Mumm hat, diesen Kampf durchzustehen.«[395]

So scheint mir die US-Politik in einem eskalierenden Teufelskreis gefangen zu sein: Außenpolitische Entscheidungen, getroffen, um Scham abzuwehren, provozieren bei anderen Akteuren Gegenreaktionen, die in den USA wiederum als Erniedrigung erlebt werden und ihrerseits abgewehrt werden müssen. Ein aktuelles Beispiel ist der Konflikt mit dem Iran. So versicherte Präsident Bush Anfang Februar 2007, es sei kein Krieg gegen den Iran geplant. Es gehe, wie *Der Spiegel* kommentiert, »darum, die Mullahs einzuschüchtern. [...] Die schrillen Töne sollen Teheran dazu zwingen, das Nuklearprogramm einzustellen und die von den USA behauptete massive Waffenhilfe für schiitische Milizen und Todesschwadrone im Irak zu beenden. ›Iran muss lernen, uns zu respektieren‹, droht Nicholas Burns, Staatssekretär im Außenministerium.«[396] Solche Töne, zusammen mit der Dämonisierung Irans und der Förderung von Umsturzversuchen,[397] sind freilich ganz ungeeignet, »Respekt« hervorzurufen. Sie werden vielmehr von iranischer Seite als Versuche erlebt, den Iran zu demütigen. Folgerichtig sagte Präsident Ahmadinedschad am 11. 2. 2007, dass der Verzicht auf Atomenergie für den Iran eine Erniedrigung wäre.[398]

Der Nahe Osten

Israel
Ähnlich wie die USA besteht auch die israelische Gesellschaft zu großen Teilen aus Menschen, die vor Unterdrückung, Verfolgung und Vertreibung – vor Antisemitismus – geflohen waren. Bedingt durch seinen jahrzehntelangen Kampf ums Überleben ist die israelische Gesellschaft, so der Psychologe Dan Bar-On, stark durch den Wert »Heldentum« geprägt. Dies hatte zur Folge, dass Holocaust-Überlebenden oft mit einer anklagenden Haltung begegnet wurde: »Ihr habt nicht gekämpft, und deswegen sollt ihr euch schämen.«[399] So hatten die Überlebenden nicht nur die traumatische Scham durch die erfahrenen Erniedrigungen in Nazi-Deutschland zu tragen, sondern wurden zusätzlich oft bei ihrer Ankunft in Israel beschämt, etwa indem früher Eingewanderte hinter ihrem Rücken tuschelten: ›Wie hat er eigentlich überlebt? Was hat er eigentlich mit den Deutschen gemacht, dass er überleben konnte?‹ Den Überlebenden wurde unterstellt, dass sie irgendetwas falsch gemacht haben mussten, um überlebt zu haben.

Traumatische Erfahrungen – und mit ihr die Scham – werden transgenerational an die folgenden Generationen weitergegeben. Gerade jüdische Psychotherapeuten haben bei der Erforschung der psychischen Mechanismen, über die das Trauma des Holocaust weitergereicht wird, Pionierarbeit geleistet.[400] Dieses traumatische Erbe der israelischen Gesellschaft wird mit jeder Bombe, die in Israel explodiert, reaktiviert und intensiviert. Könnte es zu einem Verständnis der israelischen Gesellschaft[401] und ihrer Reaktionen gegenüber Palästinensern beitragen, wenn man dieses Erbe und die erfahrenen Überlebenskämpfe mit bedenkt? Etwa im Hinblick auf die Massivität der militärischen Reaktionen: Dan Bar-On sieht seine Gesellschaft in einem »Teufelskreis von Im-Recht-Sein, Machtfülle und dem Verlust von Mitgefühl« gefangen. Aus dem Gefühl heraus, ein Opfer zu sein, trete Israel sehr machtvoll auf, ohne die Auswirkungen auf diejenigen zu beachten, die unter diesem Auftreten zu leiden haben. So entstünden militante Organisationen wie die Hisbollah und die Hamas »zum Teil als Reaktion auf unseren exzessiven Machteinsatz. Nachdem diese Organisationen zu einer uns bedrohenden Größe herangewachsen waren, beklagen wir uns und betrachten uns selbst als ihre Opfer und sie als Terroristen, mit denen wir nicht sprechen können...«[402] Die Maßnahmen Israels – wie der Abzug aus dem Libanon und dem Gazastreifen, der Bau der Trennmauer im Westjordanland – seien ein Schachspiel nur mit sich selbst gewesen, bei dem das palästinensische Volk vergessen worden sei. Raketenangriffe auf Israel seien insofern schmerzhafte Erinnerungen an dieses andere Volk, das leide und Wege benötige, um sich zu Wort zu melden.[403]

Lassen sich mit diesem Erbe auch die Erniedrigungen gegenüber Palästinensern verstehen, die etwa in der Ausstellung *Breaking the Silence*, die 2004 in Tel Aviv eröffnet wurde, dokumentiert werden? Dort veröffentlichen ehemalige Soldaten der israelischen Armee ihre Erfahrungen im israelisch-palästinensischen Konflikt. Sie berichten etwa, wie sie einen alten Araber, der ihr Großvater sein könnte, schikanierten oder auf eine palästinensische Familie urinierten. Oder wie sie einen Radfahrer anhielten und seine Radfahr-Erlaubnis zu sehen verlangten, die er nicht haben konnte, weil es so etwas gar nicht gibt. Daraufhin verprügelten sie ihn wegen ungesetzlichen Verhaltens.[404]

Solche Vorkommnisse dürften dazu beitragen, die Scham in der israelischen Gesellschaft noch zu vermehren. So erinnert sich ein Ex-Soldat: »Ich fühlte mich so dreckig, so geschändet. Ich erinnere mich nicht mehr genau, ich glaube, ich kam nach Hause und war den Tränen nahe oder ich brach in Tränen aus für diese drei Tage in Nablus – einfach von Haus zu Haus gehen und ein Haus nach dem anderen in die Luft jagen.«[405] Da Schamgefühle in der israelischen Gesellschaft als Schwäche gelten, sind sich, so Dan Bar-On, bisher nur wenige Israelis ihrer Scham gegenüber den Palästinensern bewusst.[406]

Palästina und Islam

Viel Scham wurde im Nahen Osten durch das Trauma einer Gewaltorgie geschaffen, von der sich diese Region seelisch nie erholt hat: die Kreuzzüge zwischen 1096 und 1291, denen Millionen von Menschen zum Opfer fielen. Sie blieben, so Dieter Bednarz u. a., »in Erinnerung. Im historischen Gedächtnis der Muslime verloschen sie nie. Vielen gelten sie als eigentliche Wurzel der heiligen Kriege gegen den Westen, Islamisten sprechen auch heute von Kreuzzüglern, die erneut den Nahen Osten unterwerfen wollen und deren Verbündete - die Zionisten - heilige Stätten okkupieren.«[407] Diese Wahrnehmung wird gefördert, wenn von westlicher Seite der Kampf gegen den islamistischen Terror als »Kreuzzug« propagiert wird.

Das Trauma der Kreuzzüge wurde durch den Kolonialismus intensiviert. Weitere belastende Faktoren sind der Verlust von Ländereien im Zuge der jüdischen Besiedelung Palästinas, militärische Niederlagen durch Israel, Ohnmacht und wachsende Armut. Nach Jean Ziegler ist seit September 2000, dem Beginn der zweiten Intifada, das palästinensische Bruttosozialprodukt um 42 Prozent gesunken, verursacht vor allem durch die Vernichtung von Anbauflächen, die Blockade von Ortschaften und die Umleitung von Wasser.[408] 15 Prozent der palästinensischen Kinder unter 10 Jahren, die im Westjordanland und in Gaza leben, sind chronisch unterernährt. Als Konsequenz tragen Tausende von Säuglingen irreparable Gehirnschäden davon. In den UNRWA-Schulen im Palästinensergebiet können nicht selten Schüler vor Entkräftung nicht stehen oder werden aufgrund von Anämie ohnmächtig.[409]

Diese Ereignisse werden gemäß einem islamisch-arabischen Wertesystem erlebt, in dem Würde und Ehre von zentraler Bedeutung sind. »Für die Ehre (namus) leben Frauen und Männer, wenn auch in unterschiedlicher Art und Weise.«[410] So hat im Islam das männliche Oberhaupt der Familie die Pflicht, seine Familie zu ernähren und die Ehre seiner Familie zu bewahren bzw. wiederherzustellen, etwa wenn ein Familienmitglied beleidigt oder wenn die Grenzen des Haushalts verletzt wurden. Wenn ein Mitglied der Familie Schande auf sich lädt, ist die Ehre der ganzen Familie verloren. Ihre Mitglieder sind zu Beistand verpflichtet, auch wenn ein Angehöriger eine Auseinandersetzung provoziert hat. Es wird also nicht nach der Schuld gefragt, sondern es gilt, die Ehre zu verteidigen bzw. wiederherzustellen. Ein Mann, der dies versäumt, gilt als unmännlich und schwach und wird aus der Gesellschaft ausgestoßen.[411]

Könnten dieser kulturelle Hintergrund und die Erfahrungen von direkter und struktureller Gewalt zu einem Verständnis (was nicht Rechtfertigung bedeutet) palästinensischer Reaktionen beitragen?

Etwa die Scham der palästinensischen Flüchtlinge, die Dan Bar-On beobachtete?[412] Oder die Wahrnehmung der israelischen Politik als Erniedrigung? So erklärt in Yasmina Khadras Roman *Die Attentäterin* ein palästinensischer Terrorist: »Wir sind nur die Kinder eines verhöhnten und beraubten Volkes, das sich mit dem Wenigen, was sie haben, dafür einsetzen, ihr Vaterland und ihre Würde zurückzuerlangen.«[413]

Die 35-jährige Sarah, Mutter dreier kleiner Söhne, kommt, wie der Hisbollah-Anführer Nasrallah, aus dem südlibanesischen Basurija, das im Sommer 2006 von Israelis zerbombt wurde. Es ist kurz nach dem Waffenstillstand im Libanon: Sarah weiß weder, ob ihre Eltern noch leben noch wo ihr Mann ist. Ihr Haus ist zerstört, sie hat Menschen sterben sehen. Aber sie wirft die Arme in die Luft, macht das Victory-Zeichen und sagt, dies sei der glücklichste Tag ihres Lebens: »Scheich Hassan Nasrallah hat mir meine Würde zurückgegeben. Das Elend, all die Opfer, die ich auf mich genommen habe – es hat sich gelohnt.«[414] So wichtig ist dieser Frau die Wiederherstellung ihrer Würde, dass daneben ihr Besitz und ihre Familie zweitrangig sind. Dies mag uns als irrational und fremdartig erscheinen – ich gebe jedoch zu bedenken, dass noch vor wenigen Jahrzehnten Millionen Deutsche bereit waren, ethische Prinzipien, Besitz, Kinder, Gesundheit und sogar das eigene Leben für Adolf Hitler und die Ehre Deutschlands herzugeben.[415]

Nach Ansicht des arabischen Kulturphilosophen Hassan Abbas ist die Hisbollah so attraktiv, weil sie das leistet, wozu in der Wahrnehmung vieler Araber etliche arabische Regierungen – durch ihr Entgegenkommen gegenüber dem Westen – nicht mehr fähig sind: »Sie poliert unser gepeinigtes Selbstwertgefühl. Sie streichelt die arabische Seele.«[416] Der israelische Psychologe Ariel Merari erforscht seit Jahren die Motive von Selbstmordattentätern. Er hält wenig davon, diese mit religiösem Fanatismus zu erklären.[417]

Meine These ist, dass der palästinensische Terrorismus zu großen Teilen aus dem Gefühl der Erniedrigung gespeist wird.[418] Wie in Kapitel 3 gezeigt wurde, sind Menschen zu erstaunlichen Taten fähig, um ihre Ehre wiederherzustellen. Im Roman *Die Attentäterin* sagt ein palästinensischer Terrorist: »Es gibt keine größere Katastrophe als die Erfahrung, gedemütigt zu werden. [...] Alle Schandtaten sind möglich, wenn die Selbstachtung eines Menschen erst hinüber ist. Vor allem, wenn man feststellt, dass man nicht die Mittel hat, seine Würde wiederherzustellen, dass man ohnmächtig ist. [...] Und solange du deine Seele noch nicht ausgehaucht hast, hast du nur noch den einen Gedanken im Kopf: wie ein Ende in Würde finden, nachdem man elend, blind und nackt gelebt hat?«[419] So mag nach der Psycho-Logik des Scham-Paradigmas ein Selbstmord-Attentat die ultimative Tat zur Rettung seiner Ehre darstellen, besteht sie doch im ultimativen Opfer: dem des eigenen Lebens. 36 Prozent der Jugendlichen in Gaza gaben als ihr Lebensziel an, »Schahid« (Märtyrer) zu werden.[420]

Im Westen wird die zentrale Bedeutung von Würde bzw. Scham für islamische Kulturen in der Regel unterschätzt oder übersehen, obwohl die Betroffenen selbst (wie die zitierte Sarah) und verschiedene Islam-Kenner auf diesen Faktor hinweisen. So schreibt der türkische Romancier Orhan Pamuk: »Der Westen ist sich kaum des überwältigenden Gefühls der Demütigung bewusst, das die Mehrheit der Weltbevölkerung empfindet.«[421] Anstatt auf die Würde von Menschen nicht-westlicher Länder zu achten, wird im Westen z. B. die Empörung vieler Muslime gegen karikaturistische Darstellungen des Propheten gern zum Anlass genommen, sich umso abwertender über den Islam auszulassen. So spottet etwa Henryk Broder über diese »Ausbrüche kollektiver Hysterie« von »Irren«, die »chronisch zum Beleidigtsein neigen«, ausgelöst durch »ein paar harmlose Karikaturen«.[422] Einsichten in die psychosoziale Dynamik von Scham, welche die wütenden Proteste von Millionen von Menschen verstehbar machen könnten, werden durch eine antiislamische Verachtung ersetzt, welche im Westen und in islamischen Ländern die Spirale gegenseitiger Entwertungen und Gewalt noch weiter antreibt.

Diese Entwertung geschieht sowohl in direkter als auch in struktureller Form. Die Vormacht der selbsternannten »Ersten Welt« über den »Rest der Welt«[423] wurde bereits durch einige Zahlen belegt; weitere Beispiele lassen sich, mit Bezug auf den Islam, anführen:
- 47 Prozent der weltweiten Rüstungsausgaben 2004 von mehr als einer Billion Dollar wurden von den USA ausgegeben.[424] Diese militärische Macht wurde allein zwischen 1980 und 1995 siebzehnmal im Nahen Osten, stets gegen Muslime, eingesetzt.[425] Die muslimische Autorin Fatima Mernissi beschreibt die Vormacht des Westens als militaristisch, beängstigend, imperialistisch und durch

seinen »kolonialen Terror« für andere Nationen traumatisierend. Der Westen erdrücke deren Potentiale und überschwemme die Fernsehsender mit seinen Sendungen.[426] Er sei, so Mernissi, »eine Macht, die uns erdrückt, unsere Märkte belagert und unsere letzten Ressourcen, Initiativen und Potentiale kontrolliert.«[427]

- Samuel Huntington beschreibt das Sendungsbewusstsein der USA und ihre Überzeugung, dass sich die nichtwestlichen Völker für die westlichen Werte entscheiden werden.[428] Dies drückt sich etwa in einer arroganten Haltung gegenüber dem Irak aus, wonach die USA dort »Babysitter in einem Bürgerkrieg« spielten.[429]
- Nach Huntington versucht der Westen, »seine Vormachtstellung zu behaupten und seine Interessen dadurch zu verteidigen, dass er diese Interessen als Interessen der ›Weltgemeinschaft‹ definiert.«[430] Beispielsweise ist die Forderung an den Iran, auf den Bau von Atomwaffen zu verzichten, durchaus sinnvoll – irrational dagegen ist der Anspruch der USA, die eigenen (mehr als 10 000) Atomwaffen zu behalten und sogar das Weltall für sich zu beanspruchen. Es dürfte kaum verwundern, dass das Sendungsbewusstsein und die Vormacht des einen von anderen als erniedrigend empfunden wird – umso mehr für Menschen, die von ihrer religiösen Erziehung her gewohnt sind, ihre eigene Religion als letztgültig zu setzen (eine Gefahr nicht nur des Islam, sondern aller monotheistischen Religionen[431]), und die den Westen vielleicht als gottlos und dekadent empfinden.[432]
- Viele Menschen im Westen betrachten die Muslime als unfähig, in ihren Gesellschaften Fortschritte herbeizuführen und Teil der modernen Weltordnung zu werden.[433] Diese Bewertung ist z. B. in Bezug auf die Menschenrechte berechtigt; sie ist arrogant angesichts der historischen islamischen Beiträge zu Kunst und Wissenschaft. Die Wertung übersieht die blutige Vergangenheit der »Ersten Welt« und ihren Beitrag zum Entwicklungsrückstand des »Rests«. Sie ignoriert, dass durchaus noch offen ist, ob das westliche Modell (das in wenigen Jahrhunderten die Erde an den Rand des ökologischen Kollapses geführt hat) zu einem guten Ende kommt. Die westliche Art, die Errungenschaften von Westen und Islam zu vergleichen, erzeugt nach Huntington Verbitterung und Demütigung.[434]

Das Übermaß an Scham im Nahen Osten führt dazu, dass die Konfliktparteien die Ereignisse vorwiegend aus der Perspektive des Scham-Paradigmas wahrnehmen (etwa ein Entgegenkommen der anderen Seite als Sieg der eigenen); dies schafft eskalierende Teufelskreise von Missverständnissen, Scham und Gewalt. Die Verständigung wird zusätzlich durch tendenziöse, stereotype und abwertende Medienberichte erschwert – durchaus auch im Westen, wie die Medienwissenschaftlerin Sabine Schiffer am Beispiel der Berichterstattung deutscher, auch renommierter Medien über den Islam nachweist.[435] So differenzieren Medien und öffentliche Wahrnehmung oft nicht zwischen Islam und islamistischem Terrorismus. Hinzu kommen abwertende Äußerungen wie z. B. »Ziegenficker« (so der ermordete niederländische Regisseur Theo van Gogh). Viele Muslime nehmen diese antiislamischen Vorurteile durchaus wahr. Viele fühlen sich in dieser Wahrnehmung durch die Fotografien gefolterter und gedemütigter Araber aus Abu Ghraib noch bestätigt.[436]

Das Gefühl der Entwürdigung ist der Stoff, aus dem Terrorismus geformt werden kann. Um Schamgefühle zu instrumentalisieren, bedarf es nur einer Ideologie, welche ihre Abwehr im Dienst einer scheinbar guten Sache rechtfertigt. Hier: durch eine Interpretation des Koran, welche Mord und Suizid für den Dschihad als höchst ehrenhafte, heilige Tat darstellt.[437]

So waren es Männer, die sich gedemütigt fühlten, die dazu bereit waren, Terrorakte wie am 11. September 2001 durchzuführen, die wiederum den Westen demütigten.[438] Zu fordern, Muslime mögen doch bitte anders empfinden, hilft hier nicht weiter, erst recht nicht, ihre Gefühle zu verspotten. Vielmehr gilt es, diese überhaupt zu begreifen.[439] Für Orhan Pamuk ist das Problem des Westens demzufolge »nicht nur, zu entdecken, welcher Terrorist in welchem Zelt, welcher Höhle oder welcher Straße welcher Stadt eine Bombe vorbereitet, sondern die arme, wütende und sich im Unrecht wissende Mehrheit zu verstehen, die nicht zur westlichen Welt gehört«.[440]

So gilt es für uns, Bewohner der westlichen, reichen Länder, die Schamgefühle der Menschen anderer Kulturen wahrzunehmen und zu verstehen. Dies setzt jedoch voraus, unsere eigene Scham – und ihr geschichtliches Gewordensein – zu erkennen und durchzuarbeiten. Dies eröffnet die Möglichkeit, aus dem monologischen Bewusstseinszustand (dem Scham-Modus) heraus und in einen Dialog zu treten.

Damit wird der Westen fähig, nicht nur in narzisstischer Weise auf die durch die andere Seite erfahrene Verletzung zu starren, sondern auch die eigenen Versäumnisse anzuerkennen und die Verantwortung dafür zu übernehmen, was wir selbst – aus unserem Gefühl des Gekränktseins heraus – zur Eskalation des Konflikts beigetragen haben. Dies eröffnet die Chance zu Versöhnung.

Auch für islamische Kulturen dürfte es schmerzhaft sein, die Verantwortung für die eigenen Versäumnisse zu übernehmen.[441] So forderte Edward Said in einer ägyptischen Zeitung: »Wir müssen anfangen, uns selbst als Verantwortliche zu begreifen für Armut, Ignoranz, Analphabetismus und Unterdrückung, die unsere Gesellschaften dominieren, Übel, denen wir erlaubt haben zu wachsen, während wir uns über Zionismus und Imperialismus beschweren.«[442] Diese Übel haben ein Millionenheer strukturell erniedrigter (da beruflich perspektivloser, ökonomisch überflüssiger) Jugendlicher geschaffen und eine Jugendbewegung, nicht unähnlich der nationalsozialistischen. Eine, so Peter Sloterdijk, »Welle an genozidschwangeren Jungmännerüberschüssen [...], mehrheitlich zweite, dritte, vierte Söhne, die ihren aussichtslosen Zorn nur durch die Beteiligung an den nächstbesten Aggressionsprogrammen ausleben können«,[443] die ihnen durch islamistische Organisationen geboten werden.

Zu einer Wahrnehmung der Scham in islamischen Kulturen können vielleicht Schriftsteller wie Orhan Pamuk beitragen. Wie er bei seiner Dankesrede für den Friedenspreis des Deutschen Buchhandels 2005 sagte, sind Scham, Erniedrigung, Stolz und Wut der Stoff, aus dem er seine Romane formt. Pamuk weiß um die befreiende Wirkung, »verborgene Schamgefühle mit anderen zu teilen«.[444] Dies zeigte sich auch in einem bewegenden Seminar mit deutschen, israelischen und palästinensischen Teilnehmenden: Durch das Kontaktaufnehmen und Mitteilen der eigenen Schamgeschichten entstand eine tiefe emotionale Verbundenheit in der Gruppe, ein »common ground«.

Kapitel 5
Konstruktiv mit Scham umgehen

> *Was ist das Siegel der erreichten Freiheit? – Sich nicht mehr vor sich selber schämen.*
> Friedrich Nietzsche [445]

In diesem Kapitel werden einige Möglichkeiten vorgestellt, konstruktiv mit Schamgefühlen umzugehen; zunächst, im ersten Teil, geht es um die eigene Scham. Der konstruktive Umgang mit dieser ist die Voraussetzung dafür, mit der Scham anderer umgehen zu können – was etwa für die pädagogische Arbeit mit Schülern oder in psychosozialen Berufsfeldern (z. B. Altenpflege, Beratung oder Psychotherapie) von Bedeutung ist; diese Thematik ist Gegenstand des zweiten Teils.

Konstruktiv mit der eigenen Scham umgehen

Die Scham wahrnehmen

Um konstruktiv mit Scham umzugehen, ist es zuallererst notwendig, dass wir sie überhaupt wahrnehmen. Häufig kommt es gar nicht erst dazu, weil Schamgefühle sogleich abgewehrt werden, noch ehe wir uns ihrer bewusst werden. Ich erinnere mich an eine Begebenheit vor einigen Jahren, in der ich in der Öffentlichkeit mit Worten erniedrigt wurde. Schlagartig veränderte sich meine Stimmung, mein Lächeln gefror, die Gesichtszüge erstarrten und ich fühlte mich in die Ecke gedrängt. Nichts, nichts fiel mir ein, ich schien auf einmal regelrecht dumm geworden zu sein. Dann, ganz plötzlich, kam mir doch noch etwas in den Sinn, einige Worte nur, die schon ausgesprochen waren, ehe ich sie überdenken – und zurückhalten – konnte: eine bissige Gegenbemerkung an die Adresse dessen, der mich beschämt hatte.

Die Szene veranschaulicht noch einmal, wie überfallartig Schamgefühle wirken und dabei Denkprozesse blockieren können. Dies wurde in Kapitel 2 bereits ausgeführt: Die rechte Gehirnhälfte, zuständig für nonverbale, emotionale Aktivitäten, ist aktiviert. Das Ich befindet sich in einem Zustand existenzieller Angst, dabei sind höhere psychische Funktionen wie Vernunft oder Affekt-Regulierung nicht verfügbar; vielmehr sind primitivere neuronale Systeme aktiviert. Der Betroffene hat den Impuls, sich vor der Welt zu verstecken, ein Impuls, der plötzlich umkippen kann in – buchstäblich – »kopflose« Flucht oder Angriff.

Nicht selten geschehen Beschämungen in subtiler Art und Weise, wodurch das Wahrnehmen von Schamgefühlen nochmals erschwert wird. Vielleicht fühlen wir uns zunächst nach einem Gespräch mit einem Kollegen nur niedergeschlagen, und es »dämmert« uns erst in den Stunden danach, dass hinter seiner freundlichen Maske entwertende Äußerungen versteckt waren. Das bewusste Wahrnehmen von Scham kann in dem Maße erleichtert werden, wie wir diese Emotion enttabuisieren und verstehen. Ihre Wahrnehmung kann durch Achtsamkeit, das nicht-wertende Gewahrsein des gegenwärtigen Augenblicks, geschult werden.[446]

Die Scham aushalten und Scham sein lassen

Es geht darum, das beschämende Gefühl der Scham zuzulassen und auszuhalten. Dies fällt zunächst schwer, weil vor allem traumatische Schamgefühle extrem schmerzhaft sind. Wenn wir sie nicht sogleich abwehren (etwa indem wir andere beschämen), besteht die Gefahr, dass wir seelisch in Zweifel am Selbstwert oder Depression »abstürzen« – umso mehr dann, wenn wir uns auch noch unserer Schamgefühle schämen. Vielleicht gelingt es auch nicht immer, diese Gefühle allein auszuhalten, etwa bei traumatischem Schamerleben. Dann bedarf es der Begleitung durch eine Psychotherapie, in der vorgelebt wird, dass die Scham auszuhalten ist: Der Patient kann dort erfahren, dass die Therapeutin nicht schreiend davonläuft oder verächtlich reagiert, wenn er sich mit seinen Schamgefühlen offenbart. Es bedarf also einer vertrauensvollen Beziehung, damit Schamgefühle überhaupt erst einmal gezeigt werden können.

Gefühle *sind*. Sie gehen in der Regel nicht weg, wenn wir uns sagen, dass wir nicht so fühlen »sollten«, wie wir fühlen. Dies gilt umso mehr für eines der schmerzhaftesten aller menschlichen Gefühle, die Scham (daher ist es auch wenig hilfreich, wenn Angehörige westlicher Kulturen den Muslimen sagen, sie »sollten« sich nicht gekränkt fühlen). Schamgefühle können auch nicht dadurch zum Verschwinden gebracht werden, dass wir uns ihrer schämen. Um mit ihnen umzugehen, bleibt nur die Möglichkeit, die Scham Scham sein zu lassen - und das Tabu zu überwinden, wonach Schamgefühle nicht sein dürfen, weil sie schädlich seien. Das Tabu bewahrt diese überaus machtvollen Gefühle davor, bewusstgemacht und durchgearbeitet zu werden. Die Erfahrungen, die wir, die Mitarbeiterinnen und Mitarbeiter unseres Fortbildungsprojekts, in zahlreichen Seminaren, Vorträgen und Workshops mit pädagogisch und psychosozial Berufstätigen (Lehrern, Psychotherapeuten, Eheberatern, Theologen, Medizinern u. v. a.) machen, zeigen, dass es äußerst befreiend und verbindend wirkt, wenn Menschen die Gelegenheit bekommen, über ihre Schamgefühle zu sprechen.

Daher kann es auch nicht darum gehen, die Scham »loszuwerden«, zu »überwinden« oder »wegzumachen«. Zwar sind Schamgefühle schmerzhaft, dennoch haben sie eine wichtige Funktion, auch wenn sich diese oft in destruktiver oder selbstdestruktiver Weise zeigt. Die Chance, dass sich der Ausdruck dieser Gefühle konstruktiv wandelt, kann sich dann eröffnen, wenn wir die Scham aushalten und durcharbeiten.

Die Scham differenzieren und nutzen

In Kapitel 1 wurden die sechs Grundformen von Scham beschrieben; sie haben, um dies kurz zu wiederholen, folgende Bedeutung:
- Die *empathische Scham* ermöglicht es uns, die Schamgefühle anderer mitzufühlen.
- Die *Intimitäts-Scham* befähigt uns, unsere körperlichen und seelischen Grenzen in Interaktionen mit den Mitmenschen zu wahren.
- Wenn diese Grenzen in traumatischer Weise verletzt wurden, so kann dies *traumatische Scham* bewirken.
- Die *Gewissens-Scham* wahrt die Integrität in Bezug auf die eige-

nen moralischen Werte und Ideale.
- Die *Anpassungs-Scham* sorgt für die Konformität des Einzelnen mit den Erwartungen und Normen der Gruppe oder Gesellschaft.
- Letztere ist, zusammen mit der *Gruppen-Scham* (der Scham »für« ein Mitglied der eigenen Gruppe), ein hauptsächlicher Mechanismus der sozialen Kontrolle.

Im Umgang mit Schamgefühlen ist es hilfreich zu unterscheiden, um welche Form von Scham es sich jeweils handelt: Worüber oder wofür schämen wir uns in einer konkreten Situation: für unser eigenes Verhalten oder für das Verhalten eines anderen? Vor anderen Menschen oder vor uns selbst? Zu welchem Verhalten möchte uns dieses Gefühl bewegen: dazu, uns mit entwürdigten Mitmenschen zu solidarisieren und zu engagieren? Oder uns ihnen gegenüber zu distanzieren? Uns künftig besser zu schützen? Unseren Idealen und Werten gerecht zu werden? Oder uns mehr den Erwartungen unserer Umgebung anzupassen?

Wie in Kapitel 1 ausgeführt, gibt es eine Vielzahl von Gründen, sich zu schämen. Wenn wir uns spezifische Schamsituationen genauer anschauen, stellen wir fest, dass Schamgefühle oft insofern unbegründet sind, als wir nicht schuldig sind. Wir können zum Beispiel nichts dafür, wenn wir durch eine konjunkturbedingte Kündigung arbeitslos sind oder wenn ein Familienmitglied Suizid begangen hat. Diese Form von Scham gilt es nicht festzuhalten, sondern sich bewusstzumachen und zu verarbeiten. Wir sind auch nicht schuldig, wenn wir in der Vergangenheit ein Trauma erleiden mussten; diese Scham gilt es so weit wie möglich, eventuell mit psychotherapeutischer Unterstützung, durchzuarbeiten.

Anders bei der Gewissens-Scham: Wenn wir uns tatsächlich schuldig gemacht haben, dann ist es in der Tat angebracht, die Schamgefühle anzunehmen, auszuhalten, daraus zu lernen, uns zu entschuldigen und die begangene Schuld wiedergutzumachen.

Wenn wir mit einem von uns verursachten Fehler konfrontiert werden, gibt es einen ganz kurzen Moment, in dem unser Gehirn entscheidet, ob das Gehörte nach dem Schuld- oder nach dem Scham-Modus verarbeitet wird. Dieser kurze Moment der Entscheidung kann durch Achtsamkeit bewusstgemacht und gesteuert werden, wie Robert Aitken durch eine Zen-Geschichte illustriert:

»Im Fugai-Ekun-Kloster konnten einmal wegen einer religiösen Feier die Vorbereitungen für das Abendessen nicht rechtzeitig beginnen. Sobald die Zeremonie beendet war, nahm der Koch seine Sichel zur Hand und klaubte im Garten in aller Eile das notwendige Gemüse zusammen. In seiner Hast schnitt er auch eine Schlange entzwei und warf, ohne es zu bemerken, zugleich mit dem Gemüse auch deren Kopf in den Suppentopf. Als das Essen schließlich aufgetragen wurde, erklärten die Mönche, sie hätten noch nie zuvor eine so köstliche Suppe gegessen. Nur der Roshi [= alter (verehrungswürdiger) Meister] entdeckte etwas Merkwürdiges in seiner Essschale. Er rief den Koch zu sich, hielt diesem den Kopf der Schlange unter die Nase und fragte ihn: ›Was ist das hier?‹«

Ich unterbreche hier die Geschichte für einen Moment mit der Frage: Wie würden wir reagieren? Uns beschämt fühlen und verleugnen (»Huch, wie kommt das denn da rein?«)? Uns rausreden, ohne die Verantwortung zu übernehmen (»Das wollte ich aber nicht«). Oder den Roshi angreifen (»Hätte die Zeremonie nicht so lange gedauert, dann hätte ich das Essen in Ruhe vorbereiten können!«)? Anders der Koch. Ohne lange schamabwehrend drum herumzureden, nimmt er unmittelbar seinen Fehler (im wahrsten Sinne des Wortes) an:

»Der Koch nahm das Stück in die Hand, sagte: ›Oh danke, Roshi‹, und schluckte es unverzüglich hinunter.«[447]

Scham hat die Funktion, die Beziehung zwischen Ich und Gesellschaft zu regulieren. Weil wir dazu die Scham benötigen, kann es auch nicht darum gehen, sie »los«zuwerden, sondern darum, uns zu ihr zu verhalten, sie zu nutzen. Die sechs Grundformen der Scham bilden drei Gegensatzpaare, die für folgende grundlegende Spannungen und Konflikte verantwortlich sind:

Verachtung oder Mitgefühl?
Gruppen-Scham und empathische Scham regulieren unser Verhalten in Bezug auf die Scham anderer Menschen. Erstere wirkt entsolidarisierend: indem wir uns *für* ein (z. B. unangepasstes oder erniedrigtes) Mitglied unserer Gruppe schämen, distanzieren wir uns von ihm. Im Unterschied dazu wirkt die empathische Scham verbindend und solidarisierend: Wir fühlen die Scham eines gedemütigten Menschen *mit*;

dies ist eine wesentliche Voraussetzung für Gewissensbildung und Mitmenschlichkeit.

Dies möchte ich an einem Beispiel illustrieren: Im Februar 2007 wurde Medizinstudenten der Universität Freiburg während einer Klausur der Gang zur Toilette verwehrt. Ein Student, der seit einem Unfall behindert ist und an einer Blasenschwäche leidet, wusste sich nicht anders zu helfen als, zur Rückwand des Hörsaals gewandt, in eine Flasche zu urinieren. Seine Kommilitonen hätten darauf in zweierlei Weise reagieren können:

- Sie hätten sich *für* ihn schämen können, dies hätte sich etwa in verächtlichen Gedanken oder Aussagen gezeigt wie: »*Der* ist wahrlich eine Schande für uns Mediziner/für unsere Uni. Was muss *so einer* auch bei uns studieren. Wer weiß, ob der wirklich eine Blasenschwäche hatte, wahrscheinlich wollte er nur provozieren, so wie der schon aussieht. Wieso kann der sich nicht anständig benehmen. Der hätte sich doch wohl noch das Viertelstündchen zusammenreißen können...«
- Tatsächlich aber schämten sich hinreichend viele Kommilitonen *mit* ihm: Sie waren schockiert und mit empathischer Scham erfüllt. In der Folge kam es im Saal, wie die örtliche Presse berichtete, zu einem »großen Tohuwabohu«. Der Fachschaftsvorsitzende nannte das Vorgehen des Aufsichtspersonals »eine Demütigung höchsten Ausmaßes«. Später entschuldigte sich das Aufsichtspersonal sowie der Studiendekan: »Das hätte nicht passieren dürfen«, die Situation sei »menschenunwürdig« gewesen.[448]

Konformität oder Integrität?
Anpassungs-Scham und Gewissens-Scham regulieren unser Verhalten zwischen den beiden Polen *Konformität* und *Integrität*. Zwischen diesen beiden bestehen im Alltag oft keine Widersprüche; in kritischen Lebenssituationen können jedoch Konformität und Integrität in charakteristische Konflikte zueinander geraten – wenn wir z. B. vor der Entscheidung stehen: Inwieweit passe ich mich an die Erwartungen und Normen meiner Mitmenschen an –, ohne mir dabei selbst untreu zu werden? Wie kann ich meinen moralischen Werten und Idealen gerecht werden – wenn es sein muss, auch im Widerspruch zur Meinung der Mehrheit? Wie viel an sozialer Missbilligung (von der Gruppe ausgeschlossen werden) deshalb vermag ich zu ertragen?

Ein Beispiel für diesen Konflikt beschreibt das Neue Testament in Matthäus 26,69–75: Während Jesus verhaftet und vom Hohen Rat verhört wurde, saß Petrus »draußen im Hof; da trat eine Magd zu ihm und sprach: Und du warst auch mit dem Jesus aus Galiläa. Er leugnete aber vor ihnen allen und sprach: Ich weiß nicht, was du sagst. Als er aber hinausging in die Torhalle, sah ihn eine andere und sprach zu denen, die da waren: Dieser war auch mit dem Jesus von Nazareth. Und er leugnete abermals und schwor dazu: Ich kenne den Menschen nicht. Und nach einer kleinen Weile traten hinzu, die da standen, und sprachen zu Petrus: Wahrhaftig, du bist auch einer von denen, denn deine Sprache verrät dich. Da fing er an, sich zu verfluchen und zu schwören: Ich kenne den Menschen nicht. Und alsbald krähte der Hahn. Da dachte Petrus an das Wort, das Jesus zu ihm gesagt hatte: Ehe der Hahn kräht, wirst du mich dreimal verleugnen. Und er ging hinaus und weinte bitterlich.«

Petrus leugnet drei Mal, dass er ein Anhänger von Jesus sei, um sich nicht vor den Umstehenden seiner Jüngerschaft schämen zu müssen.[449] Erst durch das Krähen des Hahnes wird ihm bewusst,[450] dass er damit Jesus verraten hat, und er schämt sich. Die erste Form der Scham, die er vermeidet, indem er Jesus verleugnet, dient der sozialen Anpassung (Anpassungs-Scham). Die andere Scham dient der Wahrung seines inneren Wertesystems, seiner persönlichen Integrität (Gewissens-Scham); diese meldet sich, nachdem er sie verletzt hat. Mario Jacoby schreibt über diese beiden Schamformen: »Die eine sichert normalerweise Zugehörigkeit zur Gesellschaft, die andere versucht, die individuelle Persönlichkeit vor dem Eindringen des Kollektivs zu bewahren.«[451]

Verbergen oder zeigen?

Intimitäts-Scham und traumatische Scham stehen für die Fähigkeit bzw. Unfähigkeit zu regulieren, inwieweit wir uns vor anderen zeigen oder verbergen und von ihnen abgrenzen. Die Intimitäts-Scham befähigt den Einzelnen, seine Privatsphäre in gesunder Weise zu schützen und zu entscheiden, inwieweit er sich anderen Menschen gegenüber öffnet oder verschließt. Diese Fähigkeit ist bei pathologischer oder traumatischer Scham beschädigt oder zertrümmert; die Betroffenen werden von einem überstarken Schutzbedürfnis beherrscht oder haben die Fähigkeit, sich zu schützen, verloren.

Die Spannung zwischen *verbergen* und *zeigen* ist in allen zwischenmenschlichen Situationen akut. Etwa wenn sich eine Schülerin, nennen wir sie Verena, freiwillig im Unterricht meldet. Wenn sie die Frage der Lehrerin richtig beantwortet, kann Verena größere Wertschätzung durch die Lehrerin und vielleicht ihre Mitschüler gewinnen. Zugleich geht sie das Risiko ein, von ihren Mitschülern als Streberin verachtet zu werden. Wenn in der Klasse eine destruktive Fehlerkultur herrscht, wird Verena im Falle einer falschen Antwort Häme ernten und sich in der Folge künftig wahrscheinlich zurückhalten, sich weniger zeigen.

Unabhängig jedoch von den Reaktionen ihrer Mitschüler und ihrer Lehrerin wird Verena sich ganz von selbst schämen, falls ihre Antwort falsch ist. Denn probieren und scheitern sind natürliche Bestandteile von lernen, die mit Schamgefühlen verbunden sein können. Etwa wenn Verena ein unrealistisches Selbstbild hat und sich mit der Haltung meldet: »Das kann ich doch alles schon längst, das brauch *ich* doch nicht zu üben«. Durch ihre falsche Antwort werden Schamgefühle ausgelöst, die sich an der Differenz zwischen ihrem Selbstbild und der Person, die sie tatsächlich (noch) ist, entzünden. Die Scham zeigt ihr, wer sie ist und was sie kann bzw. was sie nicht kann - noch nicht: Idealerweise kann Verena durch ihre Schamgefühle dazu motiviert werden, mit zusätzlichen Lernanstrengungen ihre Kompetenzen zu vermehren. Ehrgeiz ist eine konstruktive Form der Bewältigung von Scham. Erst wenn wir um unsere Grenzen wissen - und zu diesem Wissen verhelfen uns Schamgefühle -, können wir daran arbeiten, unsere Fähigkeiten allmählich zu erweitern.

Grundsätzlich aber *sind* wir Menschen begrenzt, denn wir sind nicht Gott. Scham erinnert uns daran, dass wir verletzlich sind; sie kann uns zur Demut (fälschlicherweise oft mit »Unterwürfigkeit« verwechselt) verhelfen. John Bradshaw schreibt: »Unser gesundes Schamgefühl zeigt uns unsere Grenzen. Es sagt uns, dass es menschlich ist, Grenzen zu haben.«[452] Ohne Bewusstsein unserer Grenzen werden wir überheblich und rücksichtslos - so wie beispielsweise die Nazi-Täter. Der Historiker Michael Wildt charakterisierte sie als Männer ohne Grenzen: »Leute wie Speer oder Heydrich akzeptierten nicht die Grenzen, die ihnen die Wirklichkeit setzte [...]. Mit einer solchen Selbstüberhöhung verliert man sein menschliches Maß, man wird unmenschlich.«[453]

Mit Grenzen sind hier nicht nur körperliche Grenzen gemeint, etwa der Leistungsfähigkeit (etwa: wie schnell kann ich rennen?). Gemeint sind auch unsere seelischen Grenzen: Welche Themen sind mir besonders wichtig, was ist mir heilig? In welchen Situationen bin ich leicht zu verunsichern? Was kränkt mich in besonderer Weise? Wie weit »darf ich gehen«? Wo bin ich »zu weit gegangen« und habe andere verletzt? Wo habe ich meine Grenzen überdehnt, mich »zu weit aus dem Fenster gelehnt«? Bei der Wahrnehmung unserer je individuellen Grenzen hilft uns die Scham. Wenn wir sie nutzen, hilft sie uns, zu erkennen, wer wir sind und wer wir nicht sind. Dies zu wissen gibt unserem Leben Klarheit und Orientierung. Es erlaubt uns, »mit beiden Beinen auf der Erde« zu stehen, unsere Kräfte sinnvoll einzusetzen und uns entlang unserer Grenzen weiterzuentwickeln.

Wenn wir aber unsere Grenzen nicht kennen, dann verströmen wir uns orientierungslos; John Bradshaw illustriert dies mit folgendem Bild: Ein Mann bestieg sein Pferd und ritt in alle Richtungen davon.[454]

Die Scham durcharbeiten

C. G. Jung wies darauf hin, dass wir nicht heller werden, indem wir ins Licht schauen, sondern dadurch, dass wir das Dunkel erhellen. Auf das Problem der Scham übertragen bedeutet dies, dass wir einen befreienden Umgang mit Scham nicht allein durch selbst-affirmative Sätze gewinnen können (die wir aufgrund unserer Schamgeschichte vielleicht gar nicht wirklich aufnehmen können), sondern auch dadurch, dass wir unsere Scham wahrnehmen, aushalten und durcharbeiten. »Durcharbeiten« bedeutet: uns der Scham, die wir erfahren haben, zu erinnern, und daran, wie wir durch diese geprägt wurden; anzuerkennen, wie der Umgang mit diesen Erfahrungen – sei es in Form von Schamabwehr – uns zu dem Menschen gemacht hat, der wir heute sind; und zu verstehen, wie beides durch unser soziales Umfeld und dessen Geschichte mitbestimmt ist.

Solche Erinnerungen können mit Trauer oder Wut verbunden sein, die es – wie bei jeder Trauerarbeit – zu durchleben gilt: Etwa wenn uns bewusst wird, wie tiefgreifend die Freundschaft zu unserem eigenen Körper durch Beschämungen im Sportunterricht gehemmt wurde. Wie viele unbekannte Situationen aus Angst vermieden wurden. Oder wie stark unser Wunsch, beispielsweise ein selbstgemaltes Bild, einen eigenen Text oder überhaupt Gefühle zu zeigen, durch hämische Reaktionen anderer oder durch Selbst-Verachtung verschüttet wurde.

Durcharbeiten bedeutet, den »Teich« voller Scham, der in uns ist, Eimer für Eimer auszuschöpfen. Mit jedem Schöpfen werden deutlicher die Umrisse dessen sichtbar, was wir aus Scham nicht entwickelt, sondern auf den Grund unserer Seele verbannt haben: verlassene Wünsche, aufgegebene Sehnsüchte, weggedrückte Potenziale. So wie im Grimm'schen Märchen *Der Eisenhans* drei Männer das Wasser im Pfuhl ausschöpfen, und »als sie auf den Grund sehen konnten, so lag da ein wilder Mann, der braun am Leib war, wie rostiges Eisen, und dem die Haare über das Gesicht bis zu den Knien herabhingen«.[455]

Wie sich am Ende des Märchens herausstellt, ist dieser wilde Mann, der Eisenhans, ein verwunschener König von großer Macht, »größer, als du denkst, und Gold und Silber habe ich im Überfluss«.[456] All seine Schätze schenkt er dem, der ihn erlöst hat, »die sollen dein Eigentum sein«.[457] – Die häufige Märchenfigur der verzauberten Prinzessin oder des verwunschenen Prinzen sind oft symbolische Darstellungen unerlöster Teile oder Potenziale unseres Selbst – die zu befreien aufreibend, aber lohnenswert ist. Ein beeindruckendes Beispiel ist für mich die Entwicklung des Musikers David Crosby in den späten 1960er Jahren. Er verließ die Band *The Byrds*, wo er eine harmonische Begleitstimme sang, um im Trio *Crosby, Stills & Nash* seine eigene Stimme zu entdecken. Diese Befreiung war für ihn so überwältigend, dass ihm beim Singen Tränen über das Gesicht liefen, wie man auf den Aufnahmen seiner Lieder *Almost Cut My Hair* und *Long Time Gone*[458] noch heraushören kann; David Crosbys Stimme klingt dort »wilder« als in früheren Jahren.

Wo aber finden wir den Mut, unsere unter der Scham verschütteten Potenziale ans Tageslicht zu bringen?

Diese Frage ist, so scheint mir, an dieser Stelle noch zu früh gestellt. Denn es hatte einen Grund, dass der unerlöste König (in Gestalt des Eisenhans) tief unten, verborgen im Teich, lag. So wie es auch Gründe gibt, dass die Märchenprinzessin oder der Prinz lange Zeit in verzauberter oder verwunschener Gestalt existiert, als hässlicher Frosch, Aschenputtel, Schwan[459] oder dergleichen. Diese Gestalt ermöglicht es dem Prinzen oder der Prinzessin, extrem ungünstige Umstände über erstaunlich viele Jahre zu überleben: so wie auch Menschen zum Teil heftigste Schamerfahrungen durchzustehen vermögen – wenn auch in »verzauberter« Gestalt, verborgen hinter verächtlichen, süchtigen oder anderweitig schamabwehrenden Verhaltensweisen. Erinnern wir uns an *Hans mein Igel*: Ganze acht Jahre lang liegt er hinter dem Ofen, ungeliebt, unbeachtet und »eingeigelt«.

Ihr Überleben verdanken die »verzauberten« Menschen der Schamabwehr, dies ist ja im Grunde deren Zweck: Sich schmollend, grollend oder trotzig zurückzuziehen, sich zu verstecken oder davonzulaufen, das sind Strategien des Ich, eine unerträgliche Situation, vielleicht eine erniedrigende Kindheit, seelisch zu überleben. Dasselbe gilt für das Sich-Verstecken hinter einer Maske, das Sich-Einigeln oder emotionales Erstarren. Selbst Projektionen, Beschämen, Verachten, Arroganz oder Gewalt und die anderen Abwehrformen wurden ursprünglich aus der Not eingesetzt, sich vor unerträglich schmerzhaften Schamgefühlen zu schützen.

Manche dieser Abwehrformen haben im Laufe der Jahre ihre Aufgabe übererfüllt oder haben sich verselbstständigt wie marodierende Söldnerbanden, die nach Beendigung eines kriegerischen Konflikts mit der Gewalt nicht aufhören können. Die individuelle Form der Schamabwehr ist im Laufe der Jahre wahrscheinlich zu einem mehr oder weniger charakteristischen Teil unserer Persönlichkeit geworden; so hat der eine vielleicht eine zynische, der andere eine arrogante Gestalt entwickelt. Dies gilt es zunächst anzuerkennen. Dies mag, wie jede Selbsterkenntnis, mit schmerzhaften Gefühlen verbunden sein, seine negativistischen oder anderweitig schamabwehrenden Charakterzüge wahrzunehmen und zu akzeptieren. Zu spüren, wie viel Lebensfreude durch den eigenen Zynismus zerstört wurde; wie viele Bilder ungemalt oder Geschichten ungeschrieben blieben, aus Angst vor dem verinnerlichten, unerbittlich perfektionistischen Kritiker; wie viele Mitmenschen durch die eigene Wut verletzt und abgestoßen wurden.

Scham durchzuarbeiten bedeutet jedoch nicht, die Schamabwehr zu zertrümmern. Wenn wir unsere je individuell gelernte Form, Schamerfahrungen zu überleben, zerstörten, dann würden wir ja Teile unserer Persönlichkeit zerstören. Es gilt vielmehr, die Abwehr zu verwandeln: ihr dafür zu danken, dass sie uns in existenziell schwierigen Lebenssituation davor bewahrt hat, seelisch zu zerbrechen. Und sie zu sozialisieren – vergleichbar mit Söldnern, die in die Gesellschaft wieder aufgenommen und zu Polizisten umgeschult werden. Durch Anerkennen und »Hereinnehmen« kann das Destruktive in etwas Konstruktives verwandelt werden.

Von der Abwehr zum Schutz

Wir können erst dann an die Befreiung unserer unerfüllten Wünsche, geheimen Sehnsüchte und unentwickelten Potenziale gehen, wenn wir auch dafür Sorge tragen, dass diese achtsam behandelt werden. Wenn wir uns beispielsweise zum ersten Mal im Leben mit einem eigenen Gedicht in die Öffentlichkeit wagen, sollten wir dies besser zunächst in einem sicheren »Raum« tun. Für diesen Schutz zu sorgen gehört zur Verantwortung sich selbst gegenüber. Dazu benötigen wir die Intimitäts-Scham: Sie bewahrt das, was uns wichtig ist.

Sie befähigt uns, uns abzugrenzen, etwa gegenüber entwürdigenden Kritiken, unverschämten Arbeitsaufträgen, übergriffigen Verhaltensweisen anderer oder erniedrigenden Strukturen. Abgrenzen kann auch bedeuten, uns eine Zeitlang zurückzuziehen und uns eine »Auszeit« (vielleicht ein Sabbat-Jahr) zu gönnen – wenn wir uns überfordert haben, besser: noch *ehe* wir eine unserer Grenzen überschritten haben: ein bewusst gewählter Rückzug, Gegenpol zur Hektik des Alltags, ein Ausbalancieren der Aktivität durch Passivität. Uns zurückziehen von griesgrämigen Kollegen, von negativistischen Zeitungsmeldungen, vom Lärm der Städte und von den Erwartungen anderer, dass wir immerzu »gut drauf« und arbeitsfähig sein müssten. Erholung von der großen Anstrengung, stets perfekt sein zu müssen. Selbstgewählte Einsamkeit, »Wüste« (real oder metaphorisch), Stille, Dunkelheit, Schweigen, süßes Nichtstun, Muße, Aschezeit,[460] gepflegte Langeweile, unperfekt sein dürfen, Trübsinn blasen, traurig sein, spielen, trödeln, geschehen lassen.[461] Genau dies ist die Quelle von innerem Wachstum und von Kreativität – und die Befreiung der eigenen kreativen Potenziale ist für jeden Einzelnen und für die Menschheit von entscheidender Bedeutung, gerade in unserer gegenwärtigen Krisenzeit. Nur wo Stille ist, da kann auch ein Weg sein.

Von der Selbstbeschämung zur Selbstliebe

Oft versäumen wir es, uns mit unseren Emotionen und unseren kreativen Fähigkeiten zu zeigen, weil wir befürchten, abgewertet zu werden: von unseren Mitmenschen oder von uns selbst. Der abwertende Blick – etwa von Eltern in der frühen Eltern-Kind-Kommunikation oder von Lehrern – wurde verinnerlicht zum abwertenden Blick auf uns selbst. So sagen viele Menschen von sich: »Ich bin ja gar nicht kreativ, ich kann so etwas nicht.« Die früher erfahrenen Entwertungen wurden zur Selbstentwertung gemacht.

Vielleicht sind wir aber heute, als Erwachsene und Überlebende einer schwierigen Kindheit oder Schulzeit, in der Lage, unsere Scham-Geschichte bewusstzumachen, durchzuarbeiten und uns dafür zu entscheiden, uns selbst Wertschätzung zu geben: mit uns selbst befreundet zu sein, wie der Philosoph der Lebenskunst, Wilhelm Schmid, sagt.[462] Wie lieblos unsere Kindheit, wie verächtlich manche Lehrer, wie abwertend unser gesellschaftliches Umfeld auch gewesen sein mögen: Ob wir die in der Vergangenheit erfahrene Ablehnung in der Gegenwart in eigener Regie fortsetzen oder nicht, dies ist eine Entscheidung, die wir in gewissem Maß heute selbst zu verantworten haben.

Damit soll nicht gesagt sein, dass diese Entscheidung einfach zu verwirklichen ist – vor allem nicht bei traumatischem Schamerleben. Erschwerend ist noch, dass schnell in den Verdacht des Egoismus gerät, wer sich selbst Anerkennung gibt: »Selbstlob stinkt«. In unserer Kultur herrscht ja (wie in Kapitel 4 ausgeführt) eine Pädagogik der Scham und Beschämung: die Vorstellung, wonach Menschen dadurch zu verbessern seien, dass sie erniedrigt werden und sich selbst erniedrigen.

Im Unterschied dazu bedeutet Selbstwertschätzung, dass wir uns, samt unserer Schattenseiten, annehmen: dass wir unsere Fehler anerkennen, uns verzeihen und es so möglich machen, aus diesen Fehlern zu lernen; dass wir unsere vermeintlichen Schwächen und noch unentwickelten Potenziale nicht mit Füßen treten (dadurch gehen sie nicht weg), sondern annehmen und an ihrer Entwicklung arbeiten. Dazu gehört auch, dass wir unsere Grenzen realistisch sehen und betrauern. Dies ist schmerzhaft: zu realisieren, dass man kreatives Potenzial, aber vielleicht nicht das Genie eines Pablo Picasso hat;

nicht den Körper eines Supermodels oder die Brillanz eines Albert Einstein. Marin Buber erzählt dazu folgende chassidische Geschichte: »Vor dem Ende sprach Rabbi Sussja: ›In der kommenden Welt wird man mich nicht fragen: ›Warum bist du nicht Mose gewesen?‹ Man wird mich fragen: ›Warum bist du nicht Sussja gewesen?‹«[463]

Die eigenen selbstbeschämenden Verhaltensweisen zu verändern und Selbstwertschätzung zu praktizieren bedeutet, neurobiologisch gesprochen, die alten, vertrauten Netzwerke von Nervenzellen zu verlassen und neue Verknüpfungen zu schaffen. Dies lässt sich, wie erwähnt, mit einem tief verschneiten Park vergleichen, durch den einige fest eingetretene Bahnen aus Fußspuren führen. Mit jeder weiteren Erfahrung von Beschämung oder Scham verfestigt sich diese Spur.

Die Herausforderung und Chance besteht nun darin, dass wir die eingetretenen Bahnen verlassen und neue Spuren schaffen und vertiefen (wir beginnen damit besser jetzt als morgen). Dazu müssen wir uns anfangs durch den tiefen Schnee kämpfen. Das ist die schlechte Nachricht: Es ist anstrengender, neue, selbst-wertschätzende Verhaltensweisen anzufangen, als die vertrauten, aber selbst-mißachtenden zu wiederholen. Bei Schamtraumata gelingt dies vielleicht nicht alleine, so dass wir Unterstützung dafür benötigen. Dieser schlechten Nachricht stehen mehrere gute Nachrichten gegenüber:

Es wird einfacher
Beim ersten Gang durch den Schnee sinken wir vielleicht noch bis zur Hüfte ein und sind bald erschöpft. Je häufiger wir jedoch die alternativen Pfade gehen, desto leichter fällt es uns, da die neugeschaffenen Bahnen zunehmend gangbarer werden. Übertragen auf die Neurobiologie: Die neuen synaptischen Verknüpfungen von Nervenzellen werden jedes Mal stabiler, wenn wir uns nach dem neuen Muster verhalten. Jedes Mal, wenn wir uns selbst Wertschätzung geben, statt uns selbst niederzumachen, wächst das Nervenzell-Netzwerk der Wertschätzung, der Liebe, der Lebensfreude – wie immer wir es auch nennen mögen.

Es gibt viele Möglichkeiten
Jeder Augenblick bietet vielfältige Möglichkeiten, Wertschätzung und Lebensfreude zu erfahren. Manche Menschen finden dies etwa im Kreis von Freunden, in der Natur, im Glauben an einen liebenden

Gott, in der Familie oder einem meditativen Leben. Weitere Möglichkeiten zeigt Ingrid Riedel in ihrem Sinnenfreude vermittelnden Buch *Geschmack am Leben finden*. Sie lädt zu einer »Entdeckungsreise mit allen Sinnen« ein und schreibt: »Über die Sinne kann ein Mensch wieder in Übereinstimmung mit sich selbst und seiner lebendigen Leiblichkeit gelangen.«[464] So kann die Entzweiung mit sich selbst – das ist ja die Scham – durch die Sinne geheilt werde. Beispielsweise durch Geruchserfahrungen: Diese schaffen eine direkte Verbindung zu den Gehirnregionen, die für Emotionen zuständig sind. Daher besteht über den Geruchssinn die Möglichkeit, sensorische Fähigkeiten wiederzugewinnen, die etwa durch traumatische Erfahrungen blockiert wurden. Auch durch die Sinne des Schmeckens, Tastens, Hörens und Sehens ist es möglich, so Ingrid Riedel, die Zärtlichkeit, den Klang des Lebens zu erfahren und zu erschauen.

Zu einem liebevollen Umgang mit sich selbst ermutigt auch Wilhelm Schmid. Sein Buch *Mit sich selbst befreundet sein* ist eine wahre Fundgrube von Reflexionen darüber, wie wir die Sorge für uns – für Körper, Seele und Geist – zu einer Lebenskunst ausgestalten können. Bei dieser Kunst geht es »zuallererst um die Beziehung des Individuums zu sich selbst«,[465] die wie der Umgang mit einem wahren Freund gestaltet werden kann: von der Aufmerksamkeit für sich selbst, der Pflege und dem Schmücken des Körpers über die Kunst des Traurigseins, das Singen, Tanzen und Lachen und bis hin zur Kunst, heiter und gelassen zu leben. Der Autor lädt dazu ein, uns selbst »Achtsamkeit zu schenken, nicht achtlos vorbeizugehen an den eigenen Wünschen und Bedürfnissen, den hochkommenden Ängsten und Befürchtungen«.[466]

Kein anderer kann uns abhalten

Letztlich kann uns niemand – außer uns selbst – davon abhalten, uns selbst Wertzuschätzung zu geben, mit uns selbst solidarisch zu sein, für unsere eigene Würde einzustehen. Nicht selten sind wir selbst unsere unerbittlichsten Richter. Wilhelm Schmid legt uns Gnade für uns selbst ans Herz: »Ein Geschenk ist es, ›gnädig‹ mit sich selbst zu sein, sich wohl Exzellenz, aber nicht Perfektion abzuverlangen.«[467] Jedem von uns können Fehler unterlaufen (denn wir sind menschlich), diese sollten wir uns auch verzeihen. In islamischen Ländern gibt es die schöne Tradition, in Teppiche bewusst einen Fehler einzuweben, als Erinnerung daran, dass die Künstler Menschen und damit fehlbar sind.

Wenn wir auf Fehler aufmerksam gemacht werden, kann es hilfreich sein, auf unsere Reaktionen zu achten. Vielleicht entdecken wir den Moment, in dem unser Gehirn die Entscheidung trifft, wie diese Information verarbeitet wird: nach dem Scham- oder dem Schuld-Modus. Es geht um den Moment, in dem wir uns sagen: »Ich *bin* ein Fehler« (und in der Folge psychisch abstürzen) oder »Ich habe diesen spezifischen Fehler *gemacht*« (und bereit sind, durch Erforschen der Ursache aus ihm zu lernen, und uns künftig anders verhalten). Lebenskunst bestünde in der Selbstdisziplin, unser Denken bewusst auf den Schuld-Modus zu lenken. Es mag freilich Lebensphasen geben, da wir es nicht alleine schaffen, seelisch nicht abzustürzen; dann bedürfen wir der Begleitung, etwa durch Supervision, Beratung oder Psychotherapie.

Zu einer Kultur der Anerkennung uns selbst gegenüber gehört auch, dass wir die Anerkennung von anderen, *wenn* wir sie bekommen, auch wirklich annehmen. Zu einem typischen Scham-Verhaltensmuster gehört es ja, dass wir aus 100 erhaltenen Rückmeldungen oft nur die eine, kritische, herausgreifen und in selbstdestruktiver Weise in uns aufsaugen, während wir die 99 positiven Reaktionen wie ungehört an uns vorbeiziehen lassen. Auch unser Umgang mit empfangenen Rückmeldungen ist eine »gebahnte«, in der Regel unbewusste, Entscheidung, die wir erst dann zu ändern beginnen können, wenn wir sie uns bewusstmachen und andere, konstruktive Umgangsformen einüben. Lebenskunst bestünde darin, unsere Aufmerksamkeit bewusst auf die 99 positiven Rückmeldungen zu lenken und diese genauso anzunehmen wie die eine kritische.

Aber auch wenn wir selten oder gar keine Anerkennung von außen bekommen (z. B. wenn wir in einem negativistischen Team arbeiten), so kann uns in letzter Instanz niemand – außer wir selbst – davon abhalten, uns selbst wertzuschätzen. Uns beispielsweise selbst zu loben, wenn wir eine schwierige Situation durchgestanden haben. Oder uns selbst zu einem schönen Essen einzuladen, wenn uns eine *Arbeit* gelungen ist. Dies ist die eine, protestantisch-arbeitsethische Form der Selbstliebe.

Die andere, viel grundsätzlichere Form von Selbstliebe besteht darin, uns selbst wertzuschätzen, für unser *Sein*, ganz *unabhängig* von

Arbeitsleistung und Erfolg. Dafür, dass es uns gibt und dass wir so sind, wie wir sind. Den Satz, den wir nach Pablo Casals unsere Kinder in der Schule lehren sollten, dürfen wir auch zu uns selber sagen: »Weißt du, was du bist? Du bist ein Wunder! Du bist einmalig! Auf der ganzen Welt gibt es kein zweites Kind, das genauso ist wie du. Und Millionen von Jahren sind vergangen, ohne dass es je ein Kind gegeben hätte wie dich. Schau deinen Körper an, welch ein Wunder! Deine Beine, deine Arme, deine geschickten Finger, deinen Gang.«[468]

In einem Seminar zum Thema Scham wird spätestens an dieser Stelle gerne die Warnung geäußert, dass Selbstliebe ja zu egoistischer Ichbezogenheit, krankhaft-narzisstischer Ichverliebtheit oder falscher Ichgerechtigkeit führen könne. Zu einem Ich-gefälligen Rückzug von der Welt und unserer Verantwortung ihr gegenüber.[469] Diese Gefahr besteht in der Tat. Wir haben jedoch eine Stimme in uns, die uns zu warnen vermag, wenn Eigenlob zu »stinken« anfängt; wenn der weise Ratschlag Jesu, den Nächsten zu lieben *wie* sich selbst, aus der Balance zu geraten droht; wenn Selbstliebe in egoistische Ichhaftigkeit umkippt. Diese warnende Stimme ist das Gewissen und deren emotionaler Ausdruck, die Gewissens-Scham. Diese erinnert uns daran, dass es außer dem eigenen Ich noch andere gibt, deren Würde es zu achten gilt.

Selbstachtung

Zur Selbstanerkennung gehört die Selbstachtung. Zu dieser gehört auch, dass wir unserer sozialen Verantwortung gerecht werden: dass wir uns z.B. nicht selbst belügen und so tun, als wüssten wir nicht von der ungerechten Herkunft unseres reichen Lebensstils und dessen ökologischen Konsequenzen. Dieses Wissen ist mit Schamgefühlen und Verantwortung verbunden. Den Armen ist noch nicht damit geholfen, wenn wir, die Reichen, uns schämen; wir schulden ihnen auch Entschuldigung und Wiedergutmachung durch Schuldenerlass und eine gerechte Wirtschaftsordnung.

Bei sozialem Engagement und Zivilcourage geht es nicht nur um das Leben der anderen, sondern in gleichem Maße »um das eigene Leben, verbunden mit Selberdenken, Selbstachtung und Selbstverantwortung«.[470] Es gilt, so zu leben, dass wir uns selbst achten können, dass wir, wie die Redewendung sagt, »in den Spiegel schauen können«. Von Gandhi wird berichtet, dass er einmal von einem Journalisten gefragt wurde, ob er sich denn wirklich nur aus altruistischen Motiven politisch engagiere. Der Mahatma entgegnete freimütig, dies sei keineswegs der Fall, er handle vielmehr für sein eigenes Seelenheil. Zum selben Thema hörte ich einmal folgende Geschichte eines Friedensaktivisten, der mit einem großen Transparent, das vor dem atomaren Weltuntergang warnte, in der New Yorker Innenstadt stand. Befragt, ob er denn wirklich glaube, mit seiner Aktion den Lauf der Welt zu verändern, antwortete der Aktivist: »Nein, ich versuche nur die Welt davon abzuhalten, mich zu verändern.«

Die Gewissens-Scham misst uns nicht am Erfolg unserer Handlungen, sondern daran, ob wir die uns jeweils zustehenden Handlungsmöglichkeiten *wahrnehmen*, im doppelten Wortsinne von *erkennen* und *nutzen*. So gesehen gibt es für die Gewissens-Scham kein Scheitern und keine Niederlage (im Unterschied übrigens zur Anpassungs-Scham, die Verlieren unerbittlich bestraft). Für den einzelnen Friedensaktivisten in New York wäre es vermessen, seinen Einsatz davon abhangig zu machen, ob es ihm gelingt, einen Atomkrieg zu verhindern. Vielmehr besteht – aus Sicht seines Gewissens – der Sinn und Erfolg seines Engagements darin, *dass* er sich, nach seinen Fähigkeiten und Möglichkeiten, engagiert.

Ein ehemaliger US-Feldwebel, der seinen Kriegsdienst für den Irak-Krieg verweigert hat, sagt: Dass »ich mich überhaupt gegen den Krieg aufgelehnt habe, darauf bin ich stolz«.[471] Die Selbstachtung, die aus zivilcouragiertem Engagement erwächst, ist durch nichts anderes – keinen Konsum, keine Karriere, keine Machtposition – zu ersetzen. Mit diesen Beispielen plädiere ich für ein politisches Engagement, das sich nicht an Erfolg und »Gewinnen« orientiert, sondern sich aus dem menschlichen Grundbedürfnis nach Selbstachtung speist. Es ist mein Anliegen, den Begriff der Menschenwürde vom Grundgesetz (Artikel 1: »Die Würde des Menschen ist unantastbar«) auf unser politisches Handeln zu übertragen. Ich vermute, dass z.B. viele Proteste gegen das Hartz-IV-Gesetz im Grunde Bemühungen der Betroffenen waren, für ihre Würde einzutreten. Dies wurde aber selten so formuliert – vielleicht aus der Befürchtung, verhöhnt zu werden, wenn man sich mit so einem »weichen« Begriff in der Öffentlichkeit zeigt. Weniger angreifbar macht man sich, wenn man für »konkrete« Forderungen – für Zahlen, Geldbeträge – auf die Straße geht.

Wenn »die Würde des Menschen« nicht nur auf dem Papier stehen, sondern in unserer Gesellschaft praktisch werden soll, dann brauchen wir auch den Mut, diese Worte auszusprechen.[472] Wir müssen dafür Sorge tragen, dass dieser - auch juristisch - bisher noch vage Begriff mit Leben gefüllt wird, dass er Konturen bekommt und geschichtlich sowie spirituell-religiös verwurzelt wird. Dies wäre auch eine Prophylaxe gegen die Politikverdrossenheit, welche unsere Demokratie in bedenklichem Ausmaß gefährdet, und gegen den Energiemangel, den ich in vielen Initiativen der Friedens- und Ökologiebewegung beobachte. Denn obwohl Menschenwürde ein »schwacher« Begriff zu sein scheint, kann das Streben nach ihr zu einem der kraftvollsten aller menschlichen Motive werden. Denn von Luft, Liebe, Brotkrumen und Versprechen kann man leben - so sei nochmals aus Yasmina Khadras Roman *Die Attentäterin* zitiert -, aber nicht ohne Würde: »Es gibt kein Glück ohne Würde.«[473]

Weil Scham eine der leid-vollsten Emotionen darstellt, ist das Eintreten des Menschen für seine Würde eine der kraftvollsten aller Leiden-schaften, deren er fähig sind. Dies lehrt uns auch der Nationalsozialismus, der ja die Ehre der Deutschen wiederherzustellen versprach. Er ist ein Beispiel für eine manipulative Politisierung der Scham, insofern die Schamgefühle der Bevölkerung durch Schamabwehr instrumentalisiert wurden. Ihr Ziel war die *Schamlosigkeit*: Erlösung von der Schande der Weimarer Republik, als deren »Erlöser« Adolf Hitler gefeiert wurde. Die Alternative besteht in einem befreienden Umgang mit Scham: *Schamfreiheit*. Vielleicht kann uns die Erinnerung an das Leiden unter Scham und Beschämungen die Leidenschaft geben, uns für eine Kultur der Menschenwürde zu engagieren.

Von der Schamlosigkeit zur Schamfreiheit

> *Die Phantasie tröstet die Menschen über das hinweg, was sie nicht sein können. Der Humor über das, was sie tatsächlich sind.*
> Albert Camus

Die Begriffe Schamlosigkeit und Schamfreiheit klingen zunächst ganz ähnlich und unterscheiden sich doch voneinander wie Nacht und Tag oder, ein anderer Vergleich, wie Gewaltlosigkeit und Gewaltfreiheit.

Zur Erläuterung: Als Gandhis Begriff *Satyagraha* in westliche Sprachen übersetzt wurde, passierte etwas Charakteristisches: Er wurde mit *Gewaltlosigkeit* übersetzt, also als ein Handeln ohne Gewalt, passiv. Dieser Begriff ist negativ – wie wenn wir Licht als »Nicht-Dunkelheit« beschreiben würden. In seinem Grundgedanken meint *Satyagraha* jedoch etwas Positives, Aktives, das wir annäherungsweise als Handeln *mit* der Wahrheit, mit Liebe, mit Gott oder mit persönlicher Kraft und Integrität umschreiben können. Diese Qualität kommt eher durch den Begriff *Gewaltfreiheit* zum Ausdruck.

In ähnlicher Weise unterscheiden sich auch Schamlosigkeit und Schamfreiheit. Erstere besteht in einer Abwehr von Schamgefühlen, im Versuch, diese »los«zuwerden, etwa indem andere beschämt oder erniedrigt werden. Im Unterschied dazu bestünde ein befreiender Umgang mit Scham darin, unsere Scham und ihr Gewordensein anzuerkennen, durchzuarbeiten und so ein Stück Freiheit ihr gegenüber zu gewinnen; dies wurde auf den vorangegangenen Seiten ausgeführt. Dabei zeigte sich, dass es kein Leben ohne Scham geben kann (daher können wir die Scham auch nie wirklich »los«werden). Verschiedene Grundformen der Scham lassen sich unterscheiden, die uns jeweils vor Entscheidungen stellen: Gehen wir solidarisch oder ausschließend mit einem Mitmenschen um? Inwieweit zeigen oder verbergen wir uns? Folgen wir der Anpassung oder der Stimme des Gewissens?

Jede dieser Entscheidungen ist mit Konsequenzen verbunden. Folgen wir z.B. dem Gewissen, riskieren wir vielleicht, als »Nestbeschmutzer« beschämt zu werden. Leben wir ausschließlich ein angepasstes Leben, plagt uns das Gewissen, usw. Ein Stück Schamfreiheit bestünde darin, diese Entscheidungen und ihre Konsequenzen bewusst zu treffen und zu tragen.

Ein weiterer Aspekt von Schamfreiheit wäre es, geschützte »Räume« – liebevolle, solidarische, wertschätzende Beziehungen und Subkulturen – zu schaffen, in denen wir uns zeigen dürfen, wie wir sind, ohne die Angst, beschämt zu werden. Befreit, so Wilhelm Schmid, vom immensen »Kraftaufwand, die Fassade der Kraft andauernd aufrechtzuerhalten [...], keine Schwächen erkennen zu lassen, die geforderte Leistung penibel«[474] erbringen und immer cool, unberührt sein zu müssen. Viele Menschen sind darauf trainiert, Fehler um jeden Preis zu vermeiden, aus Angst, beschämt zu werden. Und uns zu schämen, wenn uns trotzdem ein Fehler unterläuft. Wie viel Kraft wir darauf ver(sch)wenden, immerzu fehlerfrei, makellos, perfekt sein zu müssen! Die Betonung liegt auf *immerzu*. Ich plädiere keineswegs dafür, schlampig zu arbeiten, sondern verantwortungsbewusst und gewissenhaft. Denn letztendlich ist es das Gewissen, das uns daran erinnert, gemäß unseren Fähigkeiten das Beste zu geben.

In »schamfreien Räumen« müssen Schwächen nicht durch bittere Ironie, durch gehässiges Lachen über *andere* abgewehrt werden. Hier können wir vielleicht lernen, in heilsamer und befreiender Weise über uns *selbst* zu lachen. Die Freiheit und Kunst, spielerisch mit Fehlern umzugehen, wird idealtypisch durch die Figur des Clowns verkörpert. Dieser fällt »überall aus dem Rahmen, denn er entspricht nicht den Idealen von Klugheit, Vernunft, Schönheit oder souveräner Körperbeherrschung«,[475] schreibt Michael Titze. Der Psychotherapeut ermutigt die Menschen zur Lächerlichkeit, um die Lebenskraft und Lebensfreude, die bei vielen von uns durch Scham verschüttet ist, zu befreien. Eine Teilnehmerin seines *Werkkreises Therapeutischer Humor* berichtet, wie sie es erlebt, in die Rolle des Clowns zu schlüpfen: »Mit meiner ›persona‹,[476] mit der ich mich seit meiner Kindheit identifiziere, versuche ich (weshalb eigentlich?) etwas krampfhaft aufrechtzuerhalten, versuche ich meine Scham zu überspielen. Doch erst die Clownsnase öffnet mir den Zugang zu einer neuen Rolle. Sie befreit mich von einem vorgefassten, aufgezwungenen Image. Der Clown nimmt mir meine alte, verhasste Persona ab. Oh, wie leicht, wie lebensfroh lebt sich's als Clown! Und wie lebensfeindlich, wie trist lebt sich's mit dem Kainsmal der Scham im Gesicht.«[477]

Der Theaterpädagoge und Clown Bruno Zühlke, alias Clown Jojo, entwickelte ein furioses Stück über Scham und Humor. In *Komik – oder der ausgegrenzte Ernst*[478] sagt er als Professor Meckenberg: Der Clown »scheitert aus Spaß und mit Freude, und deshalb dürfen wir bei ihm lachen Aber er scheitert nicht nur mit Spaß und Freude, nein, man könnte sagen, er sucht geradezu das Scheitern. Ein vollkommen schamfreies Scheitern eben.«[479] Der Clown enttäuscht alle Erwartungen, er geht nicht, sondern stolpert und bringt auf seinen Musikinstrumenten nur falsche Töne hervor.[480] Dadurch vermag der Clown die Zuschauer zur Befreiung zu ermutigen, denn er führt uns vor, dass der Mensch – zumindest vorübergehend – das sein darf, was er auch ist: unperfekt, fehlbar, menschlich.

Konstruktiv mit der Scham anderer umgehen

Sich schützen, ohne zu beschämen

Die Schamgefühle von Mitmenschen bekommen wir in der Regel in abgewehrter Form zu spüren, etwa durch Beleidigungen, Schamlosigkeit oder Wut. Ich erinnere mich an ein pensioniertes Ehepaar, in deren Nachbarschaft wir in Berlin lebten. Die beiden saßen, sooft das Wetter dies erlaubte, auf Gartenstühlen vor ihrem Haus, tranken Wein und schienen nur darauf zu warten, dass jemand sein Rad an ihrem Zaun abstellte. Dann sprangen sie von ihren Stühlen auf, rannten zur Grundstücksgrenze und begannen wütend, die »Übeltäter« zu beschimpfen. Mehrfach forderten sie uns, die Nachbarn, zum Mittrinken auf, wobei sie die anderen Nachbarn verhöhnten (»alter Furz«), uns über unser Intimleben ausfragten oder uns beleidigten (»verpisst euch!«).

Was tun? Oft kann es in solchen Situationen zunächst nur darum gehen, sich in Sicherheit zu bringen, sich zu schützen. Schwierig ist es, die von anderen empfangene Wut auszuhalten und zu »verdauen« – ohne sich sogleich zu entlasten, indem man eine Gegenbeleidigung zurückzuschleudert. Dies mag zusätzliche Schamgefühle dafür auslösen, dass man sich nicht gewehrt hat.[481] Die Herausforderung besteht darin, dass durch jede Beschämung unsere eigene Schamgeschichte aufgewühlt wird und wir in Gefahr geraten, aufkommende Schamgefühle durch Gegenbeschämungen abzuwehren. Die Chance, ein wenig Freiheit im Umgang mit erfahrenen Beleidigungen zu gewinnen, wächst in dem Maße, wie wir unsere eigene Scham durchgearbeitet haben: Es verhilft dazu, uns zu schützen, ohne andere zu beleidigen, weil wir sie nicht mehr als Projektionsfläche für die Abwehr unserer eigenen Scham benötigen. Dies kann vielleicht dazu beitragen, einen Konflikt zu versachlichen.

Beschämungen am Arbeitsplatz werden seit den 1990er Jahren (wenn auch unter eingeschränkten Voraussetzungen) unter den Mobbing-Begriff gefasst (vgl. S. 126 ff.). Über die verschiedenen Möglichkeiten, sich vor Mobbing zu schützen, informieren einschlägige Ratgeber.[482] Grundsätzlich sollte der oder die Gemobbte sich zunächst selbst befragen, was er oder sie selbst zu dem Konflikt beigetragen hat; dazu kann es hilfreich sein, sich von Personen des eigenen Vertrauens Rückmeldungen einzuholen.[483] Auf gesellschaftlicher Ebene wäre es hilfreich, mehr Anlaufstellen für die rechtliche und psychologische Beratung von Mobbingopfern einzurichten[484] und ihre rechtliche Situation zu verbessern (Anti-Mobbing-Gesetz).[485] Vor allem ist es sinnvoll, dass in unserer Gesellschaft die Aufmerksamkeit und Sensibilität für Scham, Beschämungen und Menschenwürde wächst. Dazu kann jeder von uns beitragen: indem wir Scham und Beschämungen, wann immer wir sie beobachten, benennen, sie zu einem Thema machen.

Im Umgang mit der Scham anderer sind darüber hinaus noch weitere Kompetenzen notwendig, die im Folgenden am Beispiel der Berufsfelder Psychotherapie, Altenpflege und Schule ausgeführt werden.

Hinter der Maske die Scham des anderen wahrnehmen

Im Alltag erleben wir die Scham anderer Menschen meistens nur in abgewehrter Form. Was wir von außen sehen, ist lediglich die *Maske*, hinter der sie ihre verletzliche Seite zu schützen suchen: indem sie sich einigeln, uns beleidigen oder mit ihrer Wut vor den Kopf stoßen. In diesen Fällen, wenn wir persönlich angegriffen werden, fällt es besonders schwer, hinter der Maske des anderen dessen abgewehrte Schamgefühle wahrzunehmen. Wenn uns dies jedoch gelingt – wie in der Geschichte, die am Ende dieses Buches im Abschnitt »Zum Abschluss« abgedruckt ist –, dann können Konflikte in konstruktiver Weise verändert werden.

Letztendlich vermögen wir nie die Gefühle anderer Menschen zu ergründen. Wir können jedoch aufmerksam für Hinweise sein, die über ihre *möglichen* Gefühle Aufschluss geben. So könnten – etwa in Supervision, Seelsorge, Beratung oder Psychotherapie – folgende Verhaltensweisen eine Schamproblematik vermuten lassen: wenn Klienten sich abwertend äußern (»das bringt doch hier alles nichts«), wenn sie häufig zu spät kommen oder Rechnungen nicht bezahlen. Oder ihre Körpersprache: Frau S. betritt die psychotherapeutische Praxis zu einem Vorgespräch. Sie setzt sich auf den angebotenen Sessel und stellt dabei ihre große Handtasche auf den Schoß, wie um ihre Geschlechtsteile zu schützen. Ihr Kopf ist gesenkt, die langen Haare fallen ihr über die Augen, so dass kein Blickkontakt mit dem Therapeuten zustande kommen kann. Sie spricht undeutlich und gehetzt, wie wenn sie sich ausdrücken und zugleich nicht ausdrücken möchte.

Hinweise auf eine mögliche Schamproblematik können auch aus der Analyse der Gegenübertragungen – d. h. der Gefühle des Psychotherapeuten gegenüber Patienten – gewonnen werden, etwa wenn im Laufe einer psychotherapeutischen Behandlung im Therapeuten Gefühle von Unfähigkeit, Versagen oder Minderwertigkeit aufkommen. Dies kann auf Gefühle der Patientin hinweisen, die sie unbewusst abwehren muss und auf den Therapeuten überträgt. Diese Hinweise können Ausdruck einer unbewussten Schamproblematik der Patientin sein (sie könnten aber auch eine andere Bedeutung haben). Wesentlich ist, wie der Therapeut mit seiner Interpretation oder mit seinem Wissen über die Scham der Patientin umgeht; denn es handelt sich hier um eine besonders sensible Information – zumal die psychotherapeutische Situation *per se* mit Scham behaftet ist: In unserer Gesellschaft gelten ja Schwäche, Hilfsbedürftigkeit und psychische Erkrankungen als schändliche Makel. Micha Hilgers schreibt: »Die Inanspruchnahme psychotherapeutischer oder psychiatrischer Hilfe stellt in der Regel an sich schon eine erhebliche Schamquelle dar. Abhängigkeits- und Inkompetenzscham werden ausgelöst, da wesentliche Lebensbereiche offenbar nicht allein bewältigt werden können, Scham gegenüber eigenen Idealen, da häufig ein komplexes System innerer Wertvorstellungen über das Selbst verletzt ist.«[486] Besonders akut kann die Scham beim – öffentlich sichtbaren – Betreten der psychotherapeutischen Praxisräume werden (weshalb manche Therapeuten im ländlichen Raum auf Praxisschilder verzichten) oder bei der Aufnahme in eine stationäre Behandlung.

Hinzu kommt die klassische Schamphantasie, wie sie gegenüber Psychoanalytikern häufig geäußert wird: Man könne von diesen »durchschaut« werden, sei für sie »durchsichtig«. Micha Hilgers macht darauf aufmerksam, dass unvermeidlich jede Einsicht über sich selbst, über Verborgenes, Unbekanntes oder Neues, zu Schamgefühlen führt. Ob es zu einer konstruktiven Aufarbeitung dieser Gefühle zwischen Patient und Therapeut kommt, darüber entscheidet »eher das Ausmaß, die Art und Weise und der Zeitpunkt der Scham«.[487]

Daher sind auf Seiten des Therapeuten, Beraters oder Supervisors großes Taktgefühl und Geduld erforderlich. Denn, so Léon Wurmser,

»wir müssen das aus der Angst vor Entblößung gehorchende Bedürfnis des Patienten respektieren, sich hinter Schichten von Schweigen, Ausweichen, Auslassungen und Intellektualisierungen zu verstecken«.[488] Er plädiert für analytischen Takt, der vermeiden soll, dass Patienten durch aggressiv deutende Techniken beschämt werden.[489] Dazu gehört es nach Carl Schneider, Deutungen – so »richtig« sie auch erscheinen mögen – nur auf dem Boden einer tragfähigen Beziehung einzubringen. Es gilt, das Zusammenspiel von Sich-Zeigen und Verbergen, von öffentlich und privat, das alle zwischenmenschlichen Situationen auszeichnet, sensibel zu handhaben. Denn was von der Scham beschützt wird (»das Private«) ist der Kern der Persönlichkeit, der Ehrfurcht verdient.[490]

Die Fähigkeit, hinter der Maske die Scham des anderen wahrzunehmen, ist auch für andere Berufe, in denen wir mit Menschen arbeiten, hilfreich, etwa in den Bereichen Schule (vgl. den übernächsten Abschnitt) oder Altenpflege (vgl. den folgenden Abschnitt). Hier kommt ein weiterer Gesichtspunkt hinzu:

Strukturelle Erniedrigungen wahrnehmen und verändern

In ihrem bemerkenswerten Buch *Entweihung und Scham. Grenzsituationen in der Pflege alter Menschen* beleuchtet Katharina Gröning Konflikte, die daraus entstehen, dass Schamgrenzen von Pflegebedürftigen einerseits und das Selbstwertgefühl von Pflegekräften andererseits verletzt werden – etwa wenn inkontinente alte Menschen wie Säuglinge behandelt werden. Oder wenn ein alter, nach einer Operation durch Narkose betäubter Mann sich mit seinem Kot beschmiert, »worauf die Pflegekräfte ihn in folgender Weise bestraften: Sie säuberten seinen Körper, nicht jedoch sein Gesicht, so dass er längere Zeit mit einem kotbeschmierten Gesicht im Bett lag.«[491] In den wenigen Studien, die sich mit solchen Grenzsituationen auseinandersetzen, wird Fehlverhalten von Pflegenden entweder als ihr moralisches Versagen oder als Symptom ihrer Überforderung durch mangelhafte Rahmenbedingungen gedeutet. Katharina Gröning versteht die Situation auf dem zweifachen Hintergrund von *personaler* Scham und der Suche nach Würde einerseits und überpersönlichen *Strukturen* andererseits:

In unserer Gesellschaft wird »das Wissen um die natürliche Seite der zu Pflegenden, die Realität ihrer Körperlichkeit, öffentlich verdrängt«,[492] und die Pflegebedürftigen werden in Pflegeinstitutionen ausgelagert, wo sie von sozialen Dienstleistern versorgt werden. Für die Pflegebedürftigen ist das Altern, die erfahrene Schwäche und Hilfsbedürftigkeit, mit Schamgefühlen verbunden, die oft abgewehrt werden, etwa indem Hilfsangebote brüsk zurückgewiesen werden (»Ich brauch nix!«). Schon durch die Körperpflege wird in die Intimsphäre eingegriffen und die Körper-Schamgrenze verletzt, was Abwehrreaktionen hervorrufen kann. Diese können wiederum von den Pflegenden als erniedrigend erlebt werden. Im erwähnten Beispiel hat der Patient die Pflegekräfte, so Katharina Gröning, »unbeabsichtigt bloßgestellt. Er hat ihre ›Heiligkeit‹ verletzt und sie dadurch schwach gemacht, dass sie den Schmutz ›demütig‹ wieder wegräumen müssen. Sein Symptom hat ihnen einen niedrigeren Status als Berufsgruppe zugewiesen. Sie sind diejenigen, die den Dreck wegräumen.«[493] Die Pflegenden erleben das Symptom als Verweigerung von Wertschätzung (was sie »mit gleicher Münze heimzahlen«[494]) – worauf gerade die »Berufe, die am Schmutz arbeiten, besonders angewiesen« sind.[495]

Der gesellschaftliche Status dieser Berufe ist jedoch gering. Hinzu kommt das Verschwinden eines christlichen Leitbildes: das Versprechen, wonach der »erhöht« werde, der sich selbst erniedrigt. Es wurde durch ein rationales Leitbild ersetzt, wonach der Pflegende eine Leistung erbringt, die der Kunde nachfragt. Aus den charismatischen, engelgleichen Schwestern sind »Arschwischer«[496] geworden. Diese strukturelle Kränkung wird durch strukturbedingte Gefühle von Gewissens-Scham ergänzt: Weil der Arbeitstag der Pflegekräfte oft minutiös durchgeplant ist, steht die Pflegesituation unter Zeitdruck; sie ist nicht Begegnung, sondern das Verrichten von Handgriffen. In der Folge, so Gröning, schämen sich Pflegende dafür, »dem Pflegebedürftigen nicht das zu geben, worauf er nach dem Gebot der Menschenwürde und der Nächstenliebe ein Recht hat – Zeit und Zuwendung«.[497] So stehen auch die Pflegenden unter dem seelischen Druck eines Schamkonflikts, der aggressiv abgewehrt werden muss und es ihnen erschwert, die Scham der Pflegebedürftigen zu verstehen. Die Schamabwehr der Pflegebedürftigen trifft auf die Schamabwehr der Pflegenden und führt zu eskalierenden Konflikten.

Katharina Gröning ermutigt dazu, die Ursache für Schamkonflikte in Pflegesituationen »nicht nur im einzelnen Mitarbeiter zu suchen; dies würde bedeuten, dass institutionelle Probleme zu einem persönlichen Problem umdefiniert würden«.[498] Solche Konflikte sind auch als Ausdruck strukturell bedingter Erniedrigungen zu begreifen. So wichtig es ist, dass Pflegekräfte für ihre persönliche Psychohygiene sorgen (Grenzen setzen und sich um ihre persönliche Stabilität kümmern) – darüber hinaus ist eine Reihe *struktureller* Probleme zu lösen, wenn Pflege in menschenwürdiger Weise gelingen soll. So haben unsere Gesellschaft, unser Gesundheitssystem und die jeweilige Pflegeeinrichtung u. a. folgende Fragen zu klären:

- Der Umgang mit Altern, Schwäche und Hilfsbedürftigkeit ist ein Thema für uns alle, das nicht in abgetrennte Orte des Alterns und Sterbens »ausgelagert« werden kann.
- Wir brauchen, so Gröning, »Pflegekonzepte, die die ›Entweihung‹ des alten Menschen vermeiden und den Erhalt seiner Würde und Selbstachtung gleichberechtigt neben den Erhalt seiner körperlichen Fähigkeiten stellen«.[499] Zu entwickeln ist ein ethisch begründeter Qualitätsbegriff in der Pflege.
- Wie kann ein würdiger Tod gestaltet werden? Wie kann eine Kultur aussehen, welche den Menschen Trauer um den Verlust von Jugend, Unabhängigkeit, Vitalität und Gesundheit ermöglicht?
- Zu überwinden ist die gesellschaftliche Isolierung und geringe Wertschätzung des Altenpflege-Berufs.[500]

Zwischen verschiedenen Schamformen differenzieren

In der Arbeit mit Menschen und ihrer jeweiligen Scham ist es auch hilfreich, zwischen den verschiedenen Schamformen unterscheiden zu können; etwa in der Schule: Alle Schüler und Schülerinnen (sowie alle Lehrer und Lehrerinnen) bringen ihre – oft nicht bewussten – Schamgeschichten in die Schule mit, darunter *traumatische Scham*; sie gilt es anzuerkennen:

Viele Kinder erleben im Elternhaus Erniedrigungen oder traumatische Grenzverletzungen, die sie in die Klassenzimmer tragen und dort abwehrend ausagieren. Hinter mancher Schüler-Maske (die schnell als Faulheit oder mangelhaftes Sozialverhalten diagnostiziert ist) von chronischer Langeweile, coolen Sprüchen, Zynismus, Schamlosigkeit oder Gewalt verbirgt sich ein traumatisierter junger Mensch, der psychisch um sein Überleben kämpft. Wenn es – idealerweise – gelingt, zwischen Maske und Mensch zu unterscheiden, wird es uns vielleicht möglich, den anderen als Menschen wertzuschätzen, auch wenn wir sein Verhalten (seine Maske) verurteilen.

Einschränkend ist jedoch zu sagen, dass das Klassenzimmer kein »Raum« für die therapeutische Aufarbeitung von Traumata ist und dass Lehrerinnen und Lehrer weder die Ausbildung noch den Auftrag dazu haben; auch diese Grenzen gilt es zu achten. Wichtig ist zudem, sich selbst und die anderen Schüler vor den Übergriffen einzelner delinquenter Schüler zu schützen. Positive Erfahrungen werden an einigen Schulen mit »Auszeit«-Räumen gemacht, in die störende Schüler nicht zwecks Bestrafung verwiesen und sozial ausgeschlossen werden, sondern in denen sie mit kompetenten Ansprechpersonen ihr aktuellen Schwierigkeiten bearbeiten können.

Schwieriger ist es, wenn es nicht einzelne Schüler sind, die mit abwehrenden Verhaltensweisen stören, sondern wenn eine hinreichende Anzahl scham-traumatisierter Schüler den Umgangston einer Clique oder das Klima einer Klasse dominiert; wenn die ganze Gruppe durch eine Kultur von Langeweile, Zynismus oder Delinquenz beherrscht wird; wenn es z.B. als »cool« gilt, die Zusammenarbeit mit der Lehrerin zu verweigern und sie schamlos zu entwerten.

Solche dysfunktionalen Gruppen funktionieren wesentlich durch *Anpassungs-* und *Gruppen-Scham*: Die Konformität der Mitschüler wird dadurch erzwungen, dass diejenigen ausgelacht, erniedrigt, ausgeschlossen oder misshandelt werden, die eine abweichende Meinung vertreten, nicht mitmachen oder nicht die »richtigen« Schuhe oder die »richtige« Kleidung besitzen. Lehren und Lernen sind in einer solchen Atmosphäre nicht möglich; doppelt paradox wäre es, in einem solchen Klima der Entwürdigung »über« Nationalsozialismus, Holocaust, Demokratie und Menschrechte zu reden. Daher müssen zuvor die Mobbing-Mechanismen thematisiert und aufgearbeitet werden. Konstruktive Methoden der Konfliktbearbeitung können eingeübt werden, etwa mit dem *No Blame Approach* von

Barbara Maines und George Robinson, der vom *Bund für Soziale Verteidigung* vermittelt wird.[501]

Noch schwieriger wird die Schulsituation dadurch, dass – über die *personalen* Schamgeschichten der Schüler und Lehrer hinausgehend – das System Schule durch *strukturelle* Erniedrigungen geprägt wird. Dies wurde (vgl. S. 134 ff.) bereits ausgeführt; zusammenfassend gesagt ist damit u. a. gemeint: die gesellschaftliche Entwürdigung von Lehrern; der Selektionsauftrag der Schulen; die Sinnlosigkeit vieler Lernstoffe; die Fabrikähnlichkeit von Schul-Architektur und -Zeitstruktur, mit der die Eigenzeit der Schüler gebrochen wird; die Entwürdigung von Schülern zu Zahlen und Objekten; nicht selten ein vergiftetes Klima und eine abwertende Schulkultur. Diese *strukturellen* Erniedrigungen werden im Schulalltag häufig zu *persönlichen* Problemen und Konflikten umdefiniert. Wenn z. B. Schüler trotzig die Zusammenarbeit verweigern, dann kann dies auch ein Ausdruck von Protest gegen strukturelle Erniedrigungen sein, die an einzelnen Lehrern festgemacht werden.

Was tun? Auf gesellschaftlicher Ebene: Bildungspolitik darf die strukturellen Erniedrigungen des Systems Schule nicht länger ausklammern, weil sie damit die Lehrer allein lässt. Diese müssen, in ihrer konkreten Auseinandersetzung mit Schülern, die Strukturfehler »ausbaden«. Im Schulunterricht: Es ist m. E. unvermeidlich und fruchtbar, strukturelle Erniedrigungen mit Schülern zu thematisieren und sich für ihre Überwindung zu engagieren. Dies könnte Gegenstand etwa des Gemeinschaftskunde-Unterrichts (dem unbeliebtesten aller Schulfächer) sein: Wie funktionieren Erniedrigung, Scham und ihre Abwehr? Wie wird Wut zu Protest und zu sozialem Wandel, z. B. in der Bürgerrechtsbewegung? Die Auseinandersetzung über diese Fragen könnte dieses Fach beleben und dazu beitragen, Schülerwut fruchtbar zu kanalisieren.

Die *empathische Scham* und die Entwicklung von *Gewissens-Scham* gilt es zu fördern; etwa im Ethik- oder Religions-Unterricht. *Intimitäts-Scham* – auch sie gilt es zu fördern – kann in der Schule immer dann akut werden, wenn es um das Sich-Zeigen oder Sich-Schützen geht. Im intellektuellen Bereich, wenn Schüler ihr Wissen präsentieren. Emotional, wenn sie mit ihren Gefühlen, ihrer Kreativität oder ihrem Glauben sichtbar werden, etwa im Musik-, Kunst- oder Religionsunterricht. Körperlich, wenn Sexualität thematisiert wird (im Sexualkunde-Unterricht) oder wenn die Körper der Schülerinnen und Schüler mit ihren je individuellen Fähigkeiten und Grenzen im Sportunterricht öffentlich werden.

Fördern bedeutet, die Intimitäts-Grenzen der Schüler zu achten, auch wenn wir persönlich vielleicht andere Schamgrenzen haben. Überrumpelnde Sätze wie »Hab dich nicht so« oder »Sei doch nicht so empfindlich« sind kontraproduktiv. Zu schützen sind Gefühlsäußerungen von Schülern, etwa in Schulaufsätzen. Denn Gefühle *sind*; sie dürfen nicht bewertet werden wie die Kenntnis von Zahlen oder Daten. Aufgabe des Lehrers ist es auch, jeden Schüler – unabhängig von Herkunft, Geschlecht, Religionszugehörigkeit und Leistung – vor Überrumpelungen, Grenzverletzungen, Misshandlungen und Hohn durch Mitschüler zu schützen. Ohne solchen Schutz ist produktives Lernen nicht möglich.

Daher ist es nicht nur menschenunwürdig, sondern auch kontraproduktiv, wenn die Demütigung von Schülern im Unterricht inszeniert wird, wie etwa im von Annedore Prengel und Friederike Heinzel dargestellten Beispiel einer Schülerin im Sportunterricht (vgl. S. 133). Ihre Niederlage ist vorprogrammiert, da sie mit ihrem größeren Gewicht nur schwer klettern kann und »wie auf dem Präsentierteller« exponiert wird. Wäre statt Klettern etwa eine Kraftsportart dran gewesen, hätte sie eher eine Chance gehabt, sich nicht lächerlich zu machen.[502] Annedore Prengel plädiert für faire Konkurrenz, um zu vermeiden, dass Sieger und Verlierer von vornherein feststehen. So sollten nur diejenigen Schüler und Schülerinnen miteinander wetteifern, die annähernd ähnliche Fähigkeiten haben. Die Teilnehmer eines Wettkampfs könnten sich z. B. aus verschiedenen Klassen zusammensetzen, und schwächere Schüler könnten einen Vorsprung bekommen.

Damit sollen die individuellen Leistungsunterschiede der Schülerinnen und Schüler nicht negiert werden. Meine These ist, dass diese Unterschiede nicht dadurch verschwinden, dass die Schwächeren zum Gespött gemacht werden (gemäß dem Sprichwort: »Wer den Schaden hat, braucht für den Spott nicht zu sorgen«). Dadurch werden die Unterschiede vielmehr zementiert, weil die Schwächeren – auf traditionell deutsche Art – noch zusätzlich getreten und entmutigt werden. Eine Verbesserung ihrer Leistungen ist nur dann möglich, wenn die Unterschiede wahrgenommen und gegebenenfalls betrauert werden können.

»Räume« schaffen für das Betrauern von Unterschieden

Wie Annedore Prengel schreibt, werden in der Regelschule die individuellen Unterschiede zwischen einzelnen Schülern (etwa in Bezug auf Lerntempo, Interessen, Leistung, Stärken bzw. Schwächen) nicht selten als Pseudo-Legitimation für Bloßstellung, Beschämung oder Ausgrenzung missbraucht. Als Reaktion auf diesen Missbrauch werden hierarchisierende Leistungsvergleiche von manchen reformpädagogisch orientierten Pädagogen vermieden. Dadurch werden individuelle Unterschiede zwischen den Schülern jedoch nicht ausgeräumt, sondern nur kaschiert. Den jungen Menschen werden dadurch wesentliche emotionale und kognitive Herausforderungen vorenthalten, sie leiden »unter einem Mangel an Zu-Mutungen und an Grenzenlosigkeit«.[503] Daher kommt es darauf an, die Leistungsvergleiche so zu gestalten, dass individuelle Schwächen weder beschönigt oder verschleiert werden noch zum Anlass für Demütigung werden.

Nach Adriano Milani Comparetti kann die Integration eines Kindes mit Behinderung gelingen, wenn die Beeinträchtigung und damit verbundene Kränkungen und Schmerzen wahrgenommen, benannt und betrauert werden. Daran anknüpfend skizziert Annedore Prengel eine Schulkultur der Anerkennung, in der Schülerinnen und Schüler »in ihrer Heterogenität wertgeschätzt werden und zugleich respektvoll Rückmeldungen über ihre Leistungen, auch im Vergleich mit anderen erhalten«.[504] Wie Praxisberichte belegen, ist es in der Schule – auch mit benachteiligten Jugendlichen – möglich, eine unterstützende Atmosphäre zu schaffen, in der sich die Schüler bewusst und realistisch mit ihrem Leistungsstand und mit ihren beruflichen Chancen auseinandersetzen können. Dabei ist es »wichtig, dass Lehrkräfte niemals eine grundlegende humane Achtung in Frage stellen, ihnen taktvoll beistehen und [sie] trösten, anstatt sie zu diskriminieren, und dass auch Mitschülerinnen und Mitschüler lernen, sich wechselseitig Halt zu geben«.[505]

Es gilt »Räume« zu schaffen, in denen Abweichungen von den herrschenden Erwartungen und Normen betrauert werden können – auch in der Altenarbeit, wenn Menschen sich von ihrer Jugend, Leistungskraft und Gesundheit verabschieden müssen. Oder in der Arbeit mit Kranken, die den Verlust ihrer Unversehrtheit verarbeiten müssen. Ein Krankenhausclown erzählt folgende Geschichte:

»Als ich einmal meine Runden durch die Stationen machte, kam ich an einem Zimmer vorbei, dessen Jalousien an den Glasfenstern heruntergezogen waren. Ich öffnete die Tür und schaute hinein. Es war ein Zimmer voller schwerverbrannter Kinder. [...] Unter ihnen befand sich dieser kleine schwarze Junge. Er war furchtbar verbrannt. [...] Teile seines Gesichts waren nicht mehr vorhanden. Teile seiner Ohren fehlten. Wo war sein Mund? Man konnte ihn kaum erkennen. Es gab keine Möglichkeit, in diesem Rest von Gesicht eine Person zu erkennen.

Es war grausam und unfassbar. Mein Unterkiefer senkte sich, ich rang nach Luft, und ich ›zerfloss‹ innerlich regelrecht. [...] Mein Verstand sauste in alle möglichen Richtungen los: ›Wie wird es für ihn sein, wenn er überlebt? Was wäre, wenn ich ein Kind hätte, dem das geschieht? Was wäre, wenn *mir* das geschähe?‹

Da waren wir also: ein verbranntes Kind und ein aufgelöster Clown. Ich wette, dass es ein merkwürdiger Anblick gewesen sein muss. Ich rang darum, meine Fassung wiederzugewinnen, einen Weg durch meinen Horror hindurch zu finden.

Und plötzlich kommt ein kleiner Kerl auf Rollschuhen um mich herum angerutscht, schaut in das kleine Bettchen und sagt: ›Hey, *du Hässlicher!*‹ So einfach. Das verbrannte Kind antwortete dem Jungen mit einer Art gurgelndem Lachen, wobei es sich mit seinem Gesicht direkt an mich hinwandte und ich plötzlich seine Augen wahrnahm. Wir verharrten genau dort und schauten einander an, während sich alles andere auflöste. Es war, als ob ich durch einen Tunnel zu seinem Herzen vordrang. Das ganze verbrannte Fleisch verschwand, und ich sah ihn von einem anderen Ort aus. Wir verweilten genau da!

›*Du Hässlicher!*‹ Richtig. Er ist hässlich. Er weiß wahrscheinlich mehr denn jeder andere, wie hässlich er ist. Und wenn er mit Leuten fertigwerden muss, die dastehen und aus deren Mund vor Horror der Speichel rinnt, dann wird es für ihn noch schrecklicher sein. Wenn ihm jemand aber einfach nur in die Augen schaut und zu ihm sagt: ›Hey, was ist los? Möchtest du ein Rätsel hören…?‹ Was ist dann…?

So war es für mich eine äußerst wichtige Erfahrung, ›Du Hässlicher‹ ins Gesicht zu schauen. Denn wenn ich das bewältigen kann, kann ich weitergehen und sehen, was getan werden muss, um die Lage ein wenig zu erleichtern. Man bekommt dann alle möglichen Inspirationen.

Wir waren einmal dabei, auf der Leukämie-Station die Vorführung des Filmes *Godzilla* vorzubereiten. Ich war damit beschäftigt, die Kinder als Clowns auszustaffieren. Ein Kind war durch die Chemotherapie völlig kahl geworden. Als ich sein Gesicht geschminkt hatte, sagte ein anderes Kind: ›Los! Mal auch den Rest seines Kopfes an.‹ Der Junge selbst war begeistert, und als wir dann zur Vorführung des Films kamen, sagte seine Pflegerin: ›Hey, wir könnten den Film auf Billys Kopf projizieren.‹ So ließen wir also *Godzilla* auf Billys Kopf vorführen, und Billy war völlig aus dem Häuschen, und wir alle waren auf Billy sehr stolz. Es war ein außerordentliches Ereignis, vor allem dann, als die Ärzte eintrafen.

Verbrannte Haut oder kahlköpfige kleine Kinder – was tut man? Ich denke, wir müssen uns dem einfach aussetzen [...]. Auch wenn uns dabei das Herz bricht. Setze dich dem aus und warte ab, was danach kommt. Sieh, was als Nächstes zu tun ist.

Ich habe es mir angewöhnt, meine Runden mit Popcorn zu machen. Wenn ein Kind weint, dann fang ich die Tränen mit dem Popcorn auf und stecke es in meinen Mund oder in den Mund des Kindes. Wir sitzen zusammen und essen die Tränen auf.«[506]

Von Scham und Beschämung zur Anerkennung – eine Zusammenfassung

Gelingende Arbeit mit Menschen – etwa beim Lehren und Lernen – setzt eine gelingende Beziehung voraus, die wiederum Anerkennung braucht. Dies ist der Kern aller Motivation; wir Menschen sind, so Joachim Bauer, »auf soziale Resonanz und Kooperation [hin] konstruierte Wesen. Die Motivationssysteme schalten ab, wenn keine Chance auf soziale Zuwendung besteht, und sie springen an, wenn Anerkennung oder Liebe im Spiel ist.«[507]

Was aber bedeutet Anerkennung? Es bedeutet, negativ formuliert, auf Beschämungen zu verzichten und achtsam mit den Schamgefühlen anderer umzugehen. Anerkennung ist nicht mit dem Aussprechen positiver oder lobender Worte zu verwechseln. Denn solange unsere Sprache oder Körperhaltung dem Du gegenüber Abwertung ausdrückt, setzen wir durch oberflächliche Wortkosmetik nur Double-bind-Botschaften in die Welt. Anerkennung kann auch missbraucht werden (wie z. B. im Nationalsozialismus). Anerkennung zu geben kann man sich auch nicht einfach vornehmen, und man kann sie nicht von anderen einfordern. Denn die Fähigkeit, Anerkennung zu geben (und entgegenzunehmen) wird wesentlich durch Scham blockiert. Daher führt der Weg zur Anerkennung über die Erinnerung und Auseinandersetzung mit unserer persönlichen Scham-Geschichte.

Nach Axel Honneth besteht Anerkennung aus drei Dimensionen: Erstens rechtliche Anerkennung, unabhängig von Charakter, Leistung oder Herkunft des Einzelnen. Sie ist grundlegend für die Würde und Selbstachtung des Menschen. So zeigte sich in der US-Bürgerrechtsbewegung, dass die Unterprivilegierung bei Menschen zu einem lähmenden Gefühl sozialer Scham führte. Zweitens soziale Wertschätzung: die Erfahrung, für seine individuellen Eigenschaften und Fähigkeiten geachtet zu werden. Drittens emotionale Zuwendung; sie ist ein grundlegendes Bedürfnis, das idealerweise durch Familie, Freundschaften und Liebesbeziehungen befriedigt wird.[508]

Bezugnehmend auf Honneth entwickelt Annedore Prengel ein mehrdimensionales Modell der Anerkennung für die Schule, das auch auf andere Berufsfelder übertragbar ist:[509]

- Anerkennung der Menschenrechte: Die Forderung des Grundgesetzes, die Würde des Menschen nicht anzutasten, verbietet es, dass Schüler – unabhängig von ihrer Herkunft und Leistung – bloßgestellt, beschämt oder diskriminiert werden. Aufgabe jedes Lehrers ist es, diesen Rahmen bereitzustellen.
- Anerkennung der Mitgliedschaft bedeutet, dass jeder Schüler und jede Schülerin – wieder unabhängig von Herkunft und Leistung – in gleicher Weise seine bzw. ihre Zugehörigkeit zur Klassen- und Schulgemeinschaft erfahren soll. Dies kann durch vielfältige, der Demokratie angemessene Rituale (Kreisgespräche, Partnerschaften, Konflikt-Projekte u. a.) gestaltet werden.
- Die Anerkennung der einzelnen Person sieht die Einzigartigkeit jedes Kindes und fragt nach dessen individuellem Lernprofil: Welches ist seine Ausgangslage? Wie lernt es? Durch welche biographischen Bedingungen wird seine Lernsituation beeinflusst? Welche Lernschritte hat das Kind bisher gemacht? Hat es an seiner individuellen Leistungsgrenze gearbeitet? Wodurch wurde sein Lernen behindert? War die pädagogische Umgebung passend für das Kind gestaltet? Was können seine nächsten Lernschritte sein? Welcher Unterstützung bedarf es dafür?

Anerkennen hat ja eine Doppelbedeutung im Sinne von »wertschätzen« und von »an-erkennen«, d. h. *wahrnehmen, was ist* (z. B. in der Formulierung »Anerkennung der DDR«).

Im Sinne der ersten Bedeutung meint, einen Menschen (etwa einen Schüler, Studenten oder Klienten) anzuerkennen, idealerweise u. a.: uns ihm zuwenden, ihm unsere Zeit und Aufmerksamkeit schenken. Ihn als ganzen Menschen wahrnehmen (nicht als Teil des »Schülermaterials«). Ihm Wertschätzung entgegenbringen (statt ihn daraufhin zu bewerten, was falsch an ihm ist), ebenso Empathie, und ihm gegenüber wahrhaftig sein. Zum Perspektivenwechsel bereit sein (denn andere sehen die Dinge anders als wir). Achtsam sein und damit offen für alle Aspekte einer Situation, für Nuancen und Veränderungen (d. h.

nicht von vornherein schon Bescheid wissen).[510] Ihm mit Höflichkeit, Freundlichkeit, Taktgefühl und Respekt begegnen (gerade dann, wenn er eine andere Meinung vertritt). Uns ihm verständlich machen (statt zu versuchen, ihn mit Fremdwörtern zu beeindrucken). Ihn ernst nehmen (etwa indem wir ihn nicht unterfordern). Mit dem Du in Dialog treten und ihm den Raum geben, sich zu entwickeln. Eine »Fehlerkultur« bereitstellen, d. h. einen Beziehungsraum, in dem Fehler geschehen und angeschaut werden dürfen. Wenn erbeten, ermutigen und Rückmeldung geben (jedoch nicht global, sondern spezifisch) sowie Entschuldigung und Wiedergutmachung annehmen.

Die zweite Bedeutung im Sinne von »An-erkennung« weist in zwei Richtungen: Zunächst geht es um das Wahrnehmen dessen, *was in uns selbst ist* – etwa wenn wir, ausgelöst durch einen zwischenmenschlichen Konflikt, in uns den Impuls spüren, den anderen durch einen zynischen Kommentar zu beschämen. Forschen wir diesem Impuls nach, wird uns vielleicht bewusst, dass der Konflikt in uns Unterlegenheits- und Schamgefühle ausgelöst hat, die wir durch Zynismus abwehren wollten. Durch das Innehalten und Wahrnehmen unserer Impulse eröffnet sich die Chance, aus der Spirale gegenseitiger Beschämungen auszusteigen und in konstruktiver Weise auf den anderen zu reagieren. Diese Art von Wahrnehmung, die auf die *eigenen* Impulse gerichtet ist, kann etwa durch Psychotherapie, Selbsterfahrung oder Meditation eingeübt werden.

Diese Achtsamkeit kann die innere Distanz schaffen, die für eine Wahrnehmung notwendig ist, die auf den *anderen* gerichtet ist: dies bedeutet, ihn als ganzen Menschen zu sehen und die hinter seiner abwehrenden Maske verborgenen Verletzungen und Schamgefühle wahrzunehmen; zu erkennen, dass hinter dieser Fassade vielleicht ein Mensch steckt, der psychisch um sein Überleben kämpft.[511] Dies soll abschließend mit einer Geschichte von Terry Dobson illustriert werden.

»Die Schnellbahn ratterte und klapperte an einem schläfrigmachenden Nachmittag im Frühling durch die Vorstädte Tokios. Unser Waggon war vergleichsweise leer [...]. Ich schaute verträumt auf die grauen Häuser und die verrußten Hecken.
Als wir in einer Station anhielten, gingen die Türen auf, und plötzlich wurde die nachmittägliche Stille durch laute, aggressive, unverständliche Flüche zer-

schmettert. Ein Mann schwankte in unseren Waggon hinein. Er trug Arbeiterkleidung; er war groß, betrunken und schmutzig. Schreiend schlug er auf eine stehende Frau ein, die ihr Baby festhielt. Der Schlag schleuderte sie gegen ein älteres Ehepaar. Es war ein Wunder, dass das Baby unverletzt blieb.
Entsetzt sprang das Paar auf und flüchtete zum anderen Ende des Waggons. Der Arbeiter versuchte noch, der alten Frau einen Tritt von hinten zu geben, verfehlte aber sein Ziel, während sie sich in Sicherheit zu bringen suchte. Dadurch wurde der Betrunkene noch wütender, und er griff nach der senkrechten Haltestange in der Mitte des Waggons und versuchte, sie aus ihrer Halterung zu lösen. Ich konnte erkennen, dass eine seiner Hände Schnittwunden hatte und blutete. Der Zug ratterte weiter, während die Passagiere vor Angst erstarrten. Ich stand auf.
Damals, vor etwa zwanzig Jahren, war ich noch jung und in ziemlich guter Form. Ich hatte seit drei Jahren fast jeden Tag solide acht Stunden mit Aikido-Training zugebracht. Ich genoss das Ringen und Werfen bei diesen Übungen, und ich hielt mich für stark. Das Problem lag aber darin, dass diese Kampfkunst noch nie von mir in der wirklichen Konfrontation erprobt worden war. Als Aikido-Schülern war es uns untersagt, zu kämpfen.
›Aikido‹, hatte mein Lehrer immer wieder und wieder betont, ›ist die Kunst des Ausgleichs und der Versöhnung. […]‹ Ich hatte auf seine Worte gehört. Ich gab mir große Mühe. Ich ging sogar so weit, dass ich auf die andere Straßenseite ging, um den chimparas, den japanischen ›Halbstarken‹, die an den Bahnhöfen herumlungerten, aus dem Wege zu gehen. […] In meinem tiefsten Herzen jedoch suchte ich nach einer legitimen Möglichkeit, bei der ich die Unschuldigen erretten könnte, indem ich die Schuldigen vernichtete.
›Jetzt ist der Zeitpunkt‹, dachte ich, als ich aufstand. ›Menschen sind in Gefahr. Wenn ich jetzt nicht eingreife, wird jemand wahrscheinlich verletzt werden.‹
Als er mich aufstehen sah, erkannte der Betrunkene eine Chance, seine Wut endlich auf ein konkretes Ziel auszurichten. ›Aha!‹ brüllte er. ›Ein Ausländer! Ich werde dir eine Lektion in japanischen Manieren beibringen!‹
Ich hielt mich am Haltegriff neben mir fest und vermittelte ihm einen gelangweilten Blick der Abscheu und der Abweisung. Ich hatte vor, dieses Huhn zu rupfen, aber er musste den ersten Schritt vollziehen. Ich wollte ihn noch wütender machen, und so zog ich meine Lippen zusammen und zeigte ihm einen imaginären, herausfordernden Kuss.
›In Ordnung!‹, brüllte er. ›Du wirst jetzt deine Lektion bekommen!‹ Er sammelte sich, um sich auf mich zu stürzen.

In dem Bruchteil einer Sekunde, bevor er auf mich losstürmen konnte, rief plötzlich jemand: ›Hey!‹ Es war ein tiefer, eindringlicher Klang [...] – als ob man mit einem Freund zusammen sorgsam nach etwas gesucht und er diesen Gegenstand plötzlich gefunden hat: ›Hey!‹

Ich drehte mich zu meiner linken Seite hin, während der Betrunkene vor mir sich zu seiner rechten Seite wand. Beide starrten wir hinunter auf einen kleinen, alten, japanischen Mann. Dieser Herr, der da im makellosen Kimono saß, muss wohl in den Siebzigern gewesen sein. Mich beachtete er überhaupt nicht, aber er strahlte den Arbeiter an, als ob er ein lang gehütetes Geheimnis mit ihm zu teilen hätte.

›Komm doch näher‹, sagte der alte Mann in einem sehr umgänglichen Tonfall, während er den Betrunkenen mit leichter Hand zu sich heranwinkte.

Der große Mann folgte, als ob er eine Marionette sei. Er pflanzte sich herausfordernd vor dem alten Mann hin und brüllte wieder: ›Warum zur Hölle sollte ich mir dir reden?‹ [...]

Der alte Mann strahlte ihn unverändert weiter an: ›Was hast du denn getrunken?‹, fragte er voller Interesse. ›Ich hab' Saké getrunken‹, donnerte der Arbeiter als Antwort zurück, ›und es geht dich einen Dreck was an!‹ Er besprizte dabei den alten Mann mit Spritzern von Speichel.

›Oh, das ist wundervoll‹, sagte der alte Mann, ›absolut wundervoll! Weißt du, ich liebe auch Saké. Jeden Abend wärmen meine Frau (sie ist jetzt sechsundsiebzig, musst du wissen) und ich eine Flasche Saké auf und nehmen sie mit in unseren Garten und setzen uns dort auf eine alte Holzbank. Wir betrachten gemeinsam den Sonnenuntergang und schauen auf unseren Dattelpflaumenbaum. Mein Urgroßvater hat den Baum gepflanzt, und wir machen uns Sorgen, ob er sich von jenen Frostnächten im letzten Winter wieder erholen wird. Aber wenn man bedenkt, wie nährstoffarm unser Boden dort ist, hat er sich bis jetzt besser gehalten, als ich erwartet hätte. Es ist so ein erfüllendes Gefühl, dort mit unserem Saké zu sitzen und den Abend zu genießen – manchmal sogar unter der Überdachung im Regen!‹ Er schaute zum Arbeiter hinauf, und seine Augen funkelten.

Während er sich bemühte, den Worten des alten Mannes zu folgen, begann sich das Gesicht des Betrunkenen zu entspannen. Seine geballten Fäuste begannen sich zu lösen. ›Ja, ja‹, sagt er, ›ich liebe auch Dattelpflaumenbäume ...‹ Seine Stimme verebbte langsam.

›Ja‹, sagte der alte Mann lächelnd, ›und ich bin mir sicher, dass auch du eine wundervolle Frau hast.‹

›Nein‹, sagte der Arbeiter, ›meine Frau ist gestorben.‹ Sehr sanft, fast synchron mit dem Rhythmus des ratternden Waggons, begann der große Mann zu weinen und zu seufzen. ›Ich hab' keine Frau. Ich hab' kein Zuhause. Ich hab' keine Arbeit: Ich schäme mich so vor mir selbst.‹ Tränen rollten an seinen Wangen nieder, ein Zucken von Verzweiflung durchlief seinen ganzen Körper.

Jetzt kam mein Moment. Da stand ich mit meiner gestriegelten Gutartigkeit von unschuldiger Jugend, mit meiner ›wir-machen-die-Welt-sicher-für-die-Demokratie‹-Haltung der Selbstgerechtigkeit. Plötzlich fühlte ich mich schmutziger als der Betrunkene.

Dann erreichte der Zug meine Haltestelle. Während sich die automatischen Türen öffneten, hörte ich im Gehen noch, wie der alte Mann verständnisvoll mitseufzte: ›Oh weh, oh weh! Das ist wirklich sehr traurig. Setz' dich doch hier zu mir her und erzähle mir davon.‹

Ich wandte den Kopf, um einen letzten Blick zu werfen. Der Arbeiter lag auf der Sitzbank, mit seinem Kopf im Schoß des alten Mannes, der mit seiner Hand sanft über das verfilzte Haar des Betrunkenen strich.«[512]

Anhang

Anmerkungen

1 Babylonischer Talmud, Sota 8b.
2 Vgl. Lietzmann 2003.
3 Vgl. Lewis 1993, S. 12 f.
4 Léon Wurmser, persönliche Mitteilung.
5 Nach Goldberg (1991, S. X) bestand bis in die 1980er Jahre auch unter Psychoanalytikern und Psychotherapeuten eine Scham darüber, sich mit Scham auseinanderzusetzen.
6 Kapitelüberschrift und Zitat von Shaw 1984, S. 69.
7 Asserate 2003a, S. 26.
8 Vgl. ebd., S. 18, 26.
9 Vgl. Schulenburg 2005, S. 31.
10 Vgl. Michaelis 2005.
11 Okascha 2006, S. 83.
12 Vgl. Sellmair u. a. 2005, S. 2.
13 In einer Reihe von Untersuchungen wurde der Einfluss von Arbeitslosigkeit auf Depressionen, allgemeine psychiatrische Auffälligkeiten und psychosomatische Störungen nachgewiesen; zudem steigt der Grad des Alkoholismus und die Familienbeziehungen verschlechtern sich, vgl. Frese 1987, S. 682 f.
14 Beispiel nach Kieselbach & Wacker 1985, S. 124.
15 Vgl. Finzen 1997, S. 39; Müller 2006.
16 Gegen die Stigmatisierung psychisch Kranker engagiert sich die Organisation BASTA (www.openthedoor.de), für Schulen wurde ein Lernpaket entwickelt.
17 Sartorius 2006, S. 2.
18 Ebd.
19 Mäulen 2005, S. 29.
20 Ebd.
21 Schamgefühle können auch ausgelöst werden durch Ohnmacht gegenüber übergeordneten Mächten und Entwicklungen. Oder durch das Versagen bei der Bedienung von Geräten und das Erkennen der eigenen Fehlerhaftigkeit (»menschliches Versagen«), verglichen mit den scheinbar perfekten Geräten. Günther Anders (1987) nennt dies »prometheische Scham«.
22 Kürthy 2006, S. 101 f.
23 Maß für das Verhältnis von Körpergewicht zu Körpergröße (Berechnung: Körpergewicht [in kg] geteilt durch Quadrat der Körpergröße [in Metern]).

24 Vgl. Kürthy 2006, S. 101 f.
25 Tutas 2000, S. 40.
26 Ebd., S. 62.
27 Solche mythologisierenden Krankheitstheorien wiederholen traditionelle Vorstellungen von Krankheit als Strafe Gottes für begangene Sünden. Dabei wird übersehen, dass Krebserkrankungen durch vielerlei Ursachen ausgelöst werden können, die jenseits der Verantwortung des Einzelnen liegen: von genetischen Anlagen bis zu radioaktivem Fallout in der Folge von Atomwaffenversuchen. Nachgewiesenermaßen sind die Heilungschancen bei den Patienten geringer, die solchen Theorien Glauben schenken.
28 Beispiel nach Gröning 2001, S. 54 f.
29 Niemi 2002, S. 258-260.
30 Wurmser 1997, S. 47.
31 Das Bamberger Staatsinstitut für Familienforschung schätzt das Potential an Vätern, die sich einem veränderten Rollenbild entsprechend verhalten möchten, auf 20 Prozent – von denen sich viele nicht trauen, etwa in »Väter-Teilzeit« zu gehen, u. a. aus Angst vor der Verachtung durch Kollegen oder Vorgesetzte; vgl. Dürr, Supp & Voigt 2007, S. 72.
32 Bradfield 1997, S. 121-125.
33 Levi 1964, S. 8.
34 Vgl. Schirrmacher 2002, S. 118-122.
35 Die historischen Veränderungen analysieren Elias 1939/1969, Duerr 1988 und Bologne 2001.
36 Wurmser 1997, S. 74.
37 Vgl. Schüttauf, Specht & Wachenhausen 2002.
38 Jährlich sterben 15 000 Männer, weil ihr Darmkrebs zu spät entdeckt wurde; vgl. Karnick 2005, S. 112.
39 Koch-Straube 1997, S. 212.
40 Ebd., S. 213.
41 Beispiel nach Fussek 2003.
42 Martina Böhmer (2005) macht auf die Erfahrungen dieser Frauen und die Konsequenzen für die Altenarbeit aufmerksam.
43 Sander & Johr 1992.
44 Wahrscheinlich ist vieles von dem, was in der Traumaforschung als Überlebens-Schuld bezeichnet wird, im Grunde Überlebens-Scham. Zum Unterschied zwischen Scham und Schuld vgl. Seite 59 ff.
45 Grunert 1999, S. 22.
46 Ebd., S. 22.
47 Vgl. ebd.
48 Vgl. Knopf 2006b, S. 13.
49 Jährlich werden in Deutschland 240 000 Frauen und 214 000 Männer das Opfer von häuslicher Gewalt.
50 Millett 1990, S. 110
51 Ebd.,S. 93.
52 Ebd., S. 91.
53 Ebd., S. 12.

54 Bruder 1996, S. 109 f.
55 Jacoby 1993, S. 49.
56 Vgl. Wurmser 1997, S. 73 f.
57 Vgl. Neckel 2000, S. 97.
58 Rushdie 1990, S. 145 f.
59 Vgl. Mariauzouls 1996.
60 Domin 1995.
61 Vgl. Wurmser 1997, S. 257 f.
62 Buchheim, Brisch & Kächele 1998, S. 129.
63 Vgl. Buchheim, Strauß & Kächele 2002, S. 129 f.
64 Scheidt & Waller 1999, S. 324 f.
65 Ebd., S. 325.
66 Bowlby 1975, zit. n. Lewis 1993, S. 157.
67 Wurmser 1997, S. 214, 228.
68 Bly 1991, S. 56.
69 Vgl. Heyne 1993, S. 341.
70 Vgl. Green 2003.
71 Joachim Bauer bezeichnet diese Experimente zu Recht als »Mobbing an der Wiege«; Bauer 2005, S. 107.
72 Zu ähnlichen Ergebnissen kamen Studien mit jungen Rhesusaffen, vgl. Kalin 1994.
73 Kinder schwer depressiver Mütter leiden dreimal häufiger unter psychischen Problemen und liegen in ihrem kognitiven Leistungsvermögen zurück; vgl. TSA 2006, S. 53.
74 Wurmser 2007, S. 30.
75 Hultberg 1987, S. 92.
76 Vgl. Nuber 2005, S. 25.
77 Bly 1991, S. 54.
78 Vgl. Spiegel 2005.
79 Rushdie 1990, S. 107 f. Im weiteren Verlauf des Romans wächst Sufiya geistig behindert auf und wird schließlich zur Mörderin.
80 Galtung 1975, S. 9.
81 Vgl. Ferreira 2006.
82 Vgl. Honneth 2003, S. 195.
83 King 1964, S. 34.
84 Ebd.
85 Haarer 1934, S. 111.
86 Ebd., S. 117.
87 Ebd., S. 122.
88 Ebd., S. 171.
89 Ebd.
90 Ebd., S. 176 f.
91 Haarer 1987, S. 142.
92 Vgl. Buchheim, Brisch & Kächele 1998, S. 133; Scheidt & Waller 1999, S. 318; Snell, Overbey & Brewer 2005.
93 Vgl. Spitzer 2005.

94 Vgl. Armstrong 2003.
95 Vgl. Marks 2007.
96 Vgl. Lewis 1993, S. 120.
97 Beispiel nach Schüttauf, Specht & Wachenhausen 2003, S. 13.
98 Jacoby 1993, S. 39.
99 Diesen Hinweis verdanke ich Rainer Marquard.
100 Vgl. Hüttner 2006.
101 Unter Bezug auf Snell, Overbey & Brewer 2005.
102 Sonnenmoser 2006, S. 14.
103 Vgl. Spitzer 2005.
104 Nachwirkungen dieser Verachtung fanden wir in Interviews mit Anhängern des Nationalsozialismus, die wir zwischen 1998 und 2001 führten. Dabei fiel auf, dass sich viele der interviewten Männer und Frauen verächtlich über ihre eigenen Kinder und Enkel bzw. die Nachkriegs-Geborenen äußerten (vgl. Marks 2007).
105 Lewis 1993, S. 152.
106 Ebd., S. 154.
107 Bly 1991, S. 57.
108 Vgl. ebd., S. 56.
109 Vgl. Ernst 2006, S. 8 f.
110 Zur Trennung gehört nach Gottschalch (2000, S. 81) erstens eine Ambivalenz von Liebe und Hass gegenüber der Person oder Gruppe, von der man sich trennen will. Die Wünsche nach Trennung werden als gewalttätig erlebt, daher fühlt sich der Heranwachsende schuldig (Trennungsschuld). Daraus folgt zweitens eine Unfähigkeit, sich zu trennen. Man fühlt sich abhängig, ausgeliefert und ohnmächtig, wofür man sich schämt (Abhängigkeitsscham). Dagegen treten drittens Trotz und Negativismus auf, mit denen sich das Ich sich gegen das völlige Ausgeliefertsein behauptet. Vermutlich bilden Abhängigkeitsscham und ihre Abwehr die »Blaupause« für die Gruppen-Scham: So wie man sich für ein Mitglied seiner Familie schämt, so kann man sich für Mitglieder seiner Gruppe oder Gesellschaft schämen.
111 Kohlberg 1968, S. 38. Nach Kohlberg (1969) wird die Bildung des Gewissens, wenn überhaupt, erst im Erwachsenenalter vollendet.
112 Vgl. Hoffman 2000; Krappmann 1994; Keller 2005.
113 Wurmser 1997, S. 52.
114 Vgl. ebd., S. 53.
115 Vgl. Mahedy 1986, S. 16 f.
116 Vgl. Marks 2007.
117 Badische Zeitung, 28.10.2006.
118 Vgl. Blankenburg 1997, S. 48.
119 Wurmser 1997, S. 24.
120 Vgl. Fox 1991.
121 Zit. n. Fox 1991, S. 77.
122 Casals 1971, S. 220.
123 Matthew Fox bezeichnet diese Traditionslinie als »Schöpfungsspiritualität«.
124 Zit. n. Fox 1971, S. 359.
125 Ebd., S. 64.

126 Bauer 2005, S. 47.
127 Vgl. ebd. S. 48.
128 Lewis 1993, S. 154.
129 Treichel 1998, S. 17 f., 140.
130 Vgl. Schore 1998.
131 Nathanson 1987, S. 26.
132 Vgl. Schore 1998, S. 67.
133 Vgl. Panksepp 2003.
134 Vgl. Bauer 2005, S. 107.
135 Vgl. ebd., S. 108.
136 Vgl. Siegrist 2004, S. 17.
137 Vgl. Otto 2006, S. 31. Einschränkend muss allerdings erwähnt werden, dass bei diesen Fällen plötzlichen Herzversagens das Herz-Kreislauf-System bereits vorgeschädigt war.
138 Ebd., S. 30.
139 Vgl. Bauer 2002, S. 226.
140 Bauer 2005, S. 110 f.
141 Asserate 2003b, S. 81.
142 Ebd.
143 Brüder Grimm 2005, S. 528/529.
144 Vgl. Riedel 1991, S. 21.
145 Ebd., S. 24.
146 Ebd., S. 31.
147 Vgl. ebd., S. 31.
148 Vgl. ebd., S. 29.
149 Vgl. Krystal 1968.
150 Wurmser 1997, S. 308.
151 Ebd., S. 324.
152 Vgl. Hackenbroch 2003, S. 195.
153 Vgl. ebd., S. 195.
154 Die höchste Anerkennung für eine Frau im Schwäbischen ist, sie sei »ein sauberes Weib«.
155 Neckereien sind grenzwertig, da sie von den Geneckten meistens als feindselig erlebt werden, oft bleibt ein fader Nachgeschmack zurück, vgl. Kruger u. a. 2006; Wilhelm 2006.
156 Collodi 1990, S. 5.
157 Ebd., S. 5.
158 Ebd., S. 9.
159 Ebd., S. 52, 64.
160 Ebd., S. 89.
161 Radin (1927/1957), S. 50, zit. und übersetzt in: Wurmser 1997, S. 86 f.
162 Vgl. Wurmser 1997, S. 141.
163 Ebd., S. 305 f.
164 Vgl. Mittag 1999.
165 Sloterdijk 1983, Bd. 2, S. 741.
166 Ebd., Bd. 1, S. 241.

167 Hitler 1930, S. 62.
168 Vgl. Marks 2007, S. 184. Die Probleme des Forschungsstandortes Deutschland sind m. E. nicht primär finanzieller Art, sondern bestehen in einem negativistischen Klima sowie entsprechenden Strukturen. Dies hat zur Folge, dass sich Denken auf eine zynische Wissenschaft reduziert, wie Peter Sloterdijk in seiner *Kritik der zynischen Vernunft* zeigt: »Denn wie es eine Form zynischer Korrektheit im Umgang zwischen verfeindeten Individuen gibt, so gibt es auch eine Form zynischer Objektivität und Methodenstrenge im Umgang mancher Wissenschaften und mancher Wissenschaftler mit den ›Tatsachen‹. Ich glaube, daß dies den Kern dessen ausmacht, was wir seit dem späten 19. Jahrhundert ›Positivismus‹ nennen.« (Sloterdijk 1983, Bd. 2, S. 546 f.)
169 Jonathan Swift, Gedanken zu verschiedenen Themen, zit. in Wurmser 1997, S. 389.
170 H. Löwenfeld, zit. in Wurmser 1997, S. 395.
171 Vgl. Wurmser 1997, S. 395.
172 Rosenkranz u. a. 2000, S. 30.
173 Wurmser 1997, S. 396.
174 Vgl. Hornig 2006, S. 64; Bolz 2006, S. 68.
175 Vgl. Elias 1998, S. 25.
176 Lewis 1993, S. 110.
177 Wurmser 1997, S. 306.
178 Knopf 2006a, S. 12.
179 Psychologen haben herausgefunden, dass das Bedürfnis von Menschen, ihren Selbstwert zu erhöhen, umso stärker ist, je niedriger ihr Selbstwertgefühl ist; vgl. Stahlberg, Osnabrügge & Frey 1985, S. 79.
180 Wurmser 1997, S. 398.
181 Ebd., S. 398.
182 Ebd., S. 307.
183 Madelung 1989, S. 16 f.
184 Vgl. ebd., S. 100 f.
185 MacLeod 1985, S. 142, zit. n.: Madelung 1989, S. 99.
186 Vgl. Lewis 1993, S. 186-192.
187 H. Ullrich 2005.
188 Vgl. Kistler 2005.
189 Vgl. Hilgers 1997, S. 139.
190 Lewis 1993, S. 16.
191 Hilgers 1997, S. 141.
192 Ebd.
193 Galtung & Tschudi 2003, S. 212.
194 Nachricht der ARD-Tagesschau, 21.6.2006.
195 So etwa Verteidigungsminister Jung, zit. n. Demmer & Röbel 2006, S. 40.
196 Bönisch & Röbel 2004, S. 48.
197 Vgl. Kästner 2006.
198 Vgl. Karnick 2005, S. 112. Als unmännlich gilt etwa, Gehörschutz zu tragen; dies trägt mit dazu bei, dass 99 Prozent der Lärmschwerhörigen in Deutschland Männer sind.
199 Vgl. Wenzel 2007.

200 Jacoby 1993, S. 80.
201 Vgl. ebd., S. 84.
202 Ebd.
203 Ebd., S. 84 f.
204 Richtiger wäre es, von Rückkoppelung zu sprechen, denn das ideale Wunschbild von sich selber wurde ja, mindestens teilweise, durch Filme, Werbung und andere Medien erst in die Psyche des Heranwachsenden »hineingelegt«.
205 Milch 2000, S. 323.
206 Vgl. Jacoby 1993, S. 116 f.
207 Zit. n. Wurmser 1997, S. 369.
208 Zit. ebd.
209 Ebd., S. 376.
210 Ebd., S. 377.
211 Vgl. Feuerlein u. a. 1998, S. 244 f.
212 Saint-Exupéry 2006, S. 46.
213 Vgl. Lewis 1993.
214 Vgl. Vasold 2003.
215 Elias 1998, S. 12.
216 Die Erinnerung an die Schlacht auf dem Amselfeld von 1389 wurde über Jahrhunderte im kollektiven Gedächtnis der Serben aufbewahrt, um anlässlich des Zerfalls des ehemaligen Jugoslawien wieder aktualisiert zu werden.
217 Vgl. Elias 1998, S. 12 und 13 (sie zweifeln »an ihrem Eigenwert, fühlen sich erniedrigt und entwürdigt«) und Bibó 1991, S. 29 (sie bewegen sich zwischen den Polen »Machthypertrophie und Minderwertigkeitskomplex«).
218 Elias 1998, S. 14.
219 Vgl. Barth 2003; Stevenson 2006, S. 627; W. Mommsen 2002.
220 Vgl. Stevenson 2006, S. 243, 583, 637. Der Krieg hinterließ 2,7 Millionen Invalide, eine halbe Million Witwen und 1,2 Millionen Waisen, vgl. ebd., S. 648.
221 Ebd., S. 688.
222 Ebd., S. 260.
223 Vgl. Wutka & Riedesser 1999, S. 152.
224 Das Militär durfte 100 000 Soldaten, aber keine Panzer, U-Boote und Schlachtschiffe haben. Abgetrennt wurden u. a. Elsass und Lothringen, Posen, Nordschleswig, Teile Westpreußens und Oberschlesiens, das Saarland, Danzig, das Memelland und die Kolonien.
225 Vgl. Sloterdijk 1983; Lethen 1994.
226 Vgl. Marks 2007, S. 153 f.
227 Zit. n. Hesse & Springer 2002, S. 81.
228 Ebd., S. 82.
229 Vgl. ebd., S. 85.
230 So der Titel des Buches von Hesse & Springer (2002).
231 Anlass war ihre Liebesbeziehung zu einem französischen Kriegsgefangenen.
232 Hesse & Springer 2002, S. 120.
233 Vgl. Marks 2007.
234 Der ecuadorianische Schriftsteller Jorge Icaza schreibt den zitierten Satz im

Zusammenhang mit der Auspeitschung eines Indio in seiner Erzählung *Huasipungo* (Icaza 1978, S. 141).
235 Nach Görtemaker (2004) wurden etwa elf Millionen Menschen in Konzentrations- und Vernichtungslagern ermordet. Hinzu kommen Millionen von Morden, die außerhalb dieser Lager begangen wurden, insbesondere in der Sowjetunion. So wird die Zahl der getöteten Sowjetbürger auf 30 Millionen geschätzt, darunter weit mehr Zivilisten als Soldaten (vgl. Wette 2002, S. 16).
236 Vgl. Marks 2007, dort wird das Interview mit Frau Möller (Pseudonym – die Namen aller Interviewten wurden zur Anonymisierung verändert) ausführlich dargestellt und diskutiert.
237 Vgl. Marks 2007, S. 93 f.
238 Vgl. von Brentano 1965, S. 67.
239 Levi 1990, S. 112.
240 Ebd., S. 113.
241 Ebd., S. 114 f.
242 Ebd., S. 115.
243 Ebd., S. 120 f.
244 Levi 1979, S. 110 f.
245 Sereny 1997, S. 236.
246 Vgl. H. Mommsen 2001, S. 18.
247 Arendt 2001, S. 99.
248 In der SS war es üblich, die vulgären Emotionen der unteren Parteiorgane zu verachten, die es »in ›Sachlichkeit‹ nicht mit der Elite aufnehmen konnten« (ebd., S. 105).
249 Eichmann zeigte vielmehr Anpassungs-Schamgefühle: So errötete er, als er einmal versäumt hatte, beim Eintreten des Richters aufzustehen. Er errötete auch im israelischen Gefängnis bei der Erinnerung an ein lange zurückliegendes Ereignis, als er »vor Ärger und Scham sicherlich rot über beide Ohren [wurde], denn etwas, was entgegengesetzt meiner Erziehung war, das passierte, nämlich ich versuchte, die Tischgesellschaft zu einem Wein einzuladen, das als Jüngster, und damit hatte ich mir das Grab gegraben.« (Eichmann, zit. in Arendt 2001, S. 107)
250 Levi 1990, S. 82.
251 Ebd., S. 82 f.
252 Ebd., S. 82.
253 Rushdie 1990, S. 33.
254 Mann 1961, S. 195. Thomas Mann nannte die Deutschen »ein Volk, das sich nicht sehen lassen kann«; zit. in A. Assmann 2001, S. 284.
255 Vgl. V. Ullrich 2002.
256 Walser 1998. Im Gegensatz dazu sprach Ignatz Bubis im Paradigma der Schuldkultur von Verbrechen. In der Folge redeten Walser und Bubis aneinander vorbei.
257 A. Assmann 1999, S. 93. Auch die Verarbeitung leidvoller Erfahrungen wird durch das Scham-Paradigma blockiert, etwa das Leid von vergewaltigten Frauen, wenn dieses nur aus der Perspektive des Ehrverlustes betrachtet wird. Etwa wenn *Der Spiegel* über die Nachkriegszeit schreibt: »Fast jede fünfte Frau im Osten wurde geschändet.« Pötzl & Wiegrefe 2005, S. 51.

258 Buchen 2000, S. 118.
259 Mitscherlich 1967/1988, S. 60.
260 Ich bekam diese Anekdote zuletzt in einem Interview zu hören, das ich im Jahr 2001 mit einer ehemaligen NS-Anhängerin führte.
261 Vgl. Frindte 2006.
262 Krieck 1922, S. 19.
263 Wurmser 2007, S. 30
264 Meinhoff 1964, S. 108-112.
265 So fordert etwa der Verfassungsrichter Udo Di Fabio im Jahr 2005, wer sich konstruktiv in die Gesellschaft einbringt, »der sollte nicht bürokratisch behindert oder herabwürdigend behandelt, der sollte mehr geachtet und unterstützt werden. Wir brauchen ein neues bürgerliches Zeitalter, ohne die Enge des alten.« (Di Fabio 2005, S. 59)
266 Dieser Befund von Brendler (1997, S. 54) wäre zu aktualisieren und zu präzisieren.
267 Koenen 2001, S. 161.
268 Auch in der NS-Propaganda hatte die USA den »jüdischen Kapitalismus« verkörpert.
269 A. Simon 1992, S. 81 f.
270 Ebd., S. 86.
271 Ebd., S. 84.
272 Ebd., S. 86.
273 Der Begriff geht auf Amati 1990 zurück.
274 Asserate 2003b, S. 81.
275 »Der freundliche Deutsche [...] hat im eigenen Land keinen zwingenden Vorbild-Charakter.« Mitscherlich 1967/88, S. 10.
276 Streeruwitz 2006, S. 173.
277 »Tränenreiches Deutschland«. Repräsentative Umfrage der GfK Marktforschung Nürnberg (2006).
278 Badische Zeitung, 18.10.2006, S. 8.
279 Echt zum Heulen; vgl. www.bild.t-online.de.
280 Seehofer 2006, S. 34.
281 Malik 2005.
282 Gerken 2006, S. 4.
283 OECD-Studie zit. in Sellmair u. a. 2005, S. 2. Psychosomatisch hat die Angst vor Arbeitslosigkeit ähnliche Auswirkungen wie tatsächliche Arbeitslosigkeit; vgl. Frese 1987, S. 683.
284 Nach einer TNS-Umfrage arbeiten 36 Prozent der Beschäftigten auch bei Krankheit, nach einer AOK-Studie tun dies 70 Prozent; vgl. Nachgefragt 2007, S. 18; Sellmair u. a. 2005, S. 5.
285 Vgl. ebd., S. 5.
286 Vgl. ebd., S. 3 f.
287 Vgl. Bundesministerium für Arbeit und Soziales 2005.
288 Vgl. Werner 2006, S. 181.
289 Fichtner 2005, S. 103.
290 Vgl. ebd.

291 Hildebrandt 2005, S. 3.
292 Die Zahl von Altersdepressionen und Suiziden unter alten Menschen nimmt zu; vgl. Müller 2006.
293 Repräsentative Umfrage der GfK Marktforschung Nürnberg, vgl. »Schicksal Pflegefall« (2007).
294 Heitmeyer 2004.
295 Vgl. ebd.
296 Vgl. Funke 2001.
297 Diese Gefühle werden bekräftigt, wenn Neonazis geächtet oder beschämt werden, z. B. als »brauner Virus«.
298 Gerüchte bestehen oft aus entwertenden Aussagen z. B. über Kollegen oder Nachbarn. Fortgeschrittene »Gerüchteköche« lassen bei Nachbar A die Bemerkung fallen, B, ein anderer Nachbar, habe sich verächtlich über ihn geäußert. Wenige solche Bemerkungen reichen aus, das Klima einer Nachbarschaft zu vergiften.
299 Vgl. Zapf 2004.
300 Vgl. Zapf & Groß 2000, S. 23.
301 Das Bundesarbeitsgericht hat in seiner Entscheidung vom 15.1.1997 (BAGE 85, 56 [58]) Mobbing als »das systematische Anfeinden, Schikanieren oder Diskriminieren von Arbeitnehmern untereinander oder durch Vorgesetzte« definiert; zit. in Esser & Wolmerath 2003, S. 21.
302 Vgl. Zapf & Groß 2000, S. 23.
303 Vgl. Hirigoyen 2002, S. 85 f.
304 Vgl. Zapf 2004, S. 27.
305 Mettler-von Meibom 2006, S. 44.
306 Dies ergab eine Untersuchung von Rammsayer, Stahl & Schmiga 2006.
307 Vgl. Mettler-von Meinbom 2006, S. 44.
308 Qualität und Funktion von Humor unterscheiden sich nach Geschlecht, aber auch Schichten und Milieus; vgl. Kotthoff 2001, S. 21; 2005, S. 112.
309 Neckel 1991, S. 141.
310 Fischer im Bundestag am 1.7.2005, zit. in Badische Zeitung, 2.7.2005, S. 1. Besonders beschämend waren z.B. die Zwischenrufe der Opposition während der Rede Willy Brandts, kurz nach der Befreiung von Peter Lorenz, am 13.3.1975: »Dummkopf!«, »Schweinehund!«, »Deutschlands Oberhetzer!«, »Dieser niederträchtige Kerl!«, »Verleumder!«, »Kommunist!«, »Bolschewist!«, »Raus!«; zit. in Fürst 2005, S. III.
311 Bly 1991, S. 120.
312 Warum gerade diese Berufsgruppe? Vermutlich werden Lehrer heute durch eine Art Verschiebung stellvertretend für die Lehrer beschämt, die in der eigenen Schulzeit erlebt wurden und gegen die man sich damals nicht zu wehren vermochte. In der Abwertung von Lehrern könnte sich auch ein versteckter Antisemitismus (der ja in Deutschland seit 1945 politisch nicht mehr »korrekt« ist) ausdrücken, verschoben vom »Volk des Buches« (den Juden) auf den Berufsstand der Intellektuellen; beide Gruppen waren in der NS-Propaganda oft in einem Atemzug genannt worden (»jüdische Intellektuelle«).
313 Gerhard Schröder am 29.3.1995 in einem Interview mit einer Schülerzeitung, zit. in Kraus 2006.

314 Günther Oettinger im März 1999 vor dem CDU-Wirtschaftsrat Reutlingen/Tübingen, zit. in Kraus 2006.
315 Zitat von Marga Bayerwaltes, zit. in Bölsche 2002, S. 118, und Hinrichs u. a. 2003, S. 49.
316 Kühn 2005.
317 Vgl. Kost 2006, S. 6.
318 Zit. in Brinkbäumer u. a. 2006, S. 23.
319 Ebd., S. 24.
320 Zit. in Plewnia, Vernier & Wittlich 2005, S. 56.
321 Vgl. ebd., S. 59.
322 67 bzw. 33 Prozent der Eltern sind mit den Lehrern der 1. und 2. Klasse bzw. 9. und 10. Klasse zufrieden; Infratest-Umfrage, zit. in Miese Noten für Pauker (2005), S. 62 f.
323 Eine Untersuchung des Kontaktverhaltens von Lehrern und Eltern ergab, dass 36,8 bzw. 15,6 Prozent von ihnen kontaktunwillig, 45,7 bzw. 74,1 Prozent reserviert und 17,5 bzw. 10,3 Prozent aufgeschlossen für den Austausch mit der jeweils anderen Gruppe sind; vgl. Plewnia, Vernier & Wittlich 2005, S. 54.
324 Vgl. Hinrichs 2003, S. 47, 60.
325 Bauer 2003, S. 4.
326 Finnland gibt 5,7 Prozent und Deutschland 5,5 Prozent des Bruttoinlandsprodukts für die Bildung aus. Quelle: OECD, Bildung auf einen Blick, 2001; zit. n. Hammerstein u. a. 2002, S. 25.
327 Prenzel 2004, S. 4.
328 Hinrichs u.a. 2003, S. 57.
329 Vgl. Dürr, Supp & Voigt 2007, S. 64.
330 Vgl. Maron 2007, S. 2.
331 Nach Schätzungen verschiedener Jugendschutzorganisationen wird ein Siebtel (vgl. Gruppenzwang Mobbing, 2006) bis ein Drittel (Information der Aktion Jugendschutz, zit. in: Jeder dritte Schüler wird gemobbt, 2005, S. 6) aller Schüler von Mitschülern gemobbt.
332 Vgl. Schickinger 2006, S. 24.
333 Vgl. ebd.
334 Melzer 2001, S. 138.
335 Zit. in Hinrichs u. a. 2003, S. 54.
336 Prengel & Heinzel 2003, S. 118.
337 Vgl. ebd.
338 Schriftliche Befragung von 3000 deutschen, österreichischen und schweizerischen Studierenden; vgl. Krumm & Eckstein 2001, S. 8 f.; vgl. Krumm & Weiß 2000; Singer 2003.
339 Eissele & Schmalenberger 2006, S. 196-198.
340 Geißler 1992, S. 95.
341 Ebd., S. 29.
342 Vgl. die Betonung der Pünktlichkeit in der NS-Pädagogik etwa Johanna Haarers (vgl. S. 47 ff.). Der Zeittakt des Industriezeitalters wird zunehmend anachronistisch, indem Fließbandarbeiten immer häufiger durch Roboter übernommen werden. So werden unsere Schüler heute mit einem Zeittakt getrietzt, der im

Hinblick auf die künftigen Qualifikationen einer postmodernen Arbeitswelt anachronistisch und kontraproduktiv ist.
343 Geißler 1992, S. 130.
344 Wurmser 1997, S. 124.
345 Kurz 1989, S. 26 f.
346 Hochschild 2006, S. 54.
347 Vgl. Maron 2007, S. 2.
348 Vgl. Kraus 2005.
349 Solange der Schulunterricht in einem potenziell beschämenden Kontext stattfindet, können auch Evaluationen von LehrerInnen nur als potenziell beschämend erlebt werden.
350 Sebastian B. 2006.
351 UNICEF, Vergleich von 21 Industrieländern, vgl. Maron 2007, S. 2.
352 DGB 2005b, S. 36.
353 Ebd. S. 41.
354 Ebd. S. 44.
355 Schmider 2005, S. 4.
356 Anne Koark (2005) beobachtet hierzulande ein Tabu, über das eigene Scheitern als Unternehmer zu sprechen. Dies blockiert ein Lernen aus den gemachten Fehlern und einen Neustart, der nachweislich oft erfolgreich ist.
357 Vgl. Marks 2005.
358 Zit. in Wurmser 1997,S. 88.
359 Ziegler 2007, S. 40.
360 Vgl. ebd., S. 31 f.
361 Vgl. ebd., S. 114
362 Vgl. Türcke 1991.
363 Z. B. stiegen zwischen 1990 und 2004 die Ausgaben der Kaffeekonsumenten von 30 auf 70 Milliarden Dollar; zugleich fielen die Exporteinkommen der Kaffeebauern von jährlich 11 Milliarden auf 5,5 Milliarden Dollar, die Folge waren Hungersnöte in Äthiopien; vgl. Ziegler 2007, S. 150.
364 Vgl. ebd., S. 31 f.
365 Vgl. ebd., S. 13, 33-36, 42-45.
366 Ebd., S. 71.
367 Mit diesem Begriff bezieht sich Ziegler auf Lateinamerika, aber die Unterentwicklung auch anderer Länder hat diesen Hintergrund.
368 Ziegler 2007, S. 75.
369 Vgl. ebd., S. 76.
370 Vgl. ebd., S. 71 f., 85.
371 Vgl. Sloterdijk 2006.
372 Vgl. Ziegler 2007, S. 110 f.
373 Ebd., S. 11.
374 Ebd.
375 Zit. in Hartmann 2002, S. 34.
376 Übersetzt von und zit. in Ziegler 2007, S. 180.
377 Chagras = Leute vom Land; Cholos = Mestizen.
378 Minga = kollektive Arbeit.

379 Icaza 1978, S. 67, 70.
380 Vielleicht geschieht unbewusst eine Verschiebung von Gewissens- zu Anpassungs-Schamgefühlen, die etwa bei der Scham übergewichtiger Menschen noch zu erahnen ist: Die Pfunde »zu viel«, welche in der »Ersten Welt« Anpassungs-Schamgefühle auslösen, entsprechen in etwa den Pfunden, die Hungernde in der »Dritten Welt« »zu wenig« haben.
381 Ziegler 2007, S. 12.
382 Ebd., S. 14.
383 Vgl. Huntington 1997.
384 Lindner 2006, S. 94.
385 Vgl. Lindner 2006, S. 94.
386 Vgl. Marks & Stowell 1989.
387 Nicht eingerechnet in dieser Auflistung Carl Sagans von 1988 sind die beiden Weltkriege sowie Aktionen gegen Piraterie und Sklaverei. Die Mehrzahl dieser Interventionen (64-mal in Lateinamerika) hatte den Zweck, willfährige Regierungen zu unterstützen oder US-amerikanische Geschäftsinteressen zu schützen; vgl. Sagan 1988, S. 5 f.
388 Davon waren 8 Millionen in Vietnam, 4,5 Millionen im Zweiten Weltkrieg (vgl. Osang 2005, S. 96). Soldaten werden auch dann traumatisiert, wenn sie in einem siegreichen oder als gerecht empfundenen Krieg kämpfen.
389 Vgl. Hilgers 2001.
390 Die französische Ablehnung des jüngsten US-Kriegs gegen den Irak erzeugte in den USA so viel Wut, dass vielerorts französischer Wein auf die Straßen gekippt, Pommes Frites (»french fries«) in »freedom fries« umbenannt und sogar »Freiheitsrasuren« der weiblichen Achselhaare angepriesen wurden, um sich von - als schmuddelig und unrasiert geltenden - Französinnen abzusetzen. Auffallend ist die Verknüpfung von Konformität (hier: mit der US-Außenpolitik) mit dem Haarschnitt (vgl. S. 165 und Anmerkung 458).
391 Sloterdijk 2006, S. 339.
392 Vgl. Lindner 2006, S. 95, 109.
393 Vgl. Cohen, Vandello & Rantilla 1998, S. 264, und Beste 2004, S. 23.
394 Vgl. Lindner 2006, S. 95, 109.
395 Zit. in M. Günther 2007, S. 5.
396 Mascolo 2007, S. 115.
397 Allein 2006 hat die Bush-Regierung offiziell 85 Millionen Dollar für den Regimewechsel zur Verfügung gestellt, vgl. ebd., S. 115 f.
398 Meldung der Tagesschau dieses Tages.
399 Bar-On 2007, S. 6.
400 Stellvertretend sei hier Kogan (1990 und 1998) genannt; vgl. Marks 2007, S. 129–131.
401 Nadera Shalhoub-Kevorkian, Kriminologin der Universität Jerusalem, beobachtete nahezu eine Verdoppelung der häuslichen Gewalt in Israel seit der zweiten Intifada, mehr als die Hälfte der Täter hatten Jobs bei der Armee oder Polizei; vgl. I. Günther 2007, S. 3.
402 Bar-On 2006, S. 1.
403 Vgl. ebd.

404 Vgl. Breaking the Silence 2007.
405 Breaking the Silence 2006.
406 Vgl. Bar-On 2007, S. 15.
407 Bednarz u. a. 2006, S. 76.
408 Ziegler 2007, S. 113.
409 Vgl. ebd., S. 113 f. Die UNRWA (United Nations Relief and Work Agency) leistet den 4 Millionen palästinensischen Flüchtlingen Hilfe im Schul- und Gesundheitswesen.
410 »Die Ehre eines Mannes beinhaltet seine Würde [...], die Ehre einer Frau ist gleichzusetzen mit ihrer Sittlichkeit [...]. Die Frau kann keine Würde wie der Mann erlangen, ihre Ehre liegt ausschließlich in ihrer unbedingten sexuellen Reinheit.« König 1989, S. 244.
411 Vgl. ebd., S. 245 f., 251; Breuer 1998, S. 80; Schirrmacher 2002, S. 63.
412 Vgl. Bar-On 2007, S. 15.
413 Khadra 2006, S. 167. Hassan Abbas formulierte anlässlich des Libanonkriegs 2006: »Wollen die Israelis im Nahen Osten leben, oder wollen sie uns immer nur erniedrigen?« Zit. in Zand 2006, S. 99.
414 Ehlers 2006, S. 72.
415 Vgl. Marks 2007, S. 83-101.
416 Zit. in Zand 2006, S. 99.
417 Vgl. I. Günther 2004, S. 3.
418 Vermutlich vermag der Islam die Menschen für ihre Würde und deren Verletzung in besonderem Maße zu sensibilisieren (auch wenn Würde patriarchalisch definiert wird) - im Unterschied zu Ländern, die durch ein Christentum geprägt sind, welches seit Jahrhunderten vorwiegend die Unwürdigkeit des Menschen predigt.
419 Khadra 2006, S. 230.
420 I. Günther 2004, S. 3.
421 Pamuk 2001, zit. n. Lau 2001, S. 1.
422 Broder 2006, S. 38-40. Der Einwand, die Empörung über die Karikaturen sei keineswegs spontan, sondern angezettelt worden (z.B. Sloterdijk 2006, S. 344), übersieht, dass nur dort ein Feuer angezettelt werden kann, wo auch Brennmaterial - Potenzial zur Empörung - vorliegt.
423 Schon dieser Titel eines Kapitels in Huntingtons Buch illustriert die strukturell verächtliche Denkweise des Westens. Sie begegnete mir während meines fünfjährigen Aufenthaltes in den USA viele Male, etwa auf Anzeigetafeln, die während der Olympischen Spiele die Anzahl der gewonnenen Medaillen auflisteten. Spalte 1: USA, Spalte 2: Rest der Welt. Viele US-Amerikaner betrachten ihr Land als »greatest nation«; in US-Nachrichten kommt der Rest der Welt nur in Ausnahmefällen vor; vgl. Bryson 2002, S. 112.
424 Vgl. Ziegler 2007, S. 42.
425 Vgl. Huntington 1997, S. 348.
426 Sendungen, die nicht selten die Schamgrenzen verletzen; vgl. Ruthven 2000, S. 32.
427 Mernissi 1992, zit. n. Huntington 1997, S. 343.
428 Vgl. Huntington 1997, S. 292.

429 Barack Obama, zit. in von Ilsemann & Mascolo 2007, S. 100.
430 Huntington 1997, S. 292.
431 Vgl. Khoury 2001, S. 112; J. Assmann 2006.
432 Vgl. de Winter 2004.
433 Vgl. Elger 2002, S. 70.
434 Vgl. Huntington 1997, S. 340.
435 Vgl. Schiffer 2005, S. 226.
436 Z. B. kommentierte Abdelbari Atwan, Herausgeber einer in London erscheinenden arabischen Zeitung: »Die Folter ist nicht das Werk einiger weniger amerikanischer Soldaten. Sie ist das Ergebnis einer offiziellen amerikanischen Kultur, die absichtlich Muslime beleidigt und entwürdigt« (zit. in Lindner 2006, S. 110, Übers. S. M.). Akbar Ahmed vergleicht Gruppen wie Palästinenser, Kaschmiri, Bosnier und Tschetschenen mit Indianern: »entmutigte Gruppen, ihrer Würde beraubt, in Reservaten gehalten, zu denen man das Land ihrer Ahnen gemacht hat« (Middle East International, 20.1.1995, S. 2, zit. in Huntington 1997, S. 432).
437 Die bittere Ironie ist, dass sich islamistischer Terror und das westliche »Imperium der Schande« (Ziegler) unbewusst gegenseitig in die Hände spielen: Antiislamische Vorurteile werden durch den Terror bestätigt (die Waffenproduzenten profitieren), die US-Reaktionen nähren wiederum den Terror; vgl. Ziegler 2006, S. 66.
438 Vgl. Lau 2001, S. 1.
439 In diesem Sinne fordert Jörg Lau einen »neuen Sinn für die Politik, genauer gesagt: für die Geopolitik der Gefühle« (ebd.).
440 Pamuk, zit. in ebd.
441 Ruthven 2000, S. 33, erwähnt den Niedergang des spirituellen Herzens des Islam, des Sufismus.
442 Said 2001, zit. in Lau 2001, S. 1.
443 Sloterdijk 2006, S. 344.
444 Pamuk 2005, S. 17.
445 Nietzsche 1965, S. 177.
446 Etwa durch das MBSR-Programm (MBSR = »Mindfulness-based stress reduction«, »Stressbewältigung durch Üben der Achtsamkeit«), das den Kern der buddhistischen Meditation für westliche Menschen zugänglich macht (vgl. Kesper-Grossman & Grossman 2002). Achtsamkeit wird oft beschrieben als »ein anhaltendes, unmittelbares Bewusstsein körperlicher Empfindungen, Wahrnehmungen, Affektzustände, Gedanken und Vorstellungen [...], ohne dabei über die vorübergehenden geistigen Phänomene nachzudenken, diesbezüglich Vergleiche anzustellen oder sie anderweitig zu bewerten« (Grossman 2005, S. 73).
447 Erzählt von Reps (1985), S. 83; zit. in Aitken 1989, S. 140.
448 Zit. in Zimmermann 2007, S. 18. Vielleicht kann der Vorfall dazu beitragen, Berufstätige im Bereich der Medizin für die Scham-Thematik zu sensibilisieren.
449 Vgl. Jacoby 1993, S. 49.
450 Das Krähen des Hahns kündigt das Tageslicht an, was als Bewusstwerdung interpretiert werden könnte.
451 Ebd., S. 50.
452 Bradshaw 2006, S. 20.

453 Wildt 2005, S. 83.
454 Vgl. Bradshow 2006, S. 21.
455 Zit. in Bly 1991, S. 350.
456 Ebd., S. 352.
457 Ebd., S. 356.
458 In der letzten Strophe singt David Crosby: »You got to speak out against the madness [...]. If you dare. But don't [...] try to get yourself elected. If you do you had better cut your hair." Der Zusammenhang zwischen Haarlänge (so auch beim Eisenhans) und der Suche nach dem »Da-muß-es-doch-noch-etwas-anderes-als-Anpassung-geben«, der etwa in der Studentenbewegung Ende der 1960er Jahre zum Ausdruck kam, kann an dieser Stelle nicht weiter verfolgt werden.
459 Im Grimm'schen Märchen *Die sechs Schwäne* werden sechs Jungen in Schwäne verzaubert, weil der Vater aus Feigheit die Tochter der Hexe geheiratet hat; dies illustriert die transgenerationale Qualität von Scham; vgl. S. 49 f.
460 Vgl. Bly 1991, S. 117.
461 Wohlbegründete Anregungen dazu bietet Schmid 2004.
462 Vgl. Schmid 2004.
463 Buber 1949, S. 394.
464 Riedel 2004, S. 9.
465 Schmid 2004, S. 15.
466 Ebd., S. 303.
467 Ebd., S. 304.
468 Casals 1971, S. 220.
469 In Anlehnung an die Analytische Psychologie C. G. Jungs unterscheide ich zwischen Ich und Selbst und habe demzufolge Selbstgerechtigkeit in Ichgerechtigkeit usw. umbenannt.
470 Schmid 2004, S. 256.
471 Zit. in Wiltenburg 2007, S. 44.
472 Dies sollte auch im Unterricht gefördert werden. Was nützt es, wenn die Schüler das exakte Datum der Wannsee-Konferenz gelernt haben, aber mit dem Begriff der Menschenwürde nichts anzufangen wissen?
473 Khadra 2006, S. 239.
474 Schmid 2004, S. 35.
475 Titze 2001, S. 295.
476 Vgl. S. 72.
477 Zit. in Titze 2001, S. 299.
478 Meckenberg 2007.
479 Ebd., S. 111.
480 Vgl. Titze 2001, S. 295.
481 Vgl. Hirigoyen 2002, S. 184.
482 Vgl. Zapf & Groß 2000; Litzke & Schuh 2005; Hirigoyen 2002 u. a.,
483 Vgl. Zuschlag 2001, S. 131 f.
484 Einige Adressen führen Litzke & Schuh 2005, S. 165, auf.
485 Vgl. ebd., S. 144.
486 Hilgers 1997, S. 45.
487 Ebd., S. 63.

488 Wurmser 1987, zit. n. Hilgers 1997, S. 75.
489 Vgl. Hilgers 1997, S. 66.
490 Vg. Schneider 1987, S. 209.
491 Gröning 2001, S. 60.
492 Ebd., S. 64.
493 Ebd., S. 65 f.
494 Ebd., S. 71.
495 Ebd., S. 67.
496 Ebd., S. 90; vgl. S. 89 f., 98.
497 Ebd., S. 118 f.
498 Ebd., S. 123.
499 Ebd., S. 106.
500 Vgl. ebd., S. 105, 140-142.
501 Informationen im Internet unter www.no-blame-approach.de.
502 Zu hinterfragen wäre, ob Sportlehrer durch die Auswahl der Sportarten Erfüllungsgehilfen des herrschenden Schönheitsideals sind, wonach schlank, hart, flink und zäh als erstrebenswert gelten. Denkbar wäre ja auch, im Sportunterricht die Freude am Körper und seiner Bewegung zu fördern.
503 Prengel 2002, S. 214.
504 Ebd., S. 215.
505 Ebd.
506 Aus Dass & Gorman 1994, S. 54-56.
507 Bauer 2006, S. 22.
508 Vgl. Honneth 2003.
509 Prengel 2002, S. 212.
510 Vgl. Stern 2004.
511 Dies ist auch der Grundgedanke des Antiaggressionstrainings - entwickelt vom Pädagogen und Kriminologen Jens Weidner -, an dem jährlich mehr als 1000 Jugendliche teilnehmen, darunter Täter wie Oliver, der auf Seite 92 vorgestellt wurde. Die Trainer setzen strenge Regeln und fordern die jungen Männer heraus, vermitteln dabei jedoch die Botschaft: »Ich schätze dich, bin aber mit deinen Taten nicht einverstanden.« Zum Training gehört eine Mutprobe besonderer Art: Die Jungen sollen sich trauen, peinliche Situationen zu meistern und Gefühle zu zeigen. Denn ihre Angst davor, gekränkt zu werden, ist ein wesentlicher Teil ihres Gewaltproblems. Vgl. Kistler 2005.
512 Terry Dobson, Die Schnellbahn ratterte; in: Dass & Gorman 1994, S. 160-163.

Literatur

Aitken, Robert (1989). Ethik des Zen. München: Eugen Diederichs.
Amati, Silvia (1990). Die Rückgewinnung des Schamgefühls. In: Psyche 44, S. 724-740.
Anders, Günther (1987). Die Antiquiertheit des Menschen. München: C. H. Beck.
Arendt, Hannah (2001). Eichmann in Jerusalem. Ein Bericht von der Banalität des Bösen. München: Piper. 11. Aufl.
Armstrong, Mary Katherine (2003). Child Abuse, Shame, Rage and Violence. In: The Journal of Psychohistory, Sommer 2003. Im Internet verfügbar unter: http://www.primal-page.com/childabu.htm (Zugriff 16.2.2004).
Asserate, Asfa-Wossen (2003a). Manieren. Frankfurt a. M.: Eichborn.
Asserate, Asfa-Wossen (2003b).»Wir sind alle Kleinbürger« (Interview). In: Der Spiegel 44, S. 81-83.
Assmann, Aleida (1999). Teil I. In: Aleida Assmann & Ute Frevert. Geschichtsvergessenheit – Geschichtsversessenheit. Vom Umgang mit deutschen Vergangenheiten nach 1945. Stuttgart: DVA, S. 17-147.
Assmann, Aleida (2001). Scham. Schamkultur und Schuldkultur. In: Markus Schächter (Hg.). Was kommt. Was geht. Was bleibt. Freiburg: Herder, S. 281-285.
Assmann, Jan (2006). Monotheismus und die Sprache der Gewalt. Wien: Picus.
B., Sebastian (2006). Abschiedsbrief. Im Internet verfügbar unter: http://www.n-tv.de/734961.html (Zugriff 31.1.2007).
Bar-On, Dan (2006). Der Teufelskreis von Im-Recht-sein, Machtfülle und dem Verlust von Mitgefühl. Im Internet verfügbar unter: http://www.juedisches-leben-in-breisach.de/dan-baron-15-07-2006.html (Zugriff 19.2.2007).
Bar-On, Dan (2007). Zur Rolle von Scham und Schamabwehr im Nahostkonflikt. In: Stephan Marks (Hg.). Scham – Beschämung – Anerkennung. Berlin: LIT, S. 3-18.
Barth, Boris (2003). Dolchstoßlegenden und politische Desintegration. Das Trauma der deutschen Niederlage im Ersten Weltkrieg 1914-1933. Düsseldorf: Droste.
Bastian, Till & Hilgers, Micha (1990). Kain. Die Trennung von Scham und Schuld am Beispiel der Genesis. In: Psyche 44, S. 1100-1112.
Bauer, Joachim (2002). Das Gedächtnis des Körpers. Wie Beziehungen und Lebensstile unsere Gene steuern. Frankfurt a. M.: Eichborn.
Bauer, Joachim (2003). Ein Kind funktioniert nicht wie ein Aktenordner (Interview). In: Badische Zeitung 11.12.2003, S. 4.
Bauer, Joachim (2005). Warum ich fühle, was du fühlst. Intuitive Kommunikation und das Geheimnis der Spiegelneuronen. Hamburg: Hoffmann und Campe.
Bauer, Joachim (2006). Beziehungen: Der Motor unseres Lebens. In: Psychologie heute 10, S. 20-25.
Baumann, Zygmunt (2005). Wenn Menschen zu Abfall werden (Interview). In: Die Zeit 47, S. 65-66.
Bednarz, Dieter u.a. (2006). Das Haus des Krieges. In: Der Spiegel 38, S. 68-84.
Benz, Ute (1988). Brutstätten der Nation. In: Dachauer Hefte 4, S. 144-163.
Bertram, Mechthild; Helsper, Werner & Idel, Till-Sebastian (2000). Entwicklung schulischer Anerkennungsverhältnisse. Eine Reflexionshilfe zum Thema Schule und

Gewalt. Ministerium für Bildung, Wissenschaft und Weiterbildung Rheinland-Pfalz, Mainz.
Beste, Ralf u. a. (2004). Strategie der Empörung. In: Der Spiegel 17, S. 22-28.
Beutel, Silvia-Iris (2005). Zeugnisse aus Kindersicht. Kommunikationskultur an der Schule und Professionalisierung der Leistungsbeurteilung. Weinheim: Max-Traeger-Stiftung.
Bibó, Istvan (1991). Die deutsche Hysterie. Ursachen und Geschichte. Frankfurt a.M.: Insel.
Blankenburg, Wolfgang (1997). Zur Differenzierung zwischen Scham und Schuld. In: Rolf Kühn, Michael Raub & Michael Titze (Hg.). Scham - ein menschliches Gefühl. Kulturelle, psychologische und philosophische Perspektiven. Opladen: Westdeutscher Verlag, S. 45-55.
Bly, Robert (1991). Eisenhans. Ein Buch über Männer. München: Kindler.
Böhmer, Martina (2005). Erfahrungen sexualisierter Gewalt in der Lebensgeschichte alter Frauen. Frankfurt a. M.: Mabuse.
Bölsche, Jochen (2002). Pfusch am Kind. In: Der Spiegel 20, S. 96-123.
Bönisch, Georg & Röbel, Sven (2004). »Viel Spaß in der Hölle«. In: Der Spiegel 48, S. 48-48.
Bologne, Jean-Claude (2001). Nacktheit und Prüderie. Eine Geschichte des Schamgefühls. Weimar: Verlag Hermann Böhlaus Nachfolger.
Bolz, Norbert (2006). »Exhibitionismus - leichtgemacht« (Interview) In: Der Spiegel 29, S. 68 f.
Bonstein, Julia u.a. (2006). Und tschüs... In: Der Spiegel 44, S. 106-115.
Bouson, J. Brooks (1999). Quiet As It's Kept. Shame, Trauma, and Race in the Novels of Toni Morrison. Albany: State University of New York Press.
Bowlby, John (1975). Bindung. Eine Analyse der Mutter-Kind-Beziehung. München: Kindler.
Bradfield, Scott (1997). Was läuft schief in Amerika? Roman. Frankfurt a. M.: Fischer-Taschenbuch-Verlag.
Bradshaw, John (2006). Wenn Scham krank macht. Verstehen und Überwinden von Schamgefühlen. München: Knaur.
Breaking the Silence (2006). Interviewausschnitte, im Internet verfügbar unter: www.breakingthesilence.org.il/index_en.asp (Zugriff 12.5.2006).
Breaking the Silence (2007). Interviewausschnitte, im Internet verfügbar unter: http://www.shovrimshtika.org/eduiot_e.asp?id=19 (Zugriff 7.2.2007).
Brendler, Konrad (1997). Die NS-Geschichte als Sozialisationsfaktor und Identitätsballast der Enkelgeneration. In: Dan Bar-On, Konrad Brendler & Paul Hare (Hg.). »Da ist etwas kaputtgegangen an den Wurzeln...« Identitätsformationen deutscher und israelischer Jugendlicher im Schatten des Holocaust. Frankfurt a.M.: Campus, S. 53-104.
Brentano, Margherita von (1965). Die Endlösung. Ihre Funktion in Theorie und Praxis des Faschismus. In: Hermann Huss (Hg.). Antisemitismus. Zur Pathologie der bürgerlichen Gesellschaft. Frankfurt a. M.: Europäische Verlags-Anstalt, S. 35-76.
Breuer, Rita (1998). Familienleben im Islam. Traditionen - Konflikte - Vorurteile. Freiburg: Herder.

Brinkbäumer, Klaus u. a. (2006). Die verlorene Welt. In: Der Spiegel 14, S. 22-36.
Broder, Henryk (2006). »Wir kapitulieren!« In: Der Spiegel 33, S. 38-40.
Bruder, Klaus-Jürgen (1996). Die Scham des Missbrauchers - (und die) Probleme der Therapie. In: Margarete Berger & Jörg Wiesse (Hg.). Geschlecht und Gewalt. Göttingen: Vandenhoeck & Ruprecht, S. 104-119.
Brüder Grimm (2005). Kinder- und Hausmärchen. Vollständige Ausgabe. Düsseldorf: Artemis & Winkler.
Bryson, Bill (2002). Streiflichter aus Amerika. München: Goldmann.
Buber, Martin (1949). Die Erzählungen der Chassidim. Zürich: Manesse Verlag.
Buchen, Sylvia (2000). Supervisionsarbeit mit Lehrerinnen und Lehrern einer Gesamtschule in Sachsen-Anhalt. In: Psychosozial 79, S. 111-121.
Buchheim, Anna; Brisch, Karl Heinz & Kächele, Horst (1998). Einführung in die Bindungstheorie und ihre Bedeutung für die Psychotherapie. In: Psychother Psych Med 48, S. 128-138.
Buchheim, Anna; Strauß, Bernhard & Kächele, Horst (2002). Die differenzielle Relevanz der Bindungsklassifikation für psychische Störungen. In: Psychother Psych Med 52, S. 128-133.
Bundesministerium für Arbeit und Soziales (2005). Sicherheit und Gesundheit bei der Arbeit 2005. Bericht der Bundesregierung. Im Internet verfügbar unter: http://www.osha.de/statistics/statistiken/suga/ (Zugriff: 30.1.2007).
Casals, Pablo (1971). Licht und Schatten auf einem langen Weg. Frankfurt a.M.: S. Fischer.
Cohen, Dov; Vandello, Joseph & Rantilla, Adrian (1998). The Sacred and the Social. Cultures of Honor and Violence. In: Paul Gilbert & Bernice Andrews (Hg.). Shame. Interpersonal Behavior: Psychopathology and Culture. New York: Oxford University Press, S. 261-282.
Collodi, Carlo (1990). Pinocchio. Wien: Carl Ueberreuter.
Dass, Ram & Gorman, Paul (1994). Wie kann ich helfen? Segen und Prüfung mitmenschlicher Zuwendung. Berlin: Sadhana.
DGB (2005). Das Schwarzbuch Ausbildung. 77 Fälle aus der Praxis der Online-Beratung www.doktor-azubi.de, Auszüge. Im Internet verfügbar unter http://www.dgb-jugend.de/UNIQ116896514310320/doc118074A.html (Zugriff 16.1.2007).
Demmer, Ulrike & Röbel, Sven (2006). Rückwärtige Dienste. In: Der Spiegel 26, S. 40.
Di Fabio, Udo (2005). »Wir brauchen ein neues bürgerliches Zeitalter« (Interview). In: Der Spiegel 44, S. 58-62.
Domin, Hilde (1995). Ich will dich. Gedichte. Frankfurt a.M. Fischer Taschenbuch Verlag.
Dürr, Anke; Supp, Barbara & Voigt, Claudia (2007). Der Familienkrach. In: Der Spiegel 9, S. 52-72.
Duerr, Hans Peter (1988). Der Mythos vom Zivilisationsprozess. Bd. 1: Nacktheit und Scham. Frankfurt a.M.: Suhrkamp.
Echt zum Heulen! Umfrage enthüllt, was uns zum Weinen bringt. Schluchz! Die Deutschen - ein Volk von Heulsusen? Im Internet verfügbar unter: http://www.bild.t-online.de/BTO/tipps-trends/gesund-fit/aktuell/2006/10/17/umfrage-deutsche-weinen/umfrage-deutsche-weinen.html (Zugriff 12.1.2007).

Ehlers, Fioana (2006). Chanel mit Kriegsrabatt. In: Der Spiegel 34, S. 72-75.
Eissele, Ingrid & Schmalenberger, Boris (2006). Jetzt kommen wir! In: Stern 44, S. 192-198.
Elger, Ralf (2002). Islam. Frankfurt a. M.: S. Fischer.
Elias, Norbert (1939/1969). Über den Prozeß der Zivilisation. 2 Bde. Bern: Francke.
Elias, Norbert (1998). Studien über die Deutschen. Machtkämpfe und Habitusentwicklung im 19. und 20. Jahrhundert. Frankfurt a. M.: Suhrkamp.
Ernst, Heiko (2006). »Schäm dich!« ist kein guter Rat. In: Psychologie heute 2, S. 8 f.
Esser, Axel & Wolmerath, Martin (2003). Mobbing. Der Ratgeber für Betroffene und ihre Interessenvertretung. Frankfurt a. M.: Bund-Verlag, 5. Aufl.
Finzen, Asmus (1997). Suizidprophylaxe bei psychischen Störungen. Prävention - Behandlung - Bewältigung. Bonn: Psychiatrie-Verlag u. a. 1. Aufl. der Neuausgabe.
Ferreira, Grada Kilomba (2006). ›Don't You Call Me Neger!‹ Das Wort »Neger«. Trauma und Rassismus. Internet-Veröffentlichung verfügbar unter: www. cybernomads.net/cn/home.cfm?p=981&CFID=13638176&CFTOKEN=23113554 (Zugriff 14.11.2006).
Feuerlein, Wilhelm; Küfner, Heinrich & Soyka, Michael (1998). Alkoholismus - Missbrauch und Abhängigkeit. Entstehung - Folgen - Therapie. Stuttgart: Thieme.
Fichtner, Ulrich (2005). Die Rückkehr des Proletariats. In: Der Spiegel 22, S. 102-104.
Fischer, Gottfried & Riedesser, Peter (1998). Lehrbuch der Psychotraumatologie. München: Ernst Reinhardt Verlag.
Fossum, Lerle & Mason, Marilyn (1992). Aber keiner darf's erfahren. Scham und Selbstwertgefühl in Familien. München: Kösel.
Fox, Matthew (1991). Der große Segen. Umarmt von der Schöpfung. München: Claudius.
Frese, Michael (1987). Arbeit und psychische Störungen. In: Gewerkschaftliche Monatshefte 11, S. 679-691.
Frindte, Wolfgang (2006). Inszenierter Antisemitismus. Wiesbaden: VS, Verlag für Sozialwissenschaften.
Fürst, Ansgar (2005). »Mein Gott, ist das primitiv!« In: Badische Zeitung 8.1.2005, S. III.
Funke, Hajo (2001). Rechtsextremismus 2001. Eine Zwischenbilanz. Verwahrlosung und rassistisch aufgeladene Gewalt - Zur Bedeutung von Familie, Schule und sozialer Integration. In: Roland Eckert u. a. (Hg.). Demokratie lernen und leben. Eine Initiative gegen Rechtsextremismus, Rassismus, Antisemitismus, Fremdenfeindlichkeit und Gewalt. Band I: Probleme - Voraussetzungen - Möglichkeiten. Weinheim: Freudenberg Stiftung, S. 59-108.
Fussek, Claus (2003). Lebensqualität und Würde pflegebedürftiger Menschen in Zeiten der Minutenpflege. Im Internet verfügbar unter www. das-dorf.at/integra/bildung/referenten/manuskripte/claus_fussek (Zugriff 10.11.2003).
Galtung, Johan (2004). Gewalt, Krieg und deren Nachwirkungen. Über sichtbare und unsichtbare Folgen der Gewalt, In: polylog. Forum für interkulturelle Philosophie 5. Im Internet verfügbar unter: http://them.polylog.org/5/fgj-de.htm (Zugriff 14.11.2006).
Galtung, Johan (1975). Strukturelle Gewalt. Reinbek: Rowohlt.

Galtung, Johan & Tschudi, Finn (2003). Das Kunstwerk Frieden herstellen: über die Psychologie des TRANSCEND-Ansatzes. In: Johan Galtung (Hg.). Neue Wege zum Frieden. Minden: Bund für Soziale Verteidigung, S. 192-216.

Geißler, Karlheinz (1992). Zeit leben. Vom Hasten und Rasten, Arbeiten und Lernen, Leben und Sterben. Weinheim: Beltz Quadriga, 4. Aufl.

Gerken, Lüder (2006). Null-Euro-Jobs und weniger Arbeitslosigkeit. In: Badische Zeitung 23.9.2006, S. 4.

Gleissner-Bartholdi, Ruth (2004). Der lange Abschied vom Leben. In: Badische Zeitung 14.6.2004, S. 31.

Görtemaker, Manfred (2004). Geschichte der Bundesrepublik Deutschland. Frankfurt a. M.: Fischer-Taschenbuch-Verlag.

Goffman, Erving (1986). Interaktionsrituale - Über Verhalten in direkter Kommunikation. Frankfurt a. M.: Suhrkamp.

Goldberg, Carl (1991). Understanding Shame. Northvale, NJ: Jason Aronson.

Gottschalch, Wilfried (2000). Die Verletzung innerer Grenzen durch Lehrer als Auslöser von gewalttätigem Schülerverhalten. In: Psychosozial 79, S. 75-85.

Green, André (2003). Die tote Mutter. Psychoanalytische Studien zu Lebensnarzissmus und Todesnarzissmus. Gießen: Psychosozial Verlag.

Gröning, Katharina (2001). Entweihung und Scham. Grenzsituationen in der Pflege alter Menschen. Frankfurt a.M.: Mabuse, 3. Aufl.

Grossman, Paul (2005). Das Üben von Achtsamkeit. Eine einzigartige klinische Intervention für die Verhaltenswissenschaften. In: Tomas Heidenreich & Johannes Michalak (Hg.). Achtsamkeit und Akzeptanz in der Psychotherapie. Tübingen: DGVT-Verlag, S. 69-101.

Grunert, Christiane (Redaktion) (1999). Jahresbericht 1999. Ulm: Behandlungszentrum für Folteropfer Ulm.

Gruppenzwang Mobbing. Quelle: Focus 13.11.2006, im Internet verfügbar unter: http://www.focus.de/schule/eltern/schule/schule_nid_39180.html (Zugriff: 16.1.2007).

Günther, Inge (2004). Töten für Allah, sterben für Allah. In: Badische Zeitung 24.3.2004, S. 3.

Günther, Inge (2007). Machos, Macht und das Militär. In: Badische Zeitung 24.1.2007, S. 3.

Günther, Markus (2007). Onkel Dick Cheneys Märchenstunde. In: Badische Zeitung 26.1.2007, S. 5.

Haarer, Johanna (1934). Die deutsche Mutter und ihr erstes Kind. Berlin: J. F. Lehmanns Verlag.

Haarer, Johanna (1987). Die Mutter und ihr erstes Kind. München: Carl Gerber Verlag.

Haarmann, Claudia (2005) Unten rum. Die Scham ist nicht vorbei. Köln: Innenwelt Verlag.

Hackenbroch, Veronika (2003). Blind für Wut und Freude. In: Der Spiegel 49, S. 190-199.

Hammerstein, Konstantin u. a. (2002). Die blockierte Republik. In: Der Spiegel 39, S. 20-33.

Hartmann, Susanne (2002). Transformationsprozesse in Santa Cruz Chinautla, Guatemala. Eine Untersuchung zum Kulturwandel in einer Poqomam-Gemeinde. Freiburg: Dissertation, im Internet verfügbar unter: http://www.freidok.unifreiburg.de/volltexte/672/pdf/cabeza.pdf (Zugriff 14.2.2007).

Haug, Wolfgang & Czeskleba, Rolf (1965). Ideologische Komponenten in den Theorien über den Faschismus. In: Das Argument 33, S. 1-34.

Heitmeyer, Wilhelm (2004). Die gespaltene Gesellschaft. In: Die Zeit 50, im Internet verfügbar unter: http://zeus.zeit.de/text/2004/50/Studie_Heitmeyer (Zugriff: 11.1.2007).

Helsper, Werner (1995). Zur ›Normalität‹ jugendlicher Gewalt: Sozialisationstheoretische Reflexionen zum Verhältnis von Anerkennung und Gewalt. In: Werner Helsper & Hartmut Wenzel (Hg.). Pädagogik und Gewalt. Opladen: Leske + Budrich, S. 165-177.

Hesse, Klaus & Springer, Philipp (2002). Vor aller Augen. Fotodokumente des nationalsozialistischen Terrors in der Provinz. Essen: Klartext Verlag.

Heyne, Claudia (1993). Täterinnen: offene und versteckte Aggression von Frauen. Zürich: Kreuz.

Hildebrandt, Antje (2005). Der Mann mit den zwei Gesichtern. In: Badische Zeitung 23.12.2005, S. 3.

Hilgers, Micha (1997). Scham. Gesichter eines Affekts. Göttingen: Vandenhoeck & Ruprecht, 2. Aufl.

Hilgers, Micha (2001). Nationale Scham und ihre Folgen. In: Frankfurter Rundschau 15.9.2001. Im Internet verfügbar unter: http://www.friedenskooperative.de/themen/terrhg15.htm (Zugriff 19.2.2007).

Hinrichs, Per u. a. (2003). Horrortrip Schule. In: Der Spiegel 46, S. 46-68.

Hirigoyen, Marie-France (2002). Wenn der Job zur Hölle wird. Seelische Gewalt am Arbeitsplatz und wie man sich dagegen wehrt. München: C. H. Beck.

Hirsch, Mathias (1999). Schuld und Scham im vereinten Deutschland. In: Freie Assoziation 2, H. 2, S. 187-197.

Hitler, Adolf (1930). Mein Kampf. München: Zentralverlag der NSDAP.

Hochschild, Helmut (2006). »Das System ist krank« (Interview). In: Der Spiegel 49, S. 54-58.

Hoffman, Martin (2000). Empathy and moral Development. Implications for Caring and Justice. Cambridge, MA: Cambridge University Press.

Honneth, Axel (2003). Kampf um Anerkennung. Frankfurt a. M.: Suhrkamp.

Hornig, Frank (2006). Du bist das Netz! In: Der Spiegel 29, S. 60-74.

Hüttner, Ioana (2006). Die Doppelgesichtigkeit von Scham – der Blick und die Schamschwelle. Vortrag auf der 34. Herbsttagung der Deutschen Gesellschaft für Suizidprävention zum Thema »Schuld und Scham im Kontext von Suizidalität und Krisenprozessen«. Tübingen 6.-8.10.2006.

Hultberg, Peer (1987). Scham – eine überschattete Emotion. In: Analytische Psychologie 18, S. 84-104.

Huntington, Samuel (1997). Der Kampf der Kulturen. Die Neugestaltung der Weltpolitik im 21. Jahrhundert. München: Europa-Verlag, 5. Aufl.

Icaza, Jorge (1978). Huasipungo. Bornheim: Lamuv.

Ilsemann, Siegesmund von & Mascolo, Georg (2007). »Babysitter im Bürgerkrieg«. In: Der Spiegel 3, S. 100-101.

Jacoby, Mario (1993). Scham-Angst und Selbstwertgefühl. Ihre Bedeutung in der Psychotherapie. Zürich/ Düsseldorf: Walter, 2. Aufl.

Jeder dritte Schüler wird gemobbt. In: Badische Zeitung 25.10.2005, S. 6.

Kächele, Horst (1970). Der Begriff »psychogener Tod« in der medizinischen Literatur. In: Zeitschrift für Psychosomatische Medizin und Psychoanalyse 16, S. 105-129, 202-222.

Kästner, Erich (2006). Das fliegende Klassenzimmer. Hamburg: Dressler.

Kahl, Reinhard (2004). Treibhäuser der Zukunft. Wie in Deutschland Schulen gelingen. Weinheim: Beltz.

Kalin, Ned (1994). Neurobiologie der Angst. In: Gehirn und Bewusstsein. Heidelberg: Spektrum. Akademie Verlag, S. 88-95.

Karnick, Julia (2005). Gefährlich leben. In: Brigitte 11, S. 112.

Keller, Monika (2005). Moralentwicklung und moralische Sozialisation. In: Detlef Horster & Jürgen Oelkers (Hg.). Pädagogik und Ethik. Wiesbaden: Verlag für Sozialwissenschaften, S. 149-172.

Kesper-Grossman, Ulrike & Grossman, Paul (2002). Leiden linden durch Achtsamkeit. Buddhistische Praxis als Weg zur Heilung chronischer Krankheiten. In: Connection Special, August/September, S. 16-19.

Khadra, Yasmina (2006). Die Attentäterin. Zürich: Nagel & Kimche.

Khoury, Adel (2001). Der Islam und die westliche Welt. Darmstadt: Wissenschaftliche Buchgesellschaft.

Kieselbach, Thomas & Wacker, Ali (1985). Individuelle und gesellschaftliche Kosten der Massenarbeitslosigkeit. Weinheim: Beltz.

King, Martin Luther (1964). Warum wir nicht warten können. Wien: Econ.

Kistler, Petra (2005). Die letzte Chance. In: Badische Zeitung 15.10.2005, S. I f.

Knopf, Dagmar (2006a). Werden verunsicherte Männer zu Machos? In: Psychologie Heute 1, S. 12.

Knopf, Dagmar (2006b). Die Opfer schweigen aus Scham. In: Psychologie Heute 9, S. 13.

Koark, Anne (2005). Insolvent und trotzdem erfolgreich. Brandenburg: Insolvenzverlag.

Koch-Straube, Ursula (1997). Fremde Welt Pflegeheim. Eine ethnologische Studie. Bern: Verlag Hans Huber.

Koenen, Gerd (2001). Und in den Herzen Asche. In: Der Spiegel 35, S.156-161.

König, Karin (1989). Tschador, Ehre und Kulturkonflikt. Frankfurt a. M.: Verlag für Interkulturelle Kommunikation.

Koesling, Almut & Neuber, Anke (2005). »Jemanden seelisch kaputtzumachen« - kollektive Deutungsmuster sprachlicher Gewalt und ihre subjektive Bedeutung. Vortrag auf der Graduiertenkonferenz Sprache und Gewalt. Berlin: Freie Universität, 26.11.2005.

Kogan, Ilany (1990). Vermitteltes und reales Trauma in der Psychoanalyse von Kindern von Holocaust-Überlebenden. In: Psyche 44, S. 533-544.

Kogan, Ilany (1998). Der stumme Schrei der Kinder. Die zweite Generation der Holocaust-Opfer. Frankfurt a. M.: S. Fischer.

Kohlberg, Lawrence (1968). Moralische Entwicklung. In: Wolfgang Althof (Hg.) (1995). Lawrence Kohlberg. Die Psychologie der Moralentwicklung. Frankfurt a.M.: Suhrkamp, S. 7-40.

Kohlberg, Lawrence (1969). Zusammenhänge und Brüche zwischen der Moralentwicklung in der Kindheit und im Erwachsenenalter. In: Wolfgang Althof (Hg.) (1995). Lawrence Kohlberg. Die Psychologie der Moralentwicklung. Frankfurt a.M.: Suhrkamp, S. 41-80.
Kohut, Heinz (1992). Narzißmus: eine Theorie der psychoanalytischen Behandlung narzißtischer Persönlichkeitsstörungen. Frankfurt a. M.: Suhrkamp.
Kost, Maikka (2006). Die Lehrer im Dauerstress. Massive Drohungen und Gewalt: Freiburger Studie legt neue Daten zur Situation an den Schulen vor. In: Badische Zeitung 15.7.2006, S. 6.
Kotthoff, Helga (2001). Lachkulturen heute: Humor in Gesprächen. Im Internet verfügbar unter: http://home.ph-freiburg.de/kotthofffr/texte/Lachkulturen%20heuteMainz2001.pdf (Zugriff: 1.2.2007).
Kotthoff, Helga (2005). Humor. In: Brigitte 11, S. 112.
Krappmann, Lothar (1994). Sozialisation und Entwicklung in der Sozialwelt gleichaltriger Kinder. In: Klaus Schneewind (Hg.). Psychologie der Erziehung und Sozialisation. Bd. 1. Göttingen: Hogrefe, S. 495-524.
Kraus, Josef (2005). Der PISA-Schwindel. Unsere Kinder sind besser als ihr Ruf. Wie Eltern und Schule Potentiale fördern können. Wien: Signum.
Kraus, Josef (2006). Der Lehrer – Tausendsassa oder Fußabtreter der Nation? SWR 2 Aula, Sendung vom 27.8.2006, im Internet verfügbar unter: http://www.lehrerverband.de/image.htm (Zugriff 15.1.2007).
Krieck, Ernst (1922). Philosophie der Erziehung. Jena: Diederichs.
Kruger, Justin; Gordon, Cameron L. & Kuban, Jeff (2006). Intentions in Teasing: When »Just Kidding« Just Isn't Good Enough. In: Journal of Personality and Social Psychology 90, S. 412-425.
Krumm, Volker & Eckstein, Kirstin (2001). »Geht es Ihnen gut oder haben Sie noch Kinder in der Schule?« Erweitere Fassung eines Vortrags auf der ÖGIF-Jahrestagung 2001, im Internet verfügbar unter: http://www.sbg.ac.at/erz/artikel/klagenfurt_endfassung.doc (Zugriff 16.1.2007).
Krumm, Volker & Weiß, Susanne (2000). Ungerechte Lehrer. Zu einem Defizit in der Forschung über Gewalt an Schulen. In: Psychosozial 23, S. 57-73.
Krystal, Henry (1968). Massive Psychic Trauma. New York: International University Press.
Kühn, Lotte (2005). Das Lehrerhasserbuch. Eine Mutter rechnet ab. München: Droemer/Knaur.
Kürthy, Ildikó von (2006). Hauptsache dünn? In: Brigitte 16, S. 100-109.
Kurz, Wolfram (1989). Die sinnorientierte Konzeption religiöser Erziehung. Würzburg: Stephans-Buchhandlung Mittelstädt.
Lau, Jörg (2001). Geopolitik der Gefühle. In: Die Zeit 46, im Internet verfügbar unter: http://hermes.zeit.de/pdf/archiv/archiv/2001/46/200146_ka-philosopie.xml.pdf (Zugriff 14.2.2007).
Lethen, Helmut (1994). Verhaltenslehren der Kälte. Lebensversuche zwischen den Kriegen. Frankfurt a. M.: Suhrkamp.
Levi, Primo (1964). Die Atempause. Frankfurt a.M.: Büchergilde Gutenberg.
Levi, Primo (1979). Ist das ein Mensch? Erinnerungen an Auschwitz. Frankfurt a.M.: S. Fischer, erw. Neuausgabe.

Levi, Primo (1990). Die Untergegangenen und die Geretteten. München: Carl Hanser.
Lewis, Michael (1993). Scham. Annäherung an ein Tabu. Hamburg: Kabel.
Lietzmann, Anja (2003). Theorie der Scham. Eine anthropologische Perspektive auf ein menschliches Charakteristikum. Tübingen (Dissertation).
Lindner, Evelin (2006). Making Enemies. Humiliation and International Conflict. Westport: Praeger Security International.
Litzcke, Sven Ma & Schuh, Horst (2005). Stress, Mobbing und Burn-out am Arbeitsplatz. Heidelberg: Springer.
MacLeod, Sheila (1985). Hungern, meine einzige Waffe. München: Kösel.
Madelung, Eva (1989). Trotz. Zwischen Selbstzerstörung und Kreativität: Menschliches Verhalten im Widerspruch. München: dtv.
Mäulen, Bernhard (2005). Depression und Suizid bei Ärzten. Barriere aus Scham und Schuld. In: Deutsches Ärzteblatt/ PP 1, S. 29.
Mahedy, William (1986). Out of the Night. The Spiritual Journey of Vietnam Vets. New York: Ballantine.
Malik, Fredmund (2005). Burn-out - nur ein Thema für Verlierer? In: Welt 15.1.2005. Im Internet verfügbar unter: http://www.welt.de/data/2005/01/15/388087.html (Zugriff 1.2.2007).
Mann, Golo (1958/1961). Deutsche Geschichte 1919–1945. Frankfurt a. M.: Fischer-Taschenbuch-Verlag (Neuauflage).
Mann, Golo (1964). Das Zeitalter des Dreißigjährigen Krieges. In: Golo Mann & August Nitschke (Hg.). Propyläen Weltgeschichte, Bd. 7. Berlin: Propyläen, S. 133–231.
Mariauzouls, Charles (1996). Psychophysiologie von Scham und Erröten. Zürich (Dissertation).
Marks, Stephan (2003).»Die Wurzeln sind in den Verfolgern zu suchen, nicht in den Opfern«. Zur Erforschung eines ›blinden Flecks‹ in der Pädagogik des Erinnerns und den Konsequenzen für eine gelingende Erziehung nach und über Auschwitz. In: Hans Erler (Hg.). Erinnern und Verstehen. Der Völkermord an den Juden im politischen Gedächtnis der Deutschen. Frankfurt a. M.: Campus, S.189–201.
Marks, Stephan (2005). Von der Beschämung zur Anerkennung. In: Bildung & Wissenschaft 10, S.6–13.
Marks, Stephan (2007). Warum folgten sie Hitler? Die Psychologie des Nationalsozialismus. Unter Mitarbeit von Heidi Mönnich-Marks. Düsseldorf: Patmos.
Marks, Stephan & Mönnich-Marks, Heidi (2002). Scham und Schamabwehr. Zur psychosozialen Dynamik des Nationalsozialismus und der Perpetuierung traumatischer Erfahrungen. In: Psychologie & Gesellschaftskritik 101, S. 57–72.
Marks, Stephan & Mönnich-Marks, Heidi (2003). The Analysis of Counter-Transference Reactions Is a Means to Discern Latent Interview-Contents. Forum Qualitative Sozialforschung/Forum: Qualitative Social Research [Online-Journal], 4(2). Verfügbar unter http://www.qualitative-research.net/fqs-texte/2-03/2-03marks-e.htm.
Marks, Stephan & Stowell, Jo (1989). Healing our History. Working Through the Collective Shadow. In: Awakening in the Nuclear Age 2, S. 6–8.
Maron, Thomas (2007). Pessimistische Jugend. Das UN-Kinderhilfswerk beanstandet schlechtere Zukunftsaussichten für den deutschen Nachwuchs. In: Badische

Zeitung 15.2.2007, S. 2.
Mascolo, Georg (2007). Irak, zum Zweiten. In: Der Spiegel 6, S. 114-116.
Meckenberg, Professor [i. e. Bruno Zühlke] (2007). Komik - oder der ausgegrenzte Ernst. Prolegomena zu einer Philosophie des schamfreien Scheiterns unter besonderer Berücksichtung der Figur des Clowns. In: Stephan Marks (Hg.). Scham - Beschämung - Anerkennung. Berlin: LIT, S. 103-114.
Meinhof, Ulrike (1964). Provinz und kleinkariert. In: Janko Musulin (Hg.). Die Ära Adenauer. Einsichten und Ausblicke. Frankfurt a. M.: Fischer-Taschenbuch-Verlag, S. 106-112.
Melzer, Wolfgang (2001). Schulkultur und ihre Auswirkung auf Gewalt. In: Roland Eckert u. a. (Hg.). Demokratie lernen und leben. Eine Initiative gegen Rechtsextremismus, Rassismus, Antisemitismus, Fremdenfeindlichkeit und Gewalt. Bd. 1: Probleme - Voraussetzungen - Möglichkeiten. Weinheim: Freudenberg Stiftung, S.127-168.
Mernissi, Fatima (1992). Islam und Democracy: Fear of the Modern World. Reading, MA.: Addison-Wesley.
Mettler-von Meibom, Barbara (2006). Wertschätzung. Wege zum Frieden mit der inneren und äußeren Natur. München: Kösel.
Michaelis, Kristina (2005). Und dann bin ich wieder rot angelaufen... In: Psychologie heute 4, S. 40-43.
Miese Noten für Pauker. In: Focus 19, S. 62-63.
Milch, Wolfgang (2000). Idealisierung. In: Wolfgang Mertens & Bruno Waldvogel (Hg.). Handbuch psychoanalytischer Grundbegriffe. Stuttgart: Kohlhammer, S. 323-325.
Millett, Kate (1990). Im Basement. Meditationen über ein Menschenopfer. München: dtv.
Mitscherlich, Alexander & Margarete (1967/1988). Die Unfähigkeit zu trauern. München: Piper. Neuausg., 20. Aufl.
Mittag, Oskar (1999). Feindseligkeit als koronarer Risikofaktor. Zum gegenwärtigen Forschungsstand. Zeitschrift für Gesundheitspsychologie 2, 53-66.
Mommsen, Hans (2001). Hannah Arendt und der Prozeß gegen Adolf Eichmann. Einleitung zu: Hannah Arendt (2001). Eichmann in Jerusalem. Ein Bericht von der Banalität des Bösen. München: Piper, S. 9-48.
Mommsen, Wolfgang (2002). Die Urkatastrophe Deutschlands. Der Erste Weltkrieg 1914-1918. (Gebhardt. Hb. der deutschen Geschichte, Bd. 17) Stuttgart: Klett-Cotta.
Müller, Berthold (2007). Schuld und Scham im Kontext von Depressionen. In: Suizidprophylaxe. Theorie und Praxcis 129, S. 58-61.
Nachgefragt (2007). Büro oder Bett? TNS-Umfrage. In: Der Spiegel 5, S. 18.
Nathanson, Donald (1987). A Timetable for Shame. In: Ders. (Hg.). The Many Faces of Shame. New York: Guilford, S. 1-63.
Neckel, Sighard (1991). Status und Scham. Zur symbolischen Reproduktion sozialer Ungleichheit. Frankfurt a.M.: Campus.
Neckel, Sighard (2000). Achtungsverlust und Scham. Die soziale Gestalt eines existenziellen Gefühls. In: Ders. (Hg.). Die Macht der Unterscheidung. Essays zur Kultursoziologie der modernen Gesellschaft. Frankfurt a. M.: Campus, 2. Aufl., S. 92-109.

Niemi, Mikael (2002). Populärmusik aus Vittula. München: btb.
Nietzsche, Friedrich (1965). Die fröhliche Wissenschaft. (Sämtliche Werke, Bd. 5) Stuttgart: Alfred Kröner.
Nuber, Ursula (2005). Ein starkes Selbst: Die Quelle unserer Kraft. In: Psychologie Heute 4, S. 20-28.
Okascha, Ahmed (2006). Tödlicher Druck. In: Der Spiegel 28, S. 83.
Osang, Alexander (2005). Der amerikanische Weltkrieg. In: Der Spiegel 46, S. 90-104.
Otto, Anne (2006). Wertschätzung. Warum wir die Anerkennung anderer brauchen. In: Psychologie Heute 11, 28-31.
Pamuk, Orhan (2001). The Anger of the Damned. In: New York Review of Books, 15.11.2001.
Pamuk, Orhan (2005). Loblied eines Türken auf den Roman als europäische Kunst. Dankesrede für den Friedenspreis des Deutschen Buchhandels 2005. In: Süddeutsche Zeitung 245, 24.10.2005, S. 17.
Panksepp, Jaak (2003). Neuroscience: Feeling the Pain of Social Loss. In: Science 302, S. 237-239.
Plewnia, Ulrike; Vernier, Robert & Wittlich, Susanne (2005). Die Störer aus der zweiten Reihe. In: Focus 19, S. 52-60.
Pötzl, Norbert & Wiegrefe, Klaus (2005). Die Heimkehr des Krieges. In: Der Spiegel 5, S. 50-61.
Prengel, Annedore (2002).»Ohne Angst verschieden sein« - Mehrperspektivische Anerkennung von Schulleistungen in einer Pädagogik der Vielfalt. In: Benno Hafeneger, Peter Henkenborg & Albert Scherr (Hg.). Pädagogik der Anerkennung. Grundlage, Konzepte, Praxisfelder. Schwalbach: Wochenschau Verlag, S. 203-221.
Prengel, Annedore & Heinzel, Friederike (2003). Anerkennungs- und Missachtungsrituale in schulischen Geschlechterverhältnissen. In: Christoph Wulf & Jörg Zirfas (Hg.). Zeitschrift für Erziehungswissenschaft: Innovation und Ritual. Jugend, Geschlecht und Schule, Beiheft 2. Opladen: Leske + Budrich, S. 115-128.
Prenzel, Manfred (2004).»Wer etwas anders macht, wird in Deutschland kritisch beäugt« (Interview). In: Badische Zeitung 28.12.2004, S. 4.
Radin, Paul (1927/1957). Primitive Man as Philosopher. New York: Dover.
Rammsayer, Thomas; Stahl, Jutta & Schmiga, Kathrin (2006). Grundlegende Persönlichkeitsmerkmale und individuelle Stressverarbeitungsstrategien als Determinanten der Mobbing-Betroffenheit. In: Zeitschrift für Personalpsychologie 2, S. 41-52.
Reps, Paul (Hg.) (1985). Ohne Worte - ohne Schweigen. 101 Zen-Geschichten und andere Zen-Texte aus vier Jahrtausenden. Bern u.a.: O. W. Barth, 5. Aufl.
Riedel, Ingrid (1991). Hans mein Igel. Wie ein abgelehntes Kind sein Glück findet. Stuttgart: Kreuz, 5. Aufl.
Riedel, Ingrid (2004). Geschmack am Leben finden. Eine Entdeckungsreise mit allen Sinnen. Freiburg: Herder.
Riedel, Ingrid (2007). Eine Kultur der Anerkennung. In: Stephan Marks (Hg.). Scham - Beschämung - Anerkennung. Berlin: LIT, S. 89-102.
Rosenkranz, Joachim u. a. (2000). Körperscham bei Jugendlichen - eine empirische Untersuchung. In: Zeitschrift für Entwicklungspsychologie und Pädagogische Psychologie 1, S. 25-33.

Rushdie, Salman (1990). Scham und Schande. München: Piper.
Ruthven, Malise (2000). Der Islam. Eine kurze Einführung. Stuttgart: Reclam.
Sagan, Carl (1988). The Common Enemy. In: Parade Magazine, 7.2.1988, S. 4-7.
Said, Edward (2001). Backlash and Backtrash. In: Al-Ahram Weekly Online, 27.9.-3.10.2001, www.ahram.org.eg.
Saint-Exupéry, Antoine de (2006). Der kleine Prinz. Düsseldorf: Karl Rauch, 63. Aufl.
Sander, Helke & Johr, Barbara (Hg.) (1992). BeFreier und Befreite. Krieg, Vergewaltigungen, Kinder. München: Kunstmann.
Sandmeyer, Peter (2005). Das Korsett unseres Lebens. Die neue Sehnsucht nach alten Werten, Teil 4: Respekt und Anstand. In: Stern 49, S. 93-100.
Sartorius, Norman (2006). Psychisch Kranke werden oft diskriminiert (Interview). In: Badische Zeitung 1.8.2006, S. 2.
Schaarschmidt, Uwe (2000). Halbtagsjobber? Psychische Gesundheit im Lehrerberuf - Analyse eines veränderungsbedürftigen Zustandes. Weinheim: Beltz.
Scheidt, Carl Eduard & Waller, Elisabeth (1999). Bindungsrepräsentation, Affektregulierung und psychophysiologische Reaktionsbereitschaft - Anmerkungen zur Bedeutung neuerer Ergebnisse der Bindungsforschung für die Psychosomatik. In: Zs Psychosom Med 45, S. 313-332.
Schickinger, Jürgen (2006). »Hallo Klugscheißer«. In: Badische Zeitung 28.8.2006, S. 24.
Schicksal Pflegefall: Angst vor Verlust der Unabhängigkeit. Information der Apotheken Umschau am 9.1.2007, im Internet verfügbar unter: http://www.gesundheit-pro.de/Schicksal-Pflegefall-Angst-vor-Verlust-der-Pflege-A070109IRMAP040801.html (Zugriff 12.1.2007).
Schiffer, Sabine (2005). Die Darstellung des Islams in der Presse. Sprache, Bilder Suggestionen. Würzburg: Ergon Verlag.
Schirrmacher, Christine (2002). Kleines Lexikon zur islamischen Familie. Holzgerlingen: Hänssler.
Schmid, Wilhelm (2004). Mit sich selbst befreundet sein. Von der Lebenskunst im Umgang mit sich selbst. Frankfurt a. M.: Suhrkamp.
Schmider, Franz (2005). Notwendige Fehler. In: Badische Zeitung 14.4.2005, S. 4.
Schneider, Carl (1987). A Mature Sense of Shame. In: Donald Nathanson (Hg.). The Many Faces of Shame. New York: Guilford, S. 194-213.
Schore, Allan (1998). Early Shame Experiences and Infant Brain Development. In: Paul Gilbert & Bernice Andrews (Hg.). Shame. Interpersonal Behavior, Psychopathy, and Culture. New York: Oxford University Press, S. 57-77
Schüttauf, Konrad; Specht, Ernst & Wachenhausen, Gabriela (2003). Das Drama der Scham. Göttingen: Vandenhoeck & Ruprecht.
Schulenburg, Jonathan (2005). Nicht schüchtern, sondern ängstlich. In: Badische Zeitung 29.6.2006, S. 31.
Seehofer, Horst (2006). »Geht nicht gibt's nicht« (Interview). In: Der Spiegel 18, S.34-36.
Seidler, Günter (1997). From Object-Relations Theory to the Theory of Alterity: Shame as an Intermediary between the Interpersonal World and the Inner World of Psychic Structure. In: American Journal of Psychotherapy 3, S. 343-356.
Sellmair, Nikola u. a. (2005). Kollektive Angst. In: Stern. Im Internet verfügbar unter:

www.stern.de/wirtschaft/arbeit-karriere/538422html?p=2&nv=pr&pr1 (Zugriff: 2.8.2006).

Sereny, Gitta (1997). Am Abgrund: Gespräche mit dem Henker. Franz Stangl und die Morde von Treblinka. München: Piper, 3. Aufl.

Shaw, Bernard (1984). Mensch und Übermensch. Frankfurt a. M.: Suhrkamp.

Siegrist, Johannes (2004). Soziale Determinanten von Herz-Kreislauf-Krankheiten – neue Erkenntnisse und ihre Bedeutung für die Prävention. Paderborn: Ferdinand Schöningh.

Simon, Annette (1992). Osten: ›Alles Kriecher und Spitzel?‹ Die Beschämung des Ost-Zwillings ist der Schamlosigkeit des West-Zwillings geschuldet. In: enfant t. 2, S. 81–88.

Simon, Gabriela (1996). Wir brauchen Faulheit, Genusssucht und Genügsamkeit. In: Badische Zeitung 11.3.1996, S. 17.

Singer, Kurt (2003). Worte können töten – im wahrsten Sinn des Wortes. Das Tabu: Gewalt durch verletzende Lehrer-Worte. In: Michèle Minelli (Hg.). Endstation Schulausschluss? Über den Umgang mit schwierigen Schulkindern. Bern: Haupt.

Sloterdijk, Peter (1983). Kritik der zynischen Vernunft. 2 Bde. Frankfurt a. M.: Suhrkamp.

Sloterdijk, Peter (2006). Zorn und Zeit. Politisch-psychologischer Versuch. Frankfurt a. M.: Suhrkamp.

Snell, William; Overbey, Gail & Brewer, Lauren (2005). Parenting Perfectionism and the Parenting Role. In: Personality and Individual Differences 3, S. 613–624.

Sonnenmoser, Marion (2006). Die Furcht, etwas falsch zu machen. In: Psychologie Heute 1, S. 14.

Souad (2004). Bei lebendigem Leib. München: Blanvalet.

Spiegel, Miriam Victory (2005). Über Generationen. Weitergabe von Traumata in Familien von Shoa-Überlebenden. Vortrag in Freiburg am 10.10.2005.

Spitzer, Manfred (2005). Erfolgreich lernen in Kindergarten und Schule. Vortrag am 13.6.2005 in Tuttlingen. Veröffentlicht als CD von Auditorium Müllheim.

Spychiger, Maria; Oser, Fritz; Hascher, Tina & Mahler, Fabienne (1999). Entwicklung einer Fehlerkultur in der Schule. In: Wolfgang Althof (Hg.). Fehlerwelten. Vom Fehlermachen und Lernen aus Fehlern. Opladen: Leske + Budrich, S. 43–70.

Spychiger, Maria (2002). Spiegel-Gespräch. In: Der Spiegel 33, S. 53.

Stahlberg, Dagmar; Osnabrügge, Gabriele & Frey, Dieter (1985). Die Theorie des Selbstwertschutzes und der Selbstwerterhöhung. In: Dieter Frey & Martin Irle (Hg.). Theorien der Sozialpsychologie, Bd. III: Motivations- und Informationsverarbeitungstheorien. Bern: Huber, S. 79–124.

Stern, Heike von (2004). Alle Antennen auf Empfang: Wer achtsam lebt, lebt besser. In: Psychologie Heute 7, S. 20–28.

Stevenson, David (2006). 1914–1918. Der Erste Weltkrieg. Düsseldorf: Artemis & Winkler.

Streeruwitz, Marleme (2006).»In der Würde angegriffen« (Interview). In: Der Spiegel 48, S. 173.

Tisseron, Serge (2000). Phänomen Scham. Psychoanalyse eines sozialen Affekts. München: Ernst Reinhardt.

Titze, Michael (1997). Das Komische als schamauslösende Bedingung. In: Rolf Kühn,

Michael Raub & Michael Titze (Hg.). Scham - ein menschliches Gefühl. Kulturelle, psychologische und philosophische Perspektiven. Opladen: Westdeutscher Verlag, S. 169-178.
Titze, Michael (2001). Die heilende Kraft des Lachens. Mit therapeutischem Humor frühe Beschämungen heilen. München: Kösel, 4. Aufl.
Tränenreiches Deutschland: Was die Bundesbürger zum Weinen bringt. Information der Apotheken Umschau am 16.10.2006, im Internet verfügbar unter: http://www.gesundheitpro.de/Traenenreiches-Deutschland-Was-die-Bundesbuerger-Psyche-A061016IRMAP034512.html.
Treichel, Hans-Ulrich (1998). Der Verlorene. Frankfurt a.M.: Suhrkamp.
TSA (2006). Leere statt Liebe. In: Psychologie heute 1, S. 53.
Türcke, Christoph (1991). Zwerge im Müll. In: Die Zeit 1, S. 60.
Tutas, Elisabeth (2000). Sturge-Weber-Syndrom. Situation und Unterstützung betroffener Familien. Im Internet verfügbar unter http://people.freenet.de/tutas/sws.pdf (Zugriff: 8.6.2006).
Ullrich, Helmut (2005). Mit Fäusten gegen wehrlose Senioren. In: Westfalenpost 153, 5.7.2005.
Ullrich, Volker (2002). Ach, wie wir gelitten haben. Der alliierte Bombenkrieg war nie ein Tabuthema. In: Die Zeit 52. Im Internet verfügbar unter http://www.zeit.de/archiv/2002/52/S_45_Glosse?page=all (Zugriff 23.11.2006).
Vasold, Manfred (2003). Die Pest. Ende eines Mythos. Stuttgart: Theiss.
Ein Volk von Heulern und Heulsusen, in: Badische Zeitung 18.10.2006, S. 8.
Walser, Martin (1998). Erfahrungen beim Verfassen einer Sonntagsrede. In: Börsenverein des Deutschen Buchhandels (Hg.). Friedenspreis des Deutschen Buchhandels 1998, Martin Walser. Ansprachen aus Anlaß der Verleihung, Frankfurt a.M. Im Internet verfügbar unter: http://www.dhm.de/lemo/html/dokumente/WegeInDieGegenwart_redeWalserZumFriedenspreis/ (Zugriff 10.1.2007).
Weber, Max (2004). Die protestantische Ethik und der Geist des Kapitalismus. München: C. H. Beck.
Wenzel, Bianca (2007). Tatmotiv Ehre. In: Stephan Marks (Hg.). Scham - Beschämung - Anerkennung. Berlin: LIT, S. 58-70.
Werner, Götz (2006). »Das manische Schauen auf Arbeit macht uns alle krank«. (Interview). In: Stern 17, S. 176-183.
Wette, Wolfram (2002). Der Krieg gegen die Sowjetunion - ein rasseideologisch begründeter Vernichtungskrieg. In: Wolf Kaiser (Hg.). Täter im Vernichtungskrieg. Der Überfall auf die Sowjetunion und der Völkermord an den Juden. Berlin: Propyläen, S. 15-38.
Wildt, Michael (2005). »Männer ohne Grenzen« (Interview). In: Der Spiegel 18, S. 82-83.
Wilhelm, Klaus (2006). Es bleibt ein fader Nachgeschmack. In: Psychologie heute 12, S. 9.
Wiltenburg, Mary (2007). Kampf mit dem Gewissen. In: Spiegel 9, S. 40-44.
Winter, Leon de (2004). Vor den Trümmern des großen Traums. In: Die Zeit 48, im Internet verfügbar unter: http://zeus.zeit.de/text/2004/48/Leon_de_Winter (Zugriff 19.7.2006).
Witt, Christian (2005). Vom Leben in Kämpfen. In: Focus 25, 120-122.

Wurmser, Léon (1987). Shame. The Veiled Companion of Narcissism. In: Donald Nathanson (Hg.). The Many Faces of Shame. New York: The Guilford Press, S. 64-92.

Wurmser, Léon (1997). Die Maske der Scham. Zur Psychoanalyse von Schamaffekten und Schamkonflikten, Berlin: Springer-Verlag, 3. erw. Aufl.

Wurmser, Léon (2007). Scham, Schamabwehr und tragische Wahrheit. In: Stephan Marks (Hg.). Scham - Beschämung - Anerkennung. Berlin: LIT, S. 19-32.

Wutka, Bernhard & Riedesser, Peter (1999). Ernst Jünger: Heroisierung und Traumasucht. In: Wolfram Mauser & Carl Pietzcker (Hg.). Trauma. Freiburger Literaturpsychologische Gespräche. Jahrbuch für Literatur und Psychoanalyse 19. Würzburg: Königshausen & Neumann, S. 151-163.

Zand, Bernhard (2006). Mit eiserner Faust. In: Der Spiegel 30, S. 80-99.

Zapf, Dieter (2004). Mobbing in Organisationen - Wissenschaftliche und konzeptionelle Grundlagen. In: Josef Schwickerath, Winfried Carls, Manfred Zielke & Winfried Hackhausen (Hg.). Mobbing am Arbeitsplatz. Grundlagen, Beratungs- und Behandlungskonzepte. Lengerich: Pabst Science Publishers, S. 11-35.

Zapf, Dieter & Groß, Claudia (2000). Mobbing - Konflikteskalation am Arbeitsplatz. In: Forschung Frankfurt - Wissenschaftsmagazin der Johann Wolfgang Goethe-Universität Frankfurt 1, S. 22-33. Im Internet verfügbar unter: http://web.uni-frankfurt.de/fb05/psychologie/Abteil/ABO/forschung/mobbing_lit8.pdf (Zugriff 11.1.2007).

Ziegler, Jean (2007). Das Imperium der Schande. Der Kampf gegen Armut und Unterdrückung. München: Pantheon.

Zimmermann, Frank (2007). »Das hätte nicht passieren dürfen«. In: Badische Zeitung 27.2.2007, S. 17.

Zuschlag, Berndt (2001). Mobbing - Schikane am Arbeitsplatz. Erfolgreiche Mobbing-Abwehr durch systematische Ursachenanalyse. Göttingen: Verlag für Angewandte Psychologie, 3. Aufl.

Zitatnachweise

22/23
Aus: Niemi, Mikael, Populärmusik aus Vittula. Übersetzung: Christel Hildebrandt. © 2002 btb Verlag, München in der Verlagsgruppe Random House GmbH, S. 258-260.

25/26
Aus: Bradfield, Scott, Was läuft schief mit Amerika. Aus dem Amerikanischen von Manfred Allié und Gabriele Kempf-Allié. Für die deutsche Übersetzung: © 1994 by Ammann Verlag & Co., Zürich, S. 121-125.

27/113
Aus: Levi, Primo, Ist das ein Mensch - Die Atempause. Aus dem Italienischen von Heinz Riedt und Barbara und Robert Picht. © 1991 Carl Hanser Verlag, München.

36
Aus: Rushdie, Salman, Scham und Schande. München: Piper, S. 33, 145 f. © Karin Graf.

38
Domin, Hilde, Es gibt dich (letzte Strophe). Aus: dies., Gesammelte Gedichte. © S. Fischer Verlag GmbH, Frankfurt am Main 1987.

112/113/114
Aus: Levi, Primo, Die Untergegangenen und die Geretteten. Aus dem Italienischen von Moshe Kahn. © 1990 Carl Hanser Verlag, München, S. 82, 112-115, 120 f.

142/143
Aus: Icaza, Jorge, Huasipungo. Borheim: Lamuv, S. 69, 70. © Lamuv Verlag GmbH, Göttingen.

187/188/191 ff.
Aus: Dass/Gorman, Wie kann ich helfen? Segen und Prüfung mitmenschlicher Zuwendung. Aus dem Engl. von Coltman, Stewart. © Sadhana Verlag & Versand, Berlin, S. 54-56, 160-163.

Bildnachweise

107 © Archiv der Stabstelle Presse- und Öffentlichkeitsarbeit der Stadt Marburg.
108 © Neue Pressegesellschaft mbH & Co. KG, Ulm.

Stephan Marks
Warum folgten sie Hitler?
Die Psychologie des
Nationalsozialismus
220 Seiten
ISBN 978-3-491-36004-4

Warum begeisterten sich Millionen von Menschen für Adolf Hitler? Wieso konnten sie sich so verführen lassen?
Anhand von Interviews mit ehemaligen HJ-Funktionären, SS-Offizieren und NSDAP-Mitgliedern zeigt Stephan Marks, dass der Nationalsozialismus seine Anhänger begeisterte, indem er nicht ihren Verstand ansprach, sondern ihre Gefühle, und sich ihre emotionale Bedürftigkeit zunutze machte. Vor allem Schamgefühle, Kriegstraumata, psychische Abhängigkeiten wurden instrumentalisiert – und könnten auch heute missbraucht werden, so die alarmierende Botschaft des Buches. Eine tiefgründige Analyse der Machtmechanismen im NS-Staat.

Verena Kast
Träume –
die geheimnisvolle Sprache
des Unbewussten
220 Seiten
ISBN 978-3-530-42209-2

Was sind eigentlich Träume? Und warum träumen wir? Was geht dabei in unserem Gehirn vor? Und welche Bedeutung haben die Träume für uns? Verena Kast untersucht das Phänomen Träumen aus Sicht der modernen Hirnforschung, der psychologischen Traumforschung und der Psychologie C. G. Jungs. Träume tragen zur Konfliktbewältigung und zur Persönlichkeitsentwicklung bei, wie viele eindrucksvolle Fallbeispiele verdeutlichen. Vor allem aber zeigt Verena Kast eines: Wenn wir uns mit unseren Träumen beschäftigen, helfen sie, uns selbst besser zu verstehen – auch wenn wir ihr ganzes Geheimnis nicht immer enthüllen können ...

 Patmos

Tracy Thompson
Mütter und Depression
Ursachen und Auswege
200 Seiten
ISBN 978-3-491-42107-3

Erschöpft, gestresst, voller Angst, nicht gut genug zu sein – Mutterschaft fordert und überfordert emotional viele Frauen. Sie kann der Beginn einer schleichenden Erkrankung der Seele sein, die wie ein Schatten auch auf das Leben der Kinder fällt: Depression. Was sind die Ursachen der oft chronisch verlaufenden, mitunter lebenslangen mütterlichen Depression? Was unterscheidet sie von anderen Depressionen? Was sind die Folgen? Anhand authentischer Stimmen von 400 Frauen und persönlicher Erfahrungen erklärt Tracy Thompson das Phänomen aus neuester wissenschaftlicher Sicht.

 Patmos